Charles
de Jaeg

DAS FÜHRER MUSEUM

Sonderauftrag Linz

Mit 50 Abbildungen

Bechtle

Bildnachweis

Österreichische Nationalbibliothek: 2 – 4, 22, 24, 33 oben, 33 links unten.
Kunsthistorisches Museum Wien: 46, 47.
Lenbachgalerie München: 10.
Stadtarchiv Linz: 21, 25 – 30, 34, 51.
Sammlung Longleat: 13 – 18, 19 oben.
Reichsinstitut der Niederlande für Kriegsgeschichte: 31 oben.
John Topham Bibliothek: 39, 42, 44, 49.
Nationalarchiv Washington, D.C.: 35 – 37, 40, 41, 43.
Fremdenverkehrsamt Wien: 23.
Zentralinstitut für Kunstgeschichte München: 20.
Alle anderen: Privatarchiv

Titel der englischen Originalausgabe:
The Linz File Hitler's Plunder of Europe's Art.
Aus dem Englischen übertragen
von
Maria Karwinsky-Karwin

Umschlaggestaltung: Christel Aumann, München
Umschlagfoto: Ullstein Bilderdienst Berlin:
Hitler im Gespräch mit dem Architekten Hermann Giesler
vor einem Modell der für Linz geplanten Neubauten
Satz: FotoSatz Pfeifer, Germering
Gesetzt aus: Baskerville 10 ½ / 13 Punkt
Druck und Bindearbeiten:
Mohndruck Graphische Betriebe GmbH, Gütersloh
ISBN: 3-7628-0475-3

Inhalt

Vorwort

Mein Interesse an Adolf Hitlers grandiosem Plan, ein Museum der europäischen Kunst in Linz in Österreich zu bauen, wurde geweckt, als ich 1966 mit Wynford Vaughan-Thomas einen Film für das britische und amerikanische Fernsehen produzierte: »Kunst in Gefahr«. Die Nachforschungen für diese Dokumentation waren recht mühsam. Aber während ich durch ganz Europa reiste, um Fakten zu sammeln, fand ich viel mehr Material, als in einem 55-minütigen Film hätte untergebracht werden können. Zu viele Einzelheiten verwirren zudem den Zuschauer. Der Film selbst konzentrierte sich auf Hitlers mißlungene Karriere als Künstler und die verheerenden Auswirkungen auf Europas ganze Kultur, als er zum Diktator des Dritten Reiches aufstieg. Während der Arbeit an diesem Film tauchte die Frage auf, ob Hitler, der Diktator, nicht vielleicht eine logische Folge von Hitler, dem enttäuschten Künstler, gewesen sein könnte. Hatte möglicherweise das Mißlingen seines Jugendtraumes, ein ganz großer Maler oder Architekt zu werden, wesentlich zum Wunsch beigetragen, die Welt zu beherrschen? Meine Nachforschungen zeigten, daß die Wurzeln von Hitlers Sehnsucht, absolute Kontrolle über die Kunst in Europa auszuüben, in seine Kindheit in

Linz zurückreichten. Ich interviewte viele Leute, die mir Berichte aus erster Hand über Hitlers frühe künstlerische Ambitionen und die spätere Aneignung von Kunstschätzen geben konnten. Als 1970 bestimmte offizielle Dokumente freigegeben wurden, wurde das ganze Ausmaß des Nazi-Kunstraubes offenbar. Viele, mit denen ich 1965 sprach, sind seither gestorben, andere wiederum zeigten sich mit zunehmendem Alter gesprächiger, obwohl sie – vielleicht verständlicherweise – anonym bleiben wollten.

Während der im Buch beschriebenen Zeitspanne hielt ich mich zum größten Teil in Europa auf. In den dreißiger Jahren (von 1932 bis 1939) lebte ich in Wien als Journalist und war später als Wochenschau-Reporter viel in Deutschland und Österreich unterwegs. Ich arbeitete für John Gunther und half ihm bei den Vorbereitungen zu seinem berühmten Buch »Inside Europe«, erschienen 1936. Als Journalist immer in vorderster Reihe, konnte ich aufmerksam die politische und soziale Entwicklung beobachten. Für die Geschehnisse in den Jahren des Zweiten Weltkrieges hatte ich die Möglichkeit, auf Dokumente und Berichte der Kunstsachverständigen der britischen und amerikanischen Truppen zurückzugreifen.

In diesem Buch möchte ich versuchen, eine Geschichte zu erzählen: die Geschichte von Hitlers großem Traum, ein Zentrum deutscher und europäischer Kunst in Linz zu schaffen; die Geschichte von Feldmarschall Göring, einem großen Kunstliebhaber, der sich ein Vermögen an Kunstschätzen auf seinem Landsitz »Karinhall« anhäufte; und die Geschichte vom Kampf dieser beiden Männer um die Kunstwerke, die aus den besetzten Gebieten Europas stammten. Es ist eine Geschichte von Intrigen, Zerstörung und Profitgier, die im Chaos und mit der Zerstörung vieler unwiederbringlicher Schätze endete. Obwohl einige Kunstwerke in den letzten Kriegstagen gerettet werden konnten, blieben doch etliche tausend für immer verschwunden.

ERSTES KAPITEL

Der Träumer

Während der Dreharbeiten im Jahre 1965 wanderte ich auf den Freinberg hinauf, der sich im Stadtgebiet von Linz, der Hauptstadt des Bundeslandes Oberösterreich, erhebt. Als ich von dort oben die Lichter der Stadt betrachtete, fiel mir eine Geschichte ein, die August Kubizek in seinem Buch »Der junge Hitler« erzählt hat. Im Jahr 1906 besuchten Kubizek und Hitler im Linzer Stadttheater eine Vorstellung von Wagners »Rienzi«. In dieser Oper wird die Geschichte eines römischen Diktators erzählt, der – vernichtet und von seinem Volk verlassen – sein Leben in den Ruinen seines Palastes beendet. Es war eine kalte, sternenklare Novembernacht, und die beiden Jungen wanderten nach der Oper zusammen auf den Freinberg. Hitler war tief beeindruckt von der Oper; oben auf dem Berg ergriff er die Hand seines Freundes und begann wie besessen auf ihn einzureden. Sein Plan, Künstler zu werden, war vorübergehend vergessen; er sprach über eine viel größere Zukunft, die ihm selbst bevorstehen sollte, über riesige Macht, die ihm eines Tages übertragen würde. Wie Kubizek hinzufügte, sagte Hitler bei einem Besuch 1939 in Bayreuth der Schwiegertochter Richard Wagners, Winifred, diese Nacht auf dem Freinberg sei der Wendepunkt in seinem Leben gewesen. Vielleicht entsprach dies der Wahrheit, vielleicht war es auch nur der Versuch, seinen Werdegang im nachhinein dramatischer zu gestalten.

Umgeben von bewaldeten Hügeln liegt Linz im Donautal und ist seit der Römerzeit ein wichtiger Teil des Schiffsweges zwischen Ost- und Westeuropa. Ich lernte diese kleine Provinzstadt viele Jahre vor Ausbruch des zweiten Weltkrieges kennen. Nun war ich 1964 zurückgekommen, um hier meine Nachforschungen über Hitlers Jugend zu beginnen, über seine erfolglosen Versuche als Künstler und deren Einfluß auf seine späteren Pläne, in der Stadt, in der er aufwuchs, der Welt größte Kunstsammlung zu schaffen – aber gesäubert von all dem, was ihm mißfiel. Nach der Annektion Österreichs entstand in ihm der Plan, aus dieser kleinen Stadt eine Pilgerstätte für Kunstliebhaber zu machen. Hier sollten sie die größten Kunstschätze der Welt im schönsten Museum der Welt bewundern können. Dieses Vorhaben war streng vertraulich und nur dem engsten Kreis der Parteispitze bekannt. Der enttäuschte Künstler Hitler hatte nun tatsächlich die Macht erhalten, die Tagträume seiner Jugend zu verwirklichen.

Linz war der Ausgangspunkt meiner Suche nach der Wahrheit über die systematische Zerstörung der »entarteten« Kunstwerke und die Plünderung von Museen und Privatsammlungen ganz Europas für dieses Geheimprojekt. Obwohl die Stadt unter den Bombenangriffen der Alliierten sehr zu leiden hatte, war glücklicherweise der alte Stadtkern nur wenig beschädigt worden. Er wurde im Stil der Vorkriegszeit wieder aufgebaut. Viele Gebäude sehen heute noch immer so aus wie zu der Zeit, als Adolf Hitler als kleines Kind mit seiner Familie dorthin übersiedelte. Linz war damals eine kleine Marktstadt und Sitz der Provinzverwaltung. Es gab eine große Militärgarnison. So bestand die Linzer »gute Gesellschaft« aus Offizieren, Beamten und gutsituierten Geschäftsleuten. Man war sehr stolz auf die Musiktradition der Stadt. Als Domorganist hatte Anton Bruckner hier seine Symphonien komponiert; ein talentierter Dirigent, ein Schüler von Franz Liszt und Mitarbeiter Richard Wagners, gab oft Konzerte mit dem städtischen Orchester; auch andere musikalische Veranstaltungen fanden statt; Linz war überdies der Geburtsort des Tenors Richard Tauber und eines der berühmtesten österreichischen Dichter: Hermann Bahr. Das Leben in Linz 1906 war beschaulich und friedlich, die Bürger der Stadt verbrachten ihre Freizeit damit, Freunde zu treffen oder im Kaffeehaus Zeitungen zu lesen. Trotzdem wurde auch hart gearbeitet, und die Jugend studierte eifrig. Müßiggang wurde nicht geduldet.

Unberührt von all dem spazierte der junge Adolf Hitler damals durch die Stadt, tadellos gekleidet, einen Ebenholzstock mit Elfenbeingriff in der Hand und in der Haltung eines Universitätsstudenten. Er war als Sohn eines achtbaren österreichischen Beamten und dessen dritter Frau 1889 in Braunau am Inn geboren worden, einer Stadt an der Grenze zwischen dem Kaiserreich Deutschland und der österreichisch-ungarischen Monarchie. Als er drei Jahre alt war, zog die Familie an das bayerische Ufer des Inns, wo das Kind die für diese Region typische Sprechweise annahm; eine Sprechweise, die besonders stark hervortrat, als er älter wurde. Zwei Jahre später übersiedelten sie nach Leonding in die Nähe von Linz. Hier besuchte der junge Hitler die Volksschule des Benediktinerstiftes in Lambach und zeigte sich als guter Schüler. Als er jedoch in die höhere Schule überwechselte, verschlechterten sich seine Leistungen, er fiel durch die Prüfungen und wurde als faul und launenhaft beurteilt. Allerdings zeigte er einiges Talent im Zeichenunterricht. 1906 nahm ihn seine Mutter von der Schule; sein Vater war bereits 1903 gestorben, als sie nach Linz übersiedelt waren.

Der junge Hitler war ein Einzelgänger und Muttersöhnchen. Er hatte keine Lust auf Kaffeehausbesuche, verachtete den Sport, für den sich seine Altersgenossen begeisterten, und verabscheute Beamte (sein Vater hatte die Beamtenlaufbahn für ihn vorgesehen). Spazierengehen war seine Hauptbeschäftigung. Später, als »Führer«, bestand er, wann immer er nach Linz zurückkehrte, darauf, in der Nacht durch die Straßen zu wandern, scheinbar ohne Begleitung. Eine Österreicherin erzählte mir, als sie 1938 als junges Mädchen zeitig am Morgen mit ihrem Hund am Treppelweg entlang der Donau spazierenging, habe sie eine einsame Gestalt in einem Mantel und mit einem breitkrempigen Hut an ein Gitter gelehnt gesehen. Für einen Augenblick drehte sich der Mann ihr zu, und im Vorbeigehen habe sie Hitler erkannt. Er schien ohne jede Leibwache zu sein.

1906 verbrachte Hitler seine Zeit mit Wanderungen an der Donau und auf den Freinberg; er entwarf im Geist Gebäude und zeichnete ehrgeizig architektonische Entwürfe. Oben auf dem Freinberg gab es eine Bank, von der aus man die Stadt überblicken konnte. Dort saß er gerne und zeichnete oder las. Die Abende verbrachte er gerne im Theater, besonders wenn Wagner-Opern auf dem Spielplan standen. Er hatte keine Freunde und keinen Kontakt zu früheren Klassenkollegen. In der Oper lernte er auch August Kubizek kennen. Kubizek, der Sohn eines ortsansässigen Tapezierers, war Musikstudent. In seinem Buch beschrieb er, wie er mit dem bleichen und mageren, aber gutgekleideten Jungen ins Gespräch kam, der neben ihm auf der Galerie stand. Sie sprachen über Musik und entdeckten viele gemeinsame Interessen. Sie trafen sich dann öfters im Theater und gingen nach der Vorstellung gemeinsam nach Hause. Es vergingen einige Wochen, bis Hitler Kubizek seinen vollen Namen nannte. Zwischen den beiden Jungen entwickelte sich eine enge Freundschaft. Es scheint, daß Hitler stets das Gespräch an sich riß und seine Ansichten über Kunst vortrug. Aber Kubizek konnte sich nicht erinnern, jemals politische Ansichten oder Äußerungen von ihm gehört zu haben. Hitler zeigte dem Freund seine Skizzen und Aquarelle, doch Kubizek fand sie unreif und nichtssagend. Kubizek fielen, wie vielen anderen später auch, Hitlers Augen und sein merkwürdig durchdringender Blick auf. Er berichtete, daß Hitler oft Temperamentsausbrüche hatte, wobei er aufgeregt im bayerischen Dialekt herumbrüllte. Eines Tages enthüllte Hitler ihm seinen größten Wunsch: ein genialer Architekt und Künstler zu werden.

Während meiner Recherchen in Linz machte ich nicht viele Fortschritte. Es dauerte nicht lange, und ich stand vor einer undurchdringlichen Mauer. Da wurde mir klar, daß ich an die falschen Leute herangetreten war; die Beamten, mit denen ich Kontakt aufnahm, hatten oftmals eine Nazi-Vergangenheit, und da sie nach ihrer Entnazifizierung ihre Stellungen hatten behalten können, hatten sie keine Lust, in der Vergangenheit zu wühlen und damit ihre Pensionen zu gefährden. Nichtsdestoweniger gelang es mir, die wichtigsten Spuren aus Hitlers frühen Jahren in Linz aufzufinden, und ich nahm die Gelegenheit wahr, das Grab seiner Eltern auf dem Friedhof bei Leonding zu besuchen. Auf dem Grabstein befanden sich Fotos seiner Eltern. Das Grab selbst war mit frischen Blumen geschmückt; jemand mußte regelmäßig danach sehen.

Das nächste Ziel meiner Reise war Wien, wo ich hoffte, mehr Informationen aus offiziellen Quellen zu beziehen. Am neuen Bahnhof in Linz bemerkte ich zwei steinerne Löwen am Eingang zur Haupthalle. Ein älterer Gepäckträger beobachtete mein Interesse und knüpfte ein Gespräch mit mir an. Er erzählte, die beiden Figuren seien für den Eingang zum Führermuseum vorgesehen gewesen, das Hitler in Linz bauen wollte. Nach dem Krieg wurden sie bei einem Steinmetz gefunden, zusammen mit einem Stapel Marmorplatten. Der Bahnhof war im Krieg zerstört worden. Als man ihn neu aufbaute, wurden die Löwen an den Eingang gestellt und der Marmor für die Halle verwendet. Die Statuen hatten auf ihrer Front Hakenkreuze eingemeißelt, die man jedoch entfernt hatte. Eine interessante Geschichte – aber, wie ich später vom Architekten des Neubaues erfuhr – nicht wahr. Es war eine Legende, zweifellos erfunden, um Touristen zu unterhalten.

1906 besuchte Hitler, einer Einladung von Verwandten folgend, zum ersten Mal Wien. Der Junge war tief beeindruckt von der Hauptstadt der noch immer mächtigen österreichisch-ungarischen Monarchie, die unter der Herrschaft des alten Kaisers Franz Joseph I. stand, von den kaiserlichen Palais', den leuchtenden Uniformen und dem lebhaften Treiben in den Kaffeehäusern. Unter der Regentschaft Franz Josephs wurde Wien in eine moderne Stadt verwandelt. Die alte Hofburg und das Schloß Schönbrunn standen noch immer in voller Schönheit, aber die alten Befestigungen und Stadtmauern, die die Innenstadt von den Vororten getrennt hatten, waren geschleift worden. Eine breite, von Bäumen gesäumte Prachtstraße – die Ringstraße – war an ihre Stelle getreten. An beiden Seiten wurden eindrucksvolle neue Gebäude errichtet: der Justizpalast, Museen, ein neues Parlament im neoklassizistischen Stil, ein neugotisches Rathaus und eine Oper, die dem Pariser Opernhaus nachgebildet war. Die Magnaten und Adligen wetteiferten miteinander und beschäftigten die besten Architekten, um ihre Palais' zu entwerfen. In den äußeren Vorstädten wurden neue Wohnhäuser gebaut, die an die Stelle der alten überfüllten Armenbehausungen traten. Aus allen Teilen des Kaiserreichs strömten Leute der verschiedensten Rassen und Muttersprachen nach Wien, auf der Suche nach Arbeit und Erfolg.
Hitler mußte bald wieder nach Linz zurückfahren. Aber er war geblendet von seinen ersten Eindrücken und fest entschlossen, nach Wien zurückzukehren. In der Zwischenzeit nahm er seine alten Gewohnheiten wieder auf, die Wanderungen durch die Straßen von

Linz und die Tagträumereien. Zum Geburtstag eines Freundes entwarf er eine Villa. Er plante die gesamte Stadt Linz neu; mit einem neuen Theater, einer neuen Donaubrücke und einem großen Museum. (Als er dreißig Jahre später die Macht in Österreich übernahm, holte er diese Pläne wieder heraus. Es gelang ihm aber nur der Bau der neuen Brücke. Sie blieb bis heute erhalten.) Er unternahm täglich einen Spaziergang durch die Landstraße, die Hauptstraße der Stadt; er besuchte regelmäßig das Theater; und er erlag dem Zauber der Musik Richard Wagners.

ZWEITES KAPITEL

Enttäuschung in Wien

Im September 1907 machte sich Hitler wieder auf ins glanzvolle Wien, mit dem Segen und der finanziellen Unterstützung seiner Mutter. Er nahm einige seiner Aquarelle mit, denn im September fanden die jährlichen Aufnahmeprüfungen der Akademie der Bildenden Künste statt und er glaubte noch immer fest an sein künstlerisches Talent. Er fand eine billige Unterkunft bei einer polnischen Jüdin nahe der Mariahilferstraße, der wichtigsten Einkaufsstraße in den damaligen Vororten. Ich fand das Haus in der Stumpergasse 29 seit Hitlers Aufenthalt unverändert. Ein schäbiges, einstöckiges Haus mit einem großen Innenhof und einem rundumlaufenden Wandelgang; die Räume waren düster, und die umliegenden hohen Wohnhäuser ließen nur wenig Sonnenlicht herein.

In der Akademie der Bildenden Künste am Schillerplatz bestätigte man mir, was die Biographen Hitlers sagen, daß er die Aufnahmeprüfung hauptsächlich deshalb nicht bestand, weil auf seinen Bildern keine menschlichen Figuren zu sehen waren. Ich erfuhr, daß ein Professor Andersen, ein pensionierter Lehrer der Akademie, mir wahrscheinlich weiterhelfen könnte. Einige Tage später traf ich Professor Andersen, einen charmanten älteren Herrn von etwa siebzig Jahren.

Wußte er etwas über Hitlers Versagen bei der Prüfung? Sicher. Er nahm zur selben Zeit als Prüfling an der Prüfung teil und saß neben dem bleichen, schlanken, jungen Mann. Als die Ergebnisse verkündet wurden und Hitler erfuhr, daß er nicht bestanden hatte, bekam er einen Wutanfall. Andersen erinnerte sich, wie er aus dem Raum stürzte, leise vor sich hinfluchend, und wie er später vor der Akademie auf und ab lief. Hitler hielt Andersen auf. Ob dieser wüßte, daß die Prüfer alle fossile Bürokraten wären und unfähig, ein junges Talent zu verstehen? Die ganze Akademie gehöre in die Luft gesprengt! Es schien unmöglich, ihn zu beruhigen. Tatsache war jedoch, daß von mehr als einhundertdreißig Bewerbern nur etwa dreißig die Prüfung bestanden hatten und aufgenommen wurden. Die Anforderungen waren sehr hoch und Hitlers Arbeiten einfach nicht gut genug.

In »Mein Kampf« beschreibt Hitler, wie bestürzt er war, als er von seinem Versagen bei der Prüfung hörte; er war sich seines Erfolges so sicher gewesen. Heute ist es nicht schwer zu verstehen, warum er abgewiesen wurde. Ich hatte selbst die Gelegenheit, drei der von Hitler bei der Prüfung vorgelegten Arbeiten zu sehen; sie hängen heute als Teil einer privaten Sammlung von sechzig Aquarellen – von Hitlers frühen Tagen in Wien bis zu seiner Münchner Periode – im Longleat House in Wiltshire, im Besitz des Marquis von Bath, der seit 1965 diese Bilder sammelt. Wie man auch aus den in diesem Buch abgebildeten Gemälden ersehen kann, sind sie ganz nett anzusehen, reizende kleine Szenen, aber ohne jede Ausstrahlung.

Die Entscheidung der Akademie konnte Hitler nicht

den Glauben an sich selbst rauben. Viele talentierte Künstler, die die üblichen Aufnahmeprüfungen der Akademie nicht bestanden, hatten nach beharrlicher Weiterbildung dennoch Erfolg. In der Tat bekam Hitler vom Rektor der Akademie, Siegmund l'Allemand, den Rat, Architektur zu studieren; aber dafür hätte er einen Schulabschluß gebraucht. Er war vor die Entscheidung gestellt, entweder wieder in die Schule zu gehen oder seine künstlerischen Fähigkeiten durch privaten Unterricht zu verbessern. Er zog es vor, nichts von beidem zu tun und kehrte in seinen Schlupfwinkel in der Stumpergasse und zum Leben eines Müßiggängers zurück.

Zuhause in Linz wurde bei seiner Mutter inoperabler Krebs diagnostiziert. Ihr Zustand verschlechterte sich rapide. Hitler kehrte nach Hause zurück. Der jüdische Hausarzt der Familie, Dr. Bloch, konnte trotz seiner Bemühungen nichts mehr für sie tun. Sie starb im Dezember 1907. Ihr Tod war ein schwerer Schlag für Hitler; da er noch nicht volljährig war, wurde ein Vormund für ihn bestellt. Er jedoch entschied sich dafür, nach Wien in seine alte Wohnung zurückzukehren.

Im Frühjahr 1908 kam auch Hitlers Freund Kubizek nach Wien, um an der Musikakademie zu studieren. Weil er keine Unterkunft finden konnte, zog er bei Hitler ein, der die polnische Wirtin überredete, ihnen beiden ein größeres Zimmer zu geben. Kubizek hatte keine Ahnung, daß Hitler an der Akademie der Bildenden Künste durchgefallen war. Er berichtete, daß sein Freund jeden Tag wegging, um zu »studieren« – in Wahrheit besuchte Hitler die Nationalbibliothek in der Hofburg, wanderte durch die Stadt, zeichnete und träumte vom Ruhm. Erst später erfuhr Kubizek, daß Hitler von der Akademie abgewiesen worden war. Vielleicht war Kubizeks eigener Erfolg eine Demütigung für seinen Freund. Als Musikstudent bekam Kubizek freie Eintrittskarten für sie beide zu Konzerten, in der Oper jedoch mußten sie bezahlen. Es ärgerte Hitler, daß Offiziere und Armeeangehörige freien Eintritt hatten, und er behauptete, sie gingen nur dorthin, um in den Pausen die Wiener Gesellschaft zu sehen und gesehen zu werden. Zu dieser Zeit war die Oper unter der Direktion Gustav Mahlers voller künstlerischer Vitalität; große und international bekannte Sänger traten auf. Enrico Caruso sang 1906 und 1907 dort. In den Theatern kamen neue Dichter zu Wort und zogen eine große Zuhörerschaft an.

In der Kunstwelt war die Gruppe der Sezessionisten auf dem Höhepunkt ihres Erfolges. Sie bereiteten – vor allem mit den faszinierenden Gemälden Gustav Klimts – dem Sezessions- oder Jugendstil den Weg. Klimt war einer der wichtigsten Wegbereiter dieser Stilrichtung und hat wesentlich bei der Ausgestaltung vieler Wiener Gebäude und Theater mitgewirkt. Oskar Kokoschka brachte 1908 sein Hauptwerk heraus, ein Buch mit dem Titel »Die träumenden Knaben«. Die Wiener Werkstätten, eine Vereinigung von Künstlern und Kunsthandwerkern, hatten einen großen Einfluß auf die Anerkennung des Jugendstils, der seinen Höhepunkt im intellektuellen und kultivierten Wien fand.

All diese Aktivitäten blühten rund um den jungen Hitler im Wien des Jahres 1908. Aber er wußte wenig davon – und vielleicht wollte er nichts davon wissen. In dem kleinen Raum mit dem großen Flügel darin ließ er seine Launen an Kubizek aus und rannte durch das Zimmer wie ein eingesperrtes Tier. Wenn Kubizek Klavierstunden gab, um sein Taschengeld aufzubessern, protestierte Hitler. Sein eigener Musikgeschmack war begrenzt, obwohl er als Kind Klavierunterricht erhalten hatte. Für ihn war Wagner der Größte: Lohengrin, Tannhäuser, Tristan und Isolde, Der Ring des Nibelungen; er konnte diese Werke immer und immer wieder hören. Italienische Opern lehnte er ab, ausgenommen Aida. Von den anderen Komponisten mochte er nur Bruckner und Beethoven, ganz besonders dessen achte Symphonie.

Über Hitlers literarische Vorlieben berichtete Kubizek, daß er gierig alles verschlang – Nietzsche, Schopenhauer, Luther und Schiller –, aber daß er die Bücher niemals genau las. Albert Speer äußerte einmal, es habe den Anschein, als ob Hitler nur den Anfang und das Ende seiner Bücher gelesen habe. Hitler hatte eine besondere Vorliebe für Karl May, dessen Schilderungen des nordamerikanischen Indianerlebens ihn in Entzücken versetzten.

1908 lebte der junge Hitler in einigem Wohlstand. Er hatte noch seine Waisenpension, das Geld, das ihm seine Mutter hinterlassen hatte, und außerdem ein kleines Erbe einer Tante. Er vertraute Kubizek an, daß er gerade an einer Lösung des Wiener Wohnungsproblems arbeite. Für dieses Projekt machte er viele Entwürfe, obgleich er im allgemeinen die neuen Gebäude Wiens mochte und Änderungen unnötig fand. Er trat weiterhin mit dem Gehabe eines jungen Herrn und Müßiggängers auf, und obwohl er jetzt viel Zeit in den

Kaffeehäusern verbrachte, blieb seine äußere Erscheinung provinziell. Er lehnte die »Es wird schon gutgehen«-Haltung der Wiener ab und verabscheute den Wein und die Heurigenlokale.

Es gab nur einen einzigen Wiener, den Hitler bewunderte und dessen Ideen er kopierte, als er selbst an die Macht kam. Dr. Karl Lueger, wegen seines guten Aussehens von den Wienern liebevoll »Der schöne Karl« genannt, war der mächtige und bewunderte Bürgermeister der Stadt Wien. Als Sohn eines Hauswartes geboren, wurde er Rechtsanwalt und trat in die große Politik ein. Er wußte, wie man die Angehörigen des Kleinbürgertums ansprechen mußte und ganz besonders den »kleinen Mann«, der sich selbst als Deutsch-Österreicher sah und sich ärgerte über den Einfluß der Tschechen, Ungarn, Polen und slawischen Völker in der österreichisch-ungarischen Monarchie, nicht zuletzt auch über die Herrschaft der gebildeten Juden in der Kunst, im Theater, in den Banken und anderen Berufen. Lueger wußte geschickt den Antisemitismus und die sozialen Mißstände für sich auszunutzen. Er war ein guter Redner und verstand es, eine Massenbewegung gegen den Kapitalismus zu formen, wie Marx es postuliert hatte. Seine christlich-soziale Partei ging eine Koalition mit den Deutsch-Nationalen ein und erlangte so die Mehrheit im Reichsrat – dem Parlament – gegen die (zeitlich überholte) Liberale Partei. Lueger erreichte viermal die Mehrheit bei der Bürgermeisterwahl, aber seine Bestellung mußte vom Kaiser ratifiziert werden, und viermal wies Franz Joseph ihn ab – teilweise auf Anraten anderer, aber auch, weil er persönlich Luegers Antisemitismus nicht mochte.

Die Wiener nahmen die Entscheidung des Kaisers übel und protestierten schweigend dagegen. Es war eine Gewohnheit Kaiser Franz Josephs, wenn er im Schloß Schönbrunn residierte, in einer offenen Kutsche über die Mariahilferstraße zur Hofburg zu fahren. Er war bei seinem Volk sehr beliebt, und die Leute grüßten respektvoll, wenn er vorüberfuhr. Als er aber Lueger zum viertenmal abwies, wurde sein freundliches Winken höflich ignoriert. Die Bedeutsamkeit dieser Geste blieb ihm nicht verborgen, und als Lueger einstimmig zum fünften Mal zum Bürgermeister gewählt wurde, bestätigte der Kaiser diese Wahl. Wenn er es schon früher getan hätte, hätten die Wiener vielleicht mehr Nutzen aus Luegers fortschrittlichen Neuerungen ziehen können.

Als er endlich ins Rathaus eingezogen war, gründete Lueger die kommunalen Einrichtungen der Gaswerke, Elektrizitätswerke und Verkehrsbetriebe. 1908 hatte Wien das modernste Kraftwerk und das größte Straßenbahnsystem der Welt. Die freien Plätze der Stadt waren in Parks und öffentliche Gärten umgewandelt worden – ein »grüner Gürtel« umgab die Stadt. Lueger baute Altersheime und Wohnanlagen und gründete die Sparkassen. Er ließ die Wiener Hochquellenwasserleitung installieren, die von den entfernten Bergen der Raxalpe frisches Trinkwasser in jeden Wiener Haushalt brachte. Er verbesserte das Gesundheitswesen – Wien war zu jener Zeit ein Zentrum der Medizin und Chirurgie. Luegers früher Tod 1910 wurde allseits bedauert, und selbst der Kaiser nahm am Begräbnis teil. Bis zum heutigen Tag schulden ihm die Wiener Dank für die Modernisierung ihrer Stadt. Hitler

gab später zu, stark von Lueger beeinflußt worden zu sein.
Im Herbst 1908 versuchte Hitler zum zweiten Mal, in die Akademie aufgenommen zu werden. Wieder fiel er durch. Es urteilten dieselben Prüfer, sie fanden keinen Fortschritt in den Arbeiten, die er vorlegte. Entmutigt und niedergeschlagen kehrte er in seine Unterkunft zurück, und da Kubizek gerade in Linz war, zog er aus der gemeinsamen Wohnung aus und verschwand ohne Erklärung aus dessen Leben. Es scheint auch, daß zu dieser Zeit sein Geld knapp wurde. Seine nächste Unterkunft war ein möbliertes Zimmer in der Felberstraße, nahe dem Westbahnhof. Hier bekam auch sein wachsender Antisemitismus neue Nahrung. Einige Häuser von dem Fremdenwohnheim entfernt wurde die scharf antisemitische Zeitung »Ostara« – nach der germanischen Frühlingsgöttin benannt – verkauft. Hitler las begierig die Theorien über die Reinheit der nordischen Rasse. »Ostara« wurde von Jörg Lanz von Liebenfels herausgegeben. Zunächst Mönch des Heiligen Kreuzes, verließ er später diesen Orden, legte sich einen falschen Adelstitel zu und wurde mehr und mehr ein fanatischer Verfechter seiner rassistischen Ideen. Das Zentrum seiner Bewegung befand sich in der Ruine von Schloß Werfenstein. 1909 hißte er hier eine Flagge mit einem roten Hakenkreuz auf goldenem Grund als Zeichen seiner rassistischen Gruppe. Einmal ging Hitler zu Liebenfels, um ein altes Exemplar der Zeitschrift zu erhalten. Offenbar hatte Liebenfels Mitleid mit dem schäbigen jungen Mann, und er schenkte ihm die Ausgabe – aber er war tief beeindruckt von ihm, wie er einem Freund schrieb.

Über die Aufenthaltsorte Hitlers im Winter 1908/1909 gibt es nur widersprüchliche Angaben. In »Mein Kampf« beschreibt er diese Jahre als eine Zeit voller Elend und Jammer – er malte, machte Gelegenheitsarbeiten und schlug sich schlecht und recht durchs Leben. Andererseits sind manche Biografen der Meinung, Hitler könne nicht so arm gewesen sein, wie er behauptete, da er noch seine Waisenrente hatte. Sicher ist, daß er öfter seine Adresse wechselte und an einem seiner Wohnorte die Bekanntschaft eines vazierenden, heruntergekommenen Malers aus Berlin, Reinhold Hanisch, machte. Es kam zur Zusammenarbeit der beiden. Sie zogen gemeinsam in ein Männerwohnheim in der Meldemannstraße 27. Obwohl es in seinen Biografien nicht erwähnt wird, scheint es eher wahrscheinlich, daß Hitler davor in einem Fremdenheim in der Wurlitzergasse wohnte. In einer authentischen Dokumentation Wiener Wissenschaftler über Hitlers Aquarelle der Sammlung des Marquis von Bath ist die Adresse in der Wurlitzergasse angegeben. Und außerdem verkaufte er seine Bilder an einen Rahmenhändler nicht weit von dort.
Während dieser Zeit in Wien malte Hitler sehr viel und verkaufte seine Werke in den umliegenden Geschäften. Im Zuge meiner Nachforschungen besuchte ich auch eine alte Dame, Frau Hofrat K., die, wie man mir erzählte, eventuell eines seiner Aquarelle besitzen könnte. Ihre Wohnung in der Wiener Innenstadt war mit antiken Möbeln und Gemälden eingerichtet, und bei einem Fenster hing ein kleiner vergoldeter Rahmen mit einer Farbzeichnung, die eine Alt-Wiener Szene zeigte, mit verschiedenen Leuten, Pferden und Kut-

schen, alles eher dilettantisch dargestellt. In einer Ecke waren die Initialen A. H. zu sehen. Sie erzählte mir, sie habe das Bild im Sommer 1908 bei einem Spaziergang durch den malerischen Vorort Grinzing, unterhalb des Wienerwaldes, in einem Bilderrahmengeschäft entdeckt. Der Goldrahmen gefiel ihr, und sie entschloß sich, ihn als Geburtstagsgeschenk für ihren Gatten zu kaufen. Der Preis, den der Händler angab, war vernünftig. »Und was kostet das Bild?« fragte sie. Sie könne es umsonst haben, sagte der Händer, »ich gab es nur hinein, um den Rahmen auszustellen. Einer von diesen jungen herumziehenden Künstlern gab es mir im Tausch gegen einen beschädigten Rahmen. Ich suchte es mir aus seiner Mappe aus.« Dieses Bild machte mich neugierig; es war offensichtlich von einer Zeichnung kopiert, die das alte Burgtheater vor 1880 zeigt. In der Bibliothek, die Hitler oftmals besucht hatte (heute die Nationalbibliothek), fand ich eine Geschichte des Burgtheaters und darin einen Druck, der Hitlers Bild täuschend ähnlich sah. Er hatte nur einige Figuren verändert.

Ich hatte Glück, dieses Bild zu finden. 1965 bewahrten die Leute in Deutschland und Österreich, die Dokumente über die Nazizeit hatten – eingeschlossen Hitlers künstlerische Arbeiten – noch Stillschweigen; und ganz abgesehen davon hatte kaum jemand Interesse an seinen Bildern. Erst einige Zeit später wurden in London zwei Bilder und eine Büste von Hitler versteigert. Zwar erhoben die Juden Einspruch dagegen, doch der Protest wurde abgewiesen; gleichwohl gab der Verkäufer seinen Gewinn an eine jüdische Wohlfahrtsorganisation. Kurz danach konnte ein Wiener Kunstexperte

Adolf Hitler mit 16 Jahren. Zeichnung eines Schulkameraden. (1)

Linz in Österreich etwa zur Zeit, als Hitler in Braunau am Inn geboren wurde. Hinter dem Hauptplatz die alte steinerne Donaubrücke. (2)

Ein Wiener Caféhaus 1907. (3)

Kaiser Franz Josef I. neben Bürgermeister Lueger bei einer Grundsteinlegung in Wien im Jahre 1906. (4)

Titelblatt der Zeitschrift »Ostara«, die Hitler in Wien las und die nicht wenig zu seinem Antisemitismus beitrug. (5)

Die Akademie der Schönen Künste in Wien zur Zeit, als Hitler die Aufnahmeprüfung nicht bestand. (6)

Opernplatz in Wien vor dem 1. Weltkrieg. (7)

Das Innere der Hofburg in Wien vor dem 1. Weltkrieg. (8)

Der Wiener »Reichsrat«. (9)

»Der Wilde Jäger« von Franz von Stuck, ein Gemälde, das Hitler sehr bewunderte. In seiner Ähnlichkeit mit Hitler selbst scheint es ein Stück Prophetie zu sein. Es ist gut möglich, daß Hitler sein äußeres Aussehen dieser alten germanischen Sagenfigur angeglichen hat. (10)

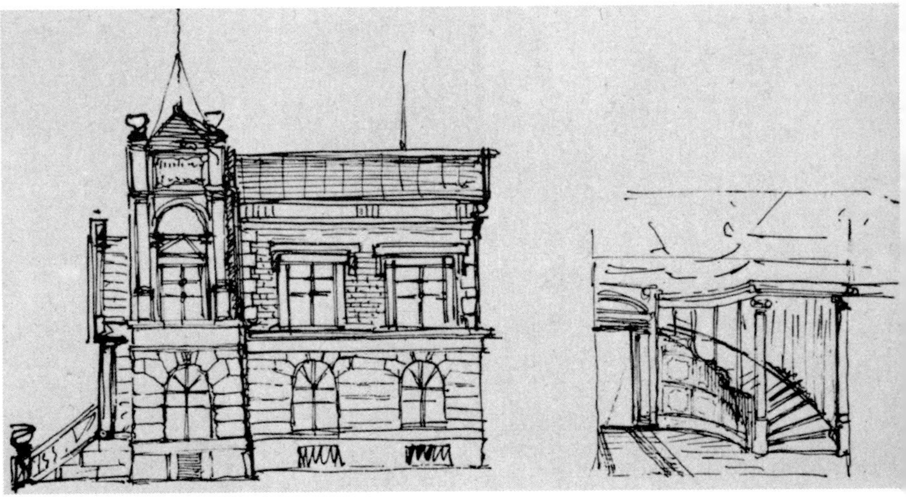

Zeichnungen Hitlers für eine Villa für seinen Freund August Kubizek. (11)

Zeichnung des 18jährigen Hitler für eine Konzerthalle in Linz. (12)

Das »Münchner Hofbräuhaus« von Adolf Hitler. (13)

Alt-Wiener »Vorstadt-Haus« von Adolf Hitler. (14)

Wiener »Karlskirche« von Adolf Hitler. (15)

Wiener »Reichsrat« von Adolf Hitler. (16)

(Herr Peter Jahn), der schon seit 1937 mit Hitlers Gemälden handelte und deren Echtheit bestätigte, über sechzig Aquarelle ausfindig machen, die den Zweiten Weltkrieg und die Nachkriegszeit überdauert hatten. Heute sind diese Bilder Bestandteil der Privatsammlung des Marquis of Bath in Longleat House.

Hitler erzählte einmal diesem Händler, daß er während seiner Zeit in Wien und dann in München über tausend Bilder gemalt hätte. Aber hatte er überhaupt Talent zum Künstler und Maler? Die Frage wurde einem Kunstexperten der Londoner Nationalgalerie in einem Interview für meinen Film »Kunst in Gefahr« 1965 gestellt. Es wurden ihm das Bild vom alten Wiener Burgtheater, das Hitler aus einem Buch kopiert hatte, und einige andere Reproduktionen von Hitler-Originalen vorgelegt. Er fand es begreiflich, daß die Kunstakademie in Wien Hitlers Werke nicht höher einschätzte. Er meinte, es sei die Art von Kunst, die jeder kleinere Provinzkünstler produzieren könne; sehr konventionell, technisch unvollkommen und mit wenig architektonischem Ideenreichtum. Die Zeichenkunst ist dürftig und der Gesamteindruck schwach.

Hitler dürfte seine produktivste Zeit in dem Wohnheim in der Meldemannstraße gehabt haben. Das war kein Obdachlosenasyl, wie einige Biografen behaupteten. Gebaut auf Anregung des Kaisers und 1906 eröffnet, konnte es fünfhundert Leute aufnehmen und war eher als modernes Heim für alleinstehende Männer anzusehen denn als ein gewöhnliches Logierhaus. Pensionierte Offiziere und Leute mit kleinem Einkommen wohnten hier. Jeder hatte seine eigene Schlafkammer mit Bett, Tisch, Stuhl und Kleiderschrank. Die Wäsche wurde jede Woche gewechselt. Es gab ein großes Lesezimmer und einen Gesellschaftsraum, Waschgelegenheiten mit Duschen und eine Wäscherei. Tagsüber durften sich die Bewohner nicht in ihren Kammern aufhalten. Billige nahrhafte Mahlzeiten gab es in der Kantine. Für diejenigen, die lieber selber kochten, gab es eine eigene kleine Küche. Dort bereitete sich Hitler sein vegetarisches Essen zu. Er rauchte oder trank niemals, hatte aber sein Leben lang eine besondere Vorliebe für Süßigkeiten und Torten. Hitler richtete sein »Studio« in einer Ecke der Halle ein, machte dort detailgetreue Kopien von Postkarten und Zeichnungen und kolorierte sie. Sein Freund Hanisch ging damit in den Antiquitätenläden hausieren und versuchte die Karten in den Restaurants des nahegelegenen Vergnügungsparks im Prater zu verkaufen. Er verkaufte auch regelmäßig an einen Rahmenhändler, der gerne eine Menge billiger Bilder hatte, um seine Rahmen auszustellen. Hanisch behauptete, Hitler sei faul gewesen und habe nur soviel gearbeitet, wie er Geld zum Leben benötigte. Die übrige Zeit vertrat Hitler weiter seine Ideen und erzählte sie jedermann, der ihm zuhören wollte.

Hanisch hatte ein 50:50-Abkommen mit Hitler, das für beide Teile befriedigend war, bis eines Tages Hitler Hanisch beschuldigte, einen Teil des Geldes aus dem Verkauf eines Bildes vom Reichstagsgebäude zurückbehalten zu haben. Hitler erzählte der Polizei von diesem Vorfall, und Hanisch wurde für eine Woche in Haft genommen. Man vermutet, daß er nur deshalb nicht leugnete, weil er bei der Polizei unter falschem Namen registriert war. Auf jeden Fall war dies das Ende der geschäftlichen Beziehungen zwischen ihm und Hitler. Von da an soll Hitler direkt an die beiden jüdischen Händler Neumann und Morgenstern verkauft haben.

DRITTES KAPITEL

Der Künstler in München

1913 lebte Hitler schon fünf Jahre in Wien. Die Monarchie drohte auseinanderzubrechen, es gab Vorzeichen einer Revolution, und die Tschechen und Ungarn forderten ihre Unabhängigkeit. Kriegswolken zogen am Horizont auf. Hitler war des Lebens in Wien überdrüssig. Er haßte die Wiener, die Habsburger Monarchie mit ihren vielen fremden Nationen und nicht zuletzt auch die Juden, überdies war sein Militärdienst in der österreichischen Armee schon längst fällig, und er hatte keine Lust einzurücken. Er packte seine Koffer und fuhr mit der Bahn nach München, einer Stadt, erfüllt von der Atmosphäre der Macht und des Erfolges von Kaiser Wilhelm II. Hier konnte er frei atmen, ein Deutscher unter Deutschen, und seine Rückschläge in Österreich vergessen. Auch galt diese Stadt als großes Künstlerzentrum.

Er fand ein nettes Zimmer im Künstlerbezirk Schwabing, einige Türen von dem Haus entfernt, in dem Lenin gewohnt hatte. Um ganz sicher zu gehen, ließ er sich bei der Polizei als staatenlos registrieren. Aber er rechnete nicht mit dem langen Arm der österreichischen Armee. Das österreichische Konsulat spürte ihn auf und schickte die deutsche Polizei zu ihm. Nach einigem Hin- und Herschreiben wegen der Aufforderung, Hitler solle sich zum Dienst in Wien melden, gaben die österreichischen Behörden nach und erlaubten ihm, sich in Salzburg zu stellen. Dort wurde er, zu seiner großen Freude, als für den militärischen Dienst untauglich erklärt. Man vermutet, daß dies aufgrund seiner Plattfüße geschah; diese Erklärung ist jedoch fragwürdig im Hinblick auf die Tatsache, daß er ein Jahr später von der deutschen Armee aufgenommen wurde.

Nach seiner Rückkehr nach München arbeitete Hitler weiterhin als Postkartenkopist und stellte gewissenhaft Aquarelle mit beliebten und leicht verkäuflichen Stadtmotiven, wie z. B. dem alten Rathaus, für eine Kunstgalerie her. Diese Bilder waren bei Jungvermählten zur Erinnerung sehr beliebt, und er malte sie so oft, daß er sie schließlich aus dem Gedächtnis kopieren konnte. Aber er blieb ein Außenseiter im Künstlerviertel. Kandinsky, Klee und Franz Marc lebten und malten in Schwabing; eine neue Richtung der Malerei war entstanden, aber Hitler lebte in seiner eigenen kleinen Welt und nahm nichts davon zur Kenntnis. Sein künstlerischer Geschmack hatte sich nicht geändert. Er bevorzugte Carl Spitzweg, den autodidaktischen Biedermeier-Maler, der in München gelebt und die deutsche Kleinstadt-Bürgerlichkeit unsterblich gemacht hatte.

Für Hitler muß der Erste Weltkrieg so etwas wie ein Himmelsgeschenk gewesen sein, denn obwohl er ein recht angenehmes Leben führte, hatte er als Künstler keine echte Zukunft. Jetzt war er sich dieser Tatsache auch bewußt geworden. In späteren Jahren gestand er offen ein, daß er nur ein mittelmäßiger Künstler gewesen war, der nur malte, um seinen Lebensunterhalt zu

verdienen. Er bewarb sich beim Militär und kam zu einem bayerischen Regiment.
Hitler erwies sich als guter Soldat und brachte es bis zum Rang eines Gefreiten.
Zweimal wurde er ausgezeichnet, mit dem Eisernen Kreuz Erster und Zweiter Klasse für Tapferkeit an der Front; er wurde zweimal verwundet. Wenn er keinen Dienst hatte, malte er, seine Zeichnungen aus dieser Zeit sind jedoch selten. Es gibt ein Bild: »Schützengraben in Douamont« und ein anderes, das ein Bauernhaus bei Abancourt darstellt. Da er keine Postkarten zum Kopieren hatte, mußte er frei nach der Natur zeichnen. Das erklärt ohne Zweifel, warum seine Bilder, die aus jener Zeit erhalten sind, eine beträchtliche Verbesserung in Entwurf und Farbe im Vergleich zu seinen früheren Werken zeigen. Diese Kriegsbilder scheinen auch seine letzten Versuche als Maler gewesen zu sein. Er hatte das Interesse am Malen verloren.
Nach Beendigung des Krieges wandte sich Hitler ganz der Politik zu. Er trat nach seiner Entlassung aus dem Militärdienst der Nationalsozialistischen Partei bei und wurde bald eine ihrer führenden Persönlichkeiten. Die Zeit des Malers schien endgültig vorüber zu sein. Aber wenn man Entwürfe betrachtet, die er 1925 in München machte, sieht man, daß er noch immer an monumentaler Architektur interessiert war und seinen Jugendtraum, Linz zu erneuern, nicht vergessen hatte.
Seit dem Jahr 1923 wurde Deutschland von einem politischen Umsturz nach dem anderen erschüttert. Arbeitslosigkeit, Inflation und wachsende Unzufriedenheit in der Mittelklasse – all das wußte Hitler zu seinen eigenen Gunsten zu nutzen. In seiner Jugend hatte er

gesehen, wie Lueger in Wien an die Macht gelangte, und er hatte immer bewundert, wie dieser Mann es verstand, sich bei der Bevölkerung beliebt zu machen. Die Ideen des Antisemitismus und die Lehren über arische Rassenreinheit zusammen mit dem Pan-Deutschen Ideal, – verkündet von Liebenfels, List und Schönerer – wurden von Hitler aufgegriffen und weiterentwickelt. Die Pan-Germanische oder Großdeutsche Bewegung trat für ein Großdeutsches Reich ein, das alle deutsch-sprechenden Gebiete innerhalb der damaligen österreichisch-ungarischen Monarchie mit einschloß und unter der Herrschaft eines deutschen Kaisers stehen sollte.

Das Ergebnis dieser Überlegungen Hitlers war sein Buch »Mein Kampf« (erschienen 1924), das später die »Bibel« der Nazis wurde. Die Einkünfte aus den Tantiemen machten aus Hitler einen reichen Mann; das Buch wurde in mehrere Sprachen übersetzt, und jedes junge Ehepaar bekam bei der Eheschließung ein Exemplar vom Staat geschenkt.

Von 1925 an, als er sich ganz für die politische Arbeit engagierte, bezog Hitler sein Einkommen aus verschiedenen Quellen – er schrieb Artikel für die Parteizeitung »Völkischer Beobachter«, erhielt die Auslandstantiemen für »Mein Kampf« und auch Geld aus dem Verkauf seiner Fotografien. Mit Hilfe dieser Extraeinnahmen begann er, eine Privatsammlung seiner bevorzugten Maler anzulegen. Ein Künstler, den er seit seiner Jugend ganz besonders schätzte, war Hans Grützner. Er malte Szenen des neunzehnten Jahrhunderts mit weintrinkenden Mönchen und dicken Wirten. Hitler vertrat die Meinung, daß Grützner der Rembrandt

des zwanzigsten Jahrhunderts werden könnte und ebenso hohe Verkaufspreise erzielen würde. So erwarb er einunddreißig Grützner-Bilder. Sie landeten später im post-war clearing centre (Nachkriegs-Aufklärungs-Zentrum) in der Münchner Meiserstraße.
Welche anderen Maler bewunderte Hitler noch? Sein Geschmack schien sich seit 1908 nicht viel entwickelt zu haben. Das blieb so bis zum Ende seines Lebens. Er liebte alle frühen deutschen Maler; den brillanten Naturalismus und die Zeichenkunst von Dürer, die Porträts von Cranach und seine Wiedergabe des deutschen Frauenideals in der Zeit der Renaissance. Er anerkannte auch das Werk Brueghels, des flämischen Meisters im sechzehnten und siebzehnten Jahrhundert und dessen wunderbare Darstellung der ländlichen Lustbarkeiten in den Niederlanden. Die französischen Maler des achtzehnten Jahrhunderts faszinierten Hitler ebenfalls. Aber vor allen Dingen schätzte er die deutschen und österreichischen Maler, selbst die unbedeutendsten, mit ihren naturgetreuen Zeichnungen und Farben. Sein bevorzugter Landschaftsmaler war Rudolf von Alt, dessen Stil er in seinen eigenen Werken zu kopieren versuchte. Von Alt hatte an der Wiener Akademie der Bildenden Künste studiert, derselben, an der Hitler zurückgewiesen worden war. Ein anderer Österreicher, Hans Makart, hatte ebenfalls dort studiert. Er wurde wegen seiner angeblich schlechten Arbeiten hinausgeworfen, setzte seine Studien an der Münchner Kunstakademie unter Piloty fort, wurde aber später als Professor an die Wiener Akademie zurückberufen, die den früheren Irrtum einsah. Hitler bewunderte an Makart die Darstellung des Bürger-

tums und seiner Bedeutung. Der Landschaftsmaler Waldmüller, dessen Stil eine fast fotografische Wiedergabe der Natur war, studierte und lehrte ebenfalls an der Akademie in Wien. Hitler schätzte ihn. Ein weiterer Favorit Hitlers war Moritz von Schwind.
Von den deutschen Künstlern mochte Hitler auch Anselm Feuerbach gerne, einen Maler, der sich um die Wiederbelebung des klassischen Ideals der Antike bemüht hatte und darin seine Lebensaufgabe sah; aber er hatte nur ein geringes Echo. Er unterrichtete an der Wiener Akademie und begann ein Deckengemälde im großen Saal zu entwerfen, mit einer Reihe von Darstellungen des Kampfes der Titanen (»Der Titanensturz« Anm. d. Ü.). Aufgrund seiner schlechten Gesundheit mußte er aber die Vollendung seines Werkes anderen überlassen. Ebensowenig Erfolg hatte er in Wien mit dem Versuch, seine Philosophie durch die Kunst auszudrücken. Er beklagte sich bitter darüber, daß sein Genie mißverstanden und abgelehnt wurde. Sein Wunsch war, Deutschlands größter Monumentalmaler zu werden; und obzwar er dieses Ziel nicht erreichen konnte, wurde er immerhin als Porträtist recht bekannt. In seiner Autobiografie »Vermächtnis« beschrieb er seine Mißerfolge. Hitler muß in Wien, als er viel Zeit in der Bibliothek in der Hofburg verbrachte, dieses Buch gelesen haben. Womöglich verglich er sein eigenes Mißgeschick mit dem des Autors.
Ich habe gerade diese Künstler erwähnt, weil sie etwas gemeinsam hatten: sie studierten oder lehrten alle an der Wiener Akademie der Bildenden Künste, von der Hitler abgewiesen worden war.
Ein Bild, das Hitler ganz besonders bewunderte, war

»Der wilde Jäger« von Franz von Stuck, 1889, in Hitlers Geburtsjahr, gemalt. Heute hängt es in der Lenbach-Galerie in München. Die Darstellung auf diesem Bild basiert auf der alten deutschen Sage, nach der Wotan – hier die Personifizierung von Tod und Zerstörung – auf seinen nächtlichen Ausritten Angst und Schrecken verbreitet. Es zeigt einen davonstürmenden Mann in einem Umhang, der drohend ein Schwert in der Hand schwingt. Er wird von einem Rudel Wölfe verfolgt. Sein schwarzes Haar hängt ihm in die Stirne, er hat durchdringende Augen und einen kleinen Schnurrbart. Möglicherweise wurde Hitler auf seinen Wanderungen durch München – er war noch immer ein großer Spaziergänger – durch das Bild von Stuck angeregt, seine äußere Erscheinung in etwas abgeschwächter Form dem schreckenerregenden Bild des Künstlers anzugleichen. Seine Ähnlichkeit damit ist unverkennbar. Jedenfalls stand Hitler der legendären Figur in seiner Zerstörungswut nicht nach. Es gibt übrigens bei Hitler noch weitere Verbindungen zu Wölfen: Nicht nur ließ er sich von seinen engen Freunden gerne »Wolf« rufen, sondern seine bevorzugte Hunderasse war auch der Wolfs- oder deutsche Schäferhund. Als das Volkswagenwerk eröffnet wurde, bekam es seinen Namen nach einem nahegelegenen Landgut »Wolfsburg«. Hitler versuchte seine Schwester, die lange Zeit seinen Haushalt führte, zu überreden, ihren Namen in Frau Wolf zu ändern. Seine Sekretärin für über zwanzig Jahre war ein Frl. Wolf. Und wenn man einem seiner Biografen, Walter Langer, Glauben schenken will, pfiff Hitler gerne die Melodie von Walt Disney »Wer hat Angst vor'm großen bösen

Wolf?« Noch mehr: während des Zweiten Weltkrieges wurden alle Führerhauptquartiere an der Front nach dem Wolf benannt. Hitlers Hauptquartier in Frankreich hieß Wolfsschlucht, in der Ukraine Werwolf und in Ostpreußen Wolfsschanze. Oftmals sprach er über die Männer von der SS als von seinem Wolfsrudel. Dann wieder war es der Verband Werwolf, der nach dem Vormarsch der Alliierten Truppen in Deutschland einige Terroraktionen durchführte, obwohl diese Tätigkeit bald beendet wurde. Und als das Ende kam, hatte Hitler in seinem Berliner Bunker seinen geliebten deutschen Wolfshund bei sich. Er ließ das Tier einschläfern, bevor er sich selbst erschoß.

In den zwanziger Jahren fuhr Hitler einen großen Mercedes und war bei der Münchner Gesellschaft sehr beliebt. Auch versuchte er jetzt, Anschluß an die Künstlerkreise in Schwabing zu finden. Er besuchte öfter das Café Heck, ein kleines Lokal, das etwa dreißig Leuten Platz bot. Noch 1929 ging er täglich dorthin und saß mit seinen Parteigenossen an seinem Stammtisch – Strasser, Heß, Göring und manchmal Goebbels. An einem anderen Stammtisch, gleich nebenan, trafen sich die bekannten Münchner Künstler. Unter ihnen war auch Richard Lindner, ein deutscher Expressionist, (Richard Lindner, geb. 1901, emigrierte 1940 in die USA, gilt heute als bedeutender Vertreter der amerikanischen Moderne, Anm. d. Ü.). Lindner erzählte Dr. Wolfgang Fischer von »Fischer Fine Art« in London von seinen täglichen Begegnungen mit Hitler in dem Café 1929, zu der Zeit, als die Nazis auf ihrem Weg zur Macht waren. Die Künstler ignorierten ostentativ die Nazis am Nebentisch oder machten mit lauter

Stimme spöttische Bemerkungen, aber Hitler nahm ihre Sticheleien niemals zur Kenntnis. Er war immer mit einem schwarzen Anzug und schwarzer Krawatte gekleidet, so Lindner, und mit einem breitkrempigen Künstlerhut. Manchmal trug er schwarze Reitstiefel und hatte stets eine Hundepeitsche bei sich. Zu dieser Zeit versuchte er nicht, die Aufmerksamkeit auf sich zu lenken und schien eher schüchtern. Er erhob niemals die Stimme in den Gesprächen, wie Heß es öfters tat. Er hatte die Haltung und das Gehabe eines ehrbaren Mannes der Mittelklasse.

Hitler hatte als Künstler versagt, aber als Regisseur der großen nationalsozialistischen Veranstaltungen war er unübertroffen. Er kannte alle Tricks der Redekunst und verstand es, seine Anhänger zu Fanatismus aufzustacheln. Dennoch stammten seine Ideen nicht von ihm selbst, genauso wenig wie seine Bilder. Er lieh sich anderer Leute geistige Arbeit, richtete sie für seine eigenen politischen Ziele her und erntete den Erfolg. Er gibt in »Mein Kampf« zu, daß er die Ideen des Lanz von Liebenfels nur geringfügig abwandeln mußte, um sie zur politischen Richtlinie der Nationalsozialisten zu machen.

Auch die nationalsozialistische Fahne war wahrscheinlich von Liebenfels inspiriert. Zwar war sein Hakenkreuz rot auf goldenem Grund, während die Version der Nazis ein schwarzes Hakenkreuz in einem weißen Kreis zeigte, vor rotem Hintergrund. Hitler könnte dieses Abzeichen aber auch im Wappen des Abtes der Benediktinerabtei in Lambach gesehen haben, wo er zur Schule gegangen war; es ist ein altes Symbol, das auch in Tibet, Indien, Mexiko und Peru gefunden wurde.

VIERTES KAPITEL

Hohe Kunst – Entartete Kunst

Unter einer Sammlung alter Postkarten, die meinen Eltern gehörte, fand ich auch eine bunte Karte mit einer Münchner Ansicht und dem Poststempel von 1913 – dem Jahr, in dem Hitler dorthin übersiedelte und versuchte, sich weiterhin als Künstler zu etablieren. Ich besuchte Örtlichkeiten, die er gemalt hatte: den »Alten Hof«, die erste Residenz der Wittelsbacher Herzöge, sie blieb von den Bomben verschont – er war eines der Objekte von Hitlers besseren Bildern. Ein anderes beliebtes Objekt war das Hofbräuhaus mit seinen holzgetäfelten Stuben, es ist bis heute unverändert. Hitlers bevorzugtes Restaurant, die Osteria Bavaria, gab es noch unter dem Namen Osteria Italiana. Ich konnte auch die Konditorei ausfindig machen, in der er seiner Vorliebe für Süßigkeiten und Mehlspeisen nachgab. Aber die Gedenktafel an dem Haus, in dem er damals lebte, war entfernt worden, und das Café Heck existierte nicht mehr.

Wie wenig ahnten Lindner und seine Freunde doch von dem, was Hitler für die Kunst bereit hielt, als sie ihn am Nebentisch im Café Heck sahen! Das Ausmaß von Hitlers Säuberungsaktionen in den deutschen Kunstgalerien wurde auf einer Ausstellung 1962 in München gezeigt, unter dem Titel »Entartete Kunst vor fünfundzwanzig Jahren«. Ich entdeckte 1965 aus dem Katalog der Ausstellung und aus anderen Unterlagen, die ich zusammengetragen hatte, wie sehr die Museen und Galerien in Deutschland unter den Aktionen Hitlers gelitten hatten, noch vor Ausbruch des Zweiten Weltkrieges. Durch die Nachforschungen in Archiven und Quellen war es mir möglich, mir ein Bild vom Ausmaß der Hetzkampagne gegen Entartete Kunst zu machen.

Als der Ideologe der NS-Partei, Alfred Rosenberg, 1928 eine Nationalsozialistische Kulturvereinigung gründete, nahmen die zeitgenössischen Künstler keine Notiz davon. Die Gesellschaft unterstützte den Gedanken der reinen nordisch-germanischen Kunst, die im Gegensatz zu den »bolschewistischen Ideen« stehen sollte; ein Gedanke, der den »unzufriedenen kleinen Mann« ansprechen sollte. Als die Nazis ihren ersten Durchbruch erzielten, bei der Wahl zum Thüringer Landtag, wurde ein ehemaliger Polizeibeamter aus München, Dr. Frick, Innenminister und verantwortlich für das Erziehungswesen.

Frick war einer der führenden Nazis und der erste, der den Sturm auf die moderne Kunst eröffnete. Sein erstes Ziel war das Weimarer Schloß-Museum mit seiner bedeutenden Sammlung wertvoller Gemälde. Der Kurator wurde entlassen und durch einen anderen ersetzt, der den Nationalsozialisten nahe stand. Er verlor keine Zeit, die neue Politik in die Tat umzusetzen. Fricks künstlerischer Berater ließ sofort die modernen Wandmalereien von Oskar Schlemmer entfernen. Unter der Leitung von Adolf Ziegler, Reichspräsident der Kammer der Bildenden Künste, der später Hitlers

Ratgeber für Kunstausstellungen wurde, wurde eine Kommission gebildet, die die sogenannte »Entartete Kunst« aus der Sammlung entfernte. Über siebzig Gemälde moderner Künstler verschwanden, darunter Bilder von Klee, Kandinsky, Kokoschka, Otto Dix und Emil Nolde. Minister Frick erklärte, daß diese Bilder nichts mit der nordisch-germanischen Denkweise gemein hätten und eine minderwertige menschliche Rasse repräsentierten.

Es sollte noch schlimmer kommen. Diese Säuberungsaktion des Weimarer Museums von allen, was Hitler 1933 »jüdisch beeinflußte bolschewistische Kunst« nannte, blieb nicht die einzige dieser Art. Bis 1930 hatte sich die Partei gut etabliert und hatte einhundertsieben Sitze im Reichstag inne. 1933 wurde Hitler Reichskanzler mit großer Machtbefugnis. Ein neues Ministerium für »Volksaufklärung und Propaganda« wurde geschaffen und Goebbels mit seiner Leitung betraut. Nun offenbarte sich die Linie der neuen Kunstpolitik. Hitler prangerte an, daß die deutsche Kunst international geworden war; ihre Erneuerung sollte jetzt in deutschem Sinne stattfinden. So entfernte ein deutsches Museum nach dem anderen seine Sammlungen moderner Kunst. Der Verwalter des Karlsruher Museums wurde entlassen und durch einen unbekannten nationalsozialistischen Maler ersetzt, der eine Ausstellung unter dem Titel »Staatskunst zwischen 1918 und 1933« präsentierte, die den Impressionismus und den Expressionismus als entartet beschimpfte. Als nächstes kam das Museum in Mannheim an die Reihe. Die wertvollsten modernen Gemälde wurden aus ihren Rahmen genommen und aufs Geratewohl abgestellt. Alle deutschen Museen und Galerien wurden auf diese Weise von Hitler von der den Nazis nicht genehmen Kunst »gesäubert«.

Auf die ersten Säuberungsaktionen reagierte die deutsche Presse mit Kritik. In einer neuen Zeitschrift mit dem Titel »Kunst am Volk« wurde der prekäre Versuch unternommen, eine Vermittlung zwischen der neuen Politik der Nazis und den Trends moderner Kunst vorzunehmen und den Expressionismus zu verteidigen. Aber Hitler vertrug keine Kritik, schließlich verbot er die Zeitschrift ganz. Sie wurde nach zwei Jahre wegen »anti-nationalsozialistischer Tendenzen« eingestellt.

Namhafte deutsche Künstler protestierten bei Goebbels dagegen, wurden jedoch abgewiesen. Manche von ihnen drückten ihren Abscheu vor den neuen Ideen in Bildern aus: Beckmann schuf schon in den zwanziger Jahren eine Vision des kommenden Schreckens; Kokoschka dekuvrierte den Umschwung in politischen Zeichnungen. Schon im vergangenen Jahrhundert haben einige Künstler – Hogarth, Goya und Daumier zum Beispiel – auf ähnliche Art und Weise ihren Widerstand mitgeteilt. Goebbels selbst hatte als Reichsminister für Propaganda die Gefahr einer Zensur schon früher erkannt und in einer Rede die Freiheit der Kunst garantiert. Er behauptete, daß selbst in einem nationalsozialistischen Staat die Kunst nur dann überleben könnte, wenn sie in ihrer Entwicklung nicht behindert würde. Aber Hitler ließ sich nicht umstimmen und seine Entschlossenheit, auf seiner Politik zu beharren, beeinflußte seine eigenen Minister.

Eines von Hitlers Zielen in seiner Rolle als Reichskanz-

ler war, aus München, dem Geburtsort der nationalsozialistischen Bewegung und Hitlers zweitem Zuhause nach Linz, einen Mittelpunkt deutscher Kunst zu machen. Wie aus manchen Quellen zu entnehmen ist, hatte er seit 1925 an Plänen für ein Nationalmuseum gearbeitet. 1933 beauftragte er Prof. Paul Ludwig Troost, seinen Chef-Architekten, das neue Haus der Deutschen Kunst zu bauen. Es sollte an Stelle des berühmten Münchner Glaspalastes entstehen, der durch einen Brand 1931 zerstört worden war – mit ihm übrigens dreitausend wertvolle deutsche Gemälde. Dieses Museum sollte nur deutsche Werke aus dem neunzehnten und zwanzigsten Jahrhundert enthalten und nach Hitlers eigenen Plänen eingerichtet werden. Am Tag der Grundsteinlegung erklärte Hitler in einer emotionalen Rede, dies sei der neue Mittelpunkt deutscher Kunst, ein Tempel, gewidmet der Göttin der Kunst. Ein kleiner Unfall aber, nur von denen bemerkt, die nahe bei Hitler standen, störte dieses große Ereignis. Als Hitler versuchte, den Stein an seinen Platz zu setzen, brach der schwache Griff des eigens für diese Gelegenheit entworfenen Hammers ab. Es schien ein schlechtes Vorzeichen zu sein. Jeder wußte, wie abergläubisch Hitler war. Der Kapellmeister, der den Vorfall ebenfalls bemerkte, rettete den Tag, indem er durch eine zündende Musik davon ablenkte.
In den dreißiger Jahren fegten die Nazis wie ein Tornado durch die deutsche Kunstwelt, zuerst zwar langsam, aber mit umso durchdringenderer Kraft. Der kritische Moment kam 1937, als die Berliner Nationalgalerie gezwungen wurde, ihre Ausstellung moderner Kunst zu schließen, und der Direktor, Dr. Eberhard

Hanfstaengl, aus Protest zurücktrat. Ein offizielles Dokument, herausgegeben von der Reichskammer für kulturelle Angelegenheiten, enthielt neue Anweisungen, die alle Museen, Galerien und Künstler zu befolgen hatten. Alle Kunstgattungen waren davon betroffen – Musik, Literatur, Theater und Kino genauso wie die bildenden Künste.

Die Presse nahm jetzt keine Notiz mehr von den weiteren Beschlagnahmungen. Adolf Ziegler wurde von Hitler beauftragt, über alle Gemälde und Skulpturen sein Urteil abzugeben und war ermächtigt, »entartete Kunst«, die nach 1910 entstand, in den Besitz des Staates »zur sicheren Aufbewahrung« – ein neuer Terminus für Beschlagnahme – zu bringen. Hitler beachtete wie immer nicht die Illegalität dieses Erlasses. Der neu ernannte »Professor« Ziegler – Hitler persönlich schuf für diejenigen seiner Freunde, die keine besondere Qualifikation hatten, neue Titel – setzte eine Kommission mit drei weiteren Mitgliedern ein. Darunter war auch Graf Baudissin, der von den Nazis zum Verwalter des Folkwang-Museums in Essen bestellt wurde. Seine erste Aufgabe in dieser Position war, sein eigenes Museum von »entarteter Kunst« zu befreien: über eintausendzweihundert Gemälde der wertvollsten Sammlung der Moderne in Deutschland wurden beschlagnahmt. Die Kommission entfernte des weiteren neunhundert Bilder aus der Hamburger Kunsthalle und über eintausendeinhundert aus Berliner Galerien. Eine detaillierte Aufzählung der durch diese Ereignisse in Mitleidenschaft gezogenen Galerien, veröffentlicht im offiziellen Jahrbuch der deutschen Museumsverwaltung 1970, offenbart das ganze Ausmaß der Beschlagnahmungen. Berliner Galerien begannen eilig, leihweise überlassene moderne Gemälde ihren Eigentümern zurückzugeben, und die Nationalgalerie ließ viele Bilder verschwinden – von Picasso, Braque, Munch, Feininger, Dufy und anderen –, die eine Spende der Gesellschaft der Freunde der Galerie waren. Sie wurden in den Stahltresoren der Thyssen-Bank verwahrt, wo sie verblieben. (Die ehemalige Thyssenbank befindet sich heute im Ostteil Berlins. Die Gemälde sollen jetzt im Besitz der DDR sein. Anm. d. Ü.). Die Museums-Verwalter in ganz Deutschland erhielten eine Vorwarnung, wenn ein Besuch der Ziegler-Kommission bevorstand. Die Kommission kam immer mit einer genau vorbereiteten Liste all jener Bilder des Museums, die unter den Nazis als entartet galten. Alles, was der Moderne zugezählt wurde, wurde abgelehnt.

Nach dem ersten Besuch der Kommission – der nicht der einzige blieb – verlor die Berliner Nationalgalerie 164 Gemälde, 27 moderne Skulpturen und 326 Zeichnungen und Aquarelle. Viele von ihnen waren für die geplante Ausstellung »Entartete Kunst« bestimmt. Da trat der Verwalter der Abteilung für moderne Kunst in Aktion. Er entfernte die bedeutendsten Kunstwerke und ersetzte sie durch ähnliche, aber weniger wertvolle Stücke; Hauptsache war, die Anzahl blieb die gleiche. Viele wichtige Bilder von Munch, Kirchner, Picasso und anderen blieben dem Museum auf diese Weise erhalten. Andere Bilder wurden außer Sicht gelagert, darunter Kokoschkas »Porträt von Adolf Loos« (1909) und Kirchners »Rheinbrücke bei Köln«.

Göring, an der Spitze des Preußischen Staates, war mit

den Aktivitäten der Ziegler-Kommission nicht einverstanden, aber er konnte einen direkten Befehl von Hitler nicht widerrufen. Trotz allem bot ihm diese Art der Kunstpolitik eine großartige Möglichkeit. Er wollte für seinen Landsitz Karinhall noch mehr Wandteppiche haben und arrangierte ein Wechselsystem, bei dem entartete Kunstwerke im Austausch gegen wertvolle Gobelins, die auf den europäischen Kunstmärkten erhältlich waren, ins Ausland verkauft wurden. Er entschuldigte das damit, daß Karinhall doch eines Tages, nach seinem Tod, in den Besitz des Staates übergehen werde. Viele der Bilder-Tauschobjekte wurden in der Berliner Nationalgalerie beschlagnahmt, darunter einige Gemälde von Munch und drei Van Goghs. Einige wurden auf Hitlers Anweisung durch den Kunsthändler Haberstock nach Norwegen verkauft. Wenn der Verkauf eines Bildes ins Ausland zustande kam, erhielt das Museum, aus dem es stammte, eine teilweise Entschädigung in Reichsmark, Franz Marcs großartiges Gemälde »Der Turm der blauen Pferde«, das Göring ins Ausland verkaufen ließ, ist bis heute nicht wiederaufgefunden worden. Es war für die bevorstehende Ausstellung entarteter Kunst in München bestimmt, wurde aber auf Grund eines Protestes einer Gruppe deutscher Wehrmachtsoffiziere zurückgenommen. Marc war im Ersten Weltkrieg Offizier in der kaiserlichen deutschen Armee gewesen und fiel 1916 vor Verdun.

Offiziellen Nazi-Berichten zufolge wurden über 16 500 wertvolle Gemälde, Zeichnungen und Skulpturen, die alle als entartet bezeichnet wurden, aus über einhundert Museen in ganz Deutschland entfernt. Diese Zahl beinhaltet unter vielen anderen 378 Werke von Lyonel Feininger, 295 von Lovis Corinth, 509 von Max Beckmann, 417 von Oskar Kokoschka, 639 von Ludwig Kirchner, 1 052 von Emil Nolde, 688 von Karl Schmidt-Rottluff und etliche Werke von Paul Klee. Sie wurden in eine zentrale Sammelstelle gebracht und nach ihrem Wert geordnet. Die Ziegler-Kommission wählte diejenigen aus, die für die Ausstellung entarteter Kunst in München bestimmt waren, die gleichzeitig mit der Eröffnung des neuen Hauses Deutscher Kunst – dem Nazitempel neuer deutscher Kunst – stattfinden sollte.

Die Einweihungszeremonie für dieses von Troost (der mittlerweile gestorben war) entworfene eindrucksvolle Gebäude begann mit einer großen Parade durch die beflaggten Münchner Straßen. Es gab Festzugswagen mit lebenden Bildern aus germanischen Sagen und Szenen aus der deutschen Geschichte. Kräftige Männer, die als germanische Krieger verkleidet waren, trugen schwere, silberne Eschen – dem nordischen Mythos zufolge vereinigte die Esche Himmel, Erde und Hölle in sich. Frauen folgten in dichten Reihen, in Kostümen aus der Zeit Dürers und Cranachs. Alles in allem nahmen etwa dreitausend Leute in Kostümen an der Parade teil, gefolgt von etwa noch einmal soviel Menschen im modernen Teil des Festzuges, der durch einen Vorbeimarsch der SA beendet wurde. Das neue Gebäude war beeindruckend mit seinem Portikus, der sich über die ganze Länge der Front erstreckte. Troost hatte es nach Hitlers eigenen Skizzen entworfen. Es verkörperte Hitlers Konzeption und Vorstellung von deutscher Monumentalarchitektur. Doch Hitler hatte es nur von schon Dagewesenem kopiert. Nach dem Sieg über Napoleon hatte Kaiser Wilhelm I. den klassizistischen Architekten Friedrich Schinkel mit dem Bau einer Galerie beauftragt, um seine Privatsammlungen der Öffentlichkeit zugänglich zu machen. Schinkel gestaltete den Kern des Alten Museums in Berlin und entwarf eine imposante Fassade mit einem großen Säulenvorbau.

Am Eröffnungstag seines neuen Museums hielt Hitler eine seiner typischen wortreichen Reden, pries die neue nationalsozialistische Ära der Kunst und ihre große Zukunft. Die neunhundert gezeigten Ausstellungsstücke und die erste große Schau von Gemälden und Skulpturen waren persönlich von Hitler ausgesucht worden. Er war der oberste Richter – und blieb es auch weiter jedes folgende Jahr – für die Ausstellungen im Haus der Deutschen Kunst. Hitlers Eröffnungsrede wurde damals in der Monats-Zeitschrift »Kunst im dritten Reich« abgedruckt. Wenn man sie heute liest, scheint es kaum glaubhaft, daß damals solche Phrasen hingenommen wurden: »... Amateure der Kunst, modern an einem Tag und vergessen am nächsten. Kubismus, Dadaismus, Futurismus, Impressionismus, Expressionismus, alles völlig wertlos für das deutsche Volk. – Niemande ohne jedes Talent – Dilettanten, die mit ihren Zeichnungen in die Höhlen ihrer Vorväter verschwinden sollten –« Hitler kündigte an, daß er drastische Maßnahmen gegen diese »untersten Elemente der Subversion« plane. Es könnte jedoch auch sein, daß Hitler nur darauf aus war, persönliche Rache an den Künstlern zu üben, die in der Zeit vor dem Ersten Weltkrieg erfolgreich waren, als er so

gänzlich mit seiner eigenen Malerei versagte. Ein Rundschreiben, von Goebbels mit »vertraulich« gekennzeichnet und ausgeschickt an die verschiedenen künstlerischen Direktoren zur Zeit der Ausstellungen entarteter Kunst und nationalsozialistischer Kunst, läßt ein interessantes Licht auf Hitlers Haltung zu seinen eigenen künstlerischen Arbeiten fallen. Darin wird festgehalten, daß auf Wunsch des Führers keine Ausstellung seiner eigenen Werke gezeigt werden solle. Das Schweizer Blatt »*Baseler Zeitung*« schrieb in einem Bericht über diese Ausstellung, daß die weißen Gips-Statuen Hitlers Geschmack beleidigt hätten und er befohlen habe, sie mit Bronzefarbe zu übermalen. Die kunstliebende Münchner Bevölkerung, mit ihrer eigenen Art von Humor, nannte das neue Museum mit seinen neunhundert mittelmäßigen Schaustücken den »Weißwurst-Palast«, so benannt nach Münchens berühmten weißen Kalbswürsten. Andere Spitznamen waren »Kitschi-Palast« oder »Palast des reinen Kitsches«. Es gab keinen Besucheransturm auf die Bilder. Sie zeigten bäuerliches Leben, düstere Porträts und Darstellungen der Ideale des Dritten Reiches. Sehr zum Kummer der Nazis zog die »entartete Kunst« im nahegelegenen Hofgarten dagegen mehr als zwanzigtausend Besucher pro Tag an; über eine Million Leute sahen sie allein in München. Und das war ganz bestimmt nicht das Ziel, das die Nazis im Auge hatten.
Die Ausstellung im Haus der Deutschen Kunst wurde zu einer alljährlichen Einrichtung, und Hitler wählte, wie gesagt, jedesmal persönlich die Ausstellungsstücke aus. Er gab viel auf den professionellen Rat von Frau Troost, der Witwe des Architekten, von Professor

Ziegler und seines Hoffotografen, Professor Hoffmann. Ziegler, berühmt für seine fotografisch genauen Bilder nackter Frauen, war auch weitbekannt als »Reichskommissar des deutschen Schamhaares«.
Der Schriftsteller Reinhard Müller-Mehlis hat eine amüsante Geschichte über die Auswahl der Bilder für die Ausstellung erzählt. Der bekannte nationalsozialistische Maler Paul Mathias Padua hatte schon lange ein Bild von Leda und dem Schwan geplant. Leda, die Ehefrau des Königs von Sparta, wurde von Zeus in Gestalt eines Schwanes verführt. Padua brauchte fast ein Jahr, um das passende rothaarige Modell für Leda zu finden. Auch ließ er als Modell einen Schwan töten und ausstopfen. Das so entstandene Gemälde war jedoch sehr zweideutig. Als Frau Troost und Professor Hoffmann das Bild noch vor der Eröffnung der Ausstellung im Haus der Deutschen Kunst sahen, wurden sie unsicher. Der Reichskommissar für das Museum in München, Gauleiter Wagner, zweifelte gleichfalls. Das Bild könnte die Jugend verderben; was sollten sie tun? Sie entschieden sich, den Stier bei den Hörnern zu packen und mit dem Führer selbst zu sprechen. Alle drei gingen in die nahegelegene Osteria Bavaria, das beliebte Künstlerlokal, in dem Hitler öfter zu Mittag aß. Sie legten ihm ihre Bedenken über das Bild dar, und Wagner wies darauf hin, daß es für die Jugend ungeeignet sei. Hitler entschloß sich, das Bild auf der Stelle zu begutachten. Nachdem er es gesehen hatte, erklärte er spontan, es gefalle ihm, und es müsse unbedingt hängenbleiben. Als Wagner seinem Zweifel verstärkt Ausdruck gab, sagte Hitler, er solle den Mund halten, und stürmte aus dem Gebäude.

Für den Künstler Padua hatte das unangenehme Folgen. Wagner war so wütend, von Hitler vor allen anderen gedemütigt worden zu sein, daß er später Padua beschuldigte, einen Brief geschrieben zu haben, in dem er die Politik der Nazis kritisierte. Padua wurde aus München verbannt und mußte sich in sein Landhaus am Tegernsee zurückziehen. Hier malte er das Bild einer deutschen Familie, die gespannt der Stimme des Führers aus dem Radio lauscht; es wurde später vom staatlichen Rundfunk als Propagandamittel verwendet. Das Gemälde von Leda und dem Schwan war inzwischen zu einem begehrten Objekt geworden und wurde schließlich von Martin Bormann erworben.

Göring, der viel Geschmack hatte und wußte, was er kaufte, bediente sich aus den Beständen der entarteten Kunst, die beschlagnahmt wurde. Unter der Hand suchte er sich die besten Stücke für seine private Sammlung in Karinhall aus. Er entwickelte ein erfolgreiches System, wertvolle Kunstwerke umsonst zu erhalten. Zu seinem Geburtstag oder anderen Festtagen ließ er sich von reichen Industriellen Gemälde zum Geschenk machen, nachdem diese im voraus von Görings Kunsthändler in Erfahrung gebracht hatten, was sich der Reichsmarschall wünschte.

Und ein Museumsverwalter in Wien erzählte mir, daß immer große Bestürzung geherrscht habe, wenn Göring anläßlich eines Museumsbesuches ein Bild besonders bewunderte. Für gewöhnlich war das ein Hinweis für den verantwortlichen Direktor, er solle ihm dieses Bild schenken. Manches Mal wurden deshalb Bilder schon vor seiner Ankunft beiseite geräumt. Das Wiener Kunsthistorische Museum hatte das Pech, vom

Reichsmarschall gebeten zu werden, ihm einige Gobelins leihweise zu überlassen; nach dem Anschluß 1938 konnte die Direktion diesen Wunsch nicht ablehnen. Der Verbleib dieser Gobelins ist bis heute ungeklärt. Schon 1936 hatte Göring dem Kurator des Kaiser-Friedrich-Museums in Berlin befohlen, das Rubens-Gemälde »Diana auf der Hirschjagd« in seine Residenz in der Leipzigerstraße zu bringen. Später wurde es dann bei den führenden Nazis zur Gewohnheit, sogenannte »Leihgemälde« in ihren Büros und sogar in ihren Privatwohnungen zu haben; im Fall Ribbentrop auch in den Auslandsbotschaften. Wie es scheint, gab es ein ununterbrochenes Tauziehen zwischen den sich sträubenden Museumsverwaltungen und den Parteiführern. Es wurde eine Frage des Prestiges, nicht nur für die oberen Ränge der Partei, sondern auch für die kleineren Chargen, sich mit Gemälden zu umgeben, die man, der Vorliebe des Führers für Deutsche Romantik folgend, für besonders kostbar hielt. Sehr zu Hitlers Ärger tauchten von seinem geliebten Spitzweg Fälschungen auf dem Markt auf. Er konnte sich nicht mehr sicher sein, ob seine eigenen Spitzweg-Bilder echt waren oder nicht.

Hitler setzte seinen Krieg gegen die moderne Kunst fort, wie er es 1937 in seiner Eröffnungsrede im Haus der Deutschen Kunst angekündigt hatte. Wenn sich ein Künstler nicht um Aufnahme in der von Goebbels gegründeten Vereinigung bewarb oder nicht aufgenommen wurde, fand er sich geächtet und verbannt. Viele entschieden sich dafür, Deutschland zu verlassen. Lyonel Feininger kehrte in seine Heimat USA zurück, Paul Klee in sein Geburtsland Schweiz, wo Kirch-

ner bereits seit einiger Zeit in Davos lebte. Die Beschlagnahmung seines ganzen Lebenswerkes traf Kirchner so schwer, daß er Selbstmord beging. Goebbels gab 1937 der Deutschen Presse geheime Anweisungen, daß in keinem Bericht moderne Maler erwähnt werden dürften – wie Barlach, Marc, Kokoschka, Nolde. Die Reichskammer verlangte sogar, daß Nolde seine Werke der letzten beiden Jahre an sie aushändigte. In seinem Buch »Erinnerungen« beschreibt Albert Speer einen Zwischenfall, Noldes Arbeiten betreffend, aus der Zeit, als er als junger Architekt den Auftrag hatte, Goebbels' neuen Berliner Amtssitz einzurichten. Speer wußte, daß Goebbels einen besseren Geschmack als Hitler hatte und moderne Kunst schätzte. Für das Wohnzimmer lieh er sich aus der Berliner Nationalgalerie einige Aquarelle von Nolde. Goebbels und seiner Frau gefiel die Wirkung der Bilder, aber als sie Besuch von Hitler erhielten und er die Gemälde sah, befahl er Goebbels, sie auf der Stelle zu entfernen – obwohl Nolde anfangs von den Nazis akzeptiert wurde und sogar Parteimitglied war.
Inzwischen gab Göring seine eigenen neuen Anweisungen heraus, um entartete Kunst in Preußen zu unterdrücken. Denjenigen, die die Bezahlung der sogenannten »Flüchtlings-Steuer« verweigerten, wurde das gesamte Eigentum weggenommen – eine Maßnahme, die sich vor allem gegen reiche Juden und Gegner des Nazi-Regimes richtete. Kunst-Veröffentlichungen, die nicht mit der neuen Politik konform gingen, wurden verboten. Ausländische Kunst-Zeitschriften durften in Deutschland nicht erscheinen; niemand sollte etwas über moderne Kunst in anderen Ländern

lesen. Fremde Währungen waren nur schwer erhältlich, die Ausfuhr der Reichsmark wurde eingeschränkt. Damit waren Auslandsreisen für die meisten Deutschen unmöglich gemacht. 1938 erklärte ein Nationalsozialist in London, daß es bereits bei den Alten Meistern Anzeichen von Entartung gebe. Die Nazis lehnten beispielsweise Rembrandt, »den Maler aus dem Ghetto«, ab, so sagte dieser Herr Hansen in einem Vortrag, den er für Museumsdirektoren unter der Schutzherrschaft des deutschen Ministeriums für Erziehung hielt.

In der Berliner Kunstgalerie gelang es zwei Angehörigen des Personals, außerhalb der Öffnungszeiten ein Bild von Erich Heckel »Die Madonna von Ostende« zu verstecken. Sie riefen den Künstler heimlich an und teilten ihm mit, er solle seine übrigen Werke in Sicherheit bringen, eine Razzia gegen ihn sei im Gange. Die Nazis behaupteten von Heckel, er stelle den wahren Abgrund der Dekadenz dar, und beschlagnahmten über siebenhundert von seinen Bildern, die zweitgrößte Zahl nach Emil Nolde. Heckel mußte untertauchen, wie so viele andere Künstler auch. Carl Hofer zum Beispiel wurde von der nationalsozialistischen Zeitung »Angriff« für seine Arbeit an der Berliner Kunstakademie angegriffen. Wie lange wolle der Jude Hofer noch sein Amt ausüben?, wurde gefragt. Welche Ironie, daß Hofer in Wahrheit rein arischer Abstammung war! Er war, wie er selbst erklärte, der von den Nazis meistgehaßte Künstler, und der erste, der aus seiner Stellung entlassen wurde. Man verbot ihm zu arbeiten und seine Werke auszustellen oder zu verkaufen, und stellte ihn unter ständige Bewachung durch die Gestapo. Viele seiner Bilder wurden folglich nie verkauft, obwohl man einige dazu ausersehen hatte, auf der Auktion in Luzern angeboten zu werden, die später in diesem Kapitel beschrieben wird. 1943 wurden die Wohnung und das Atelier Hofers vernichtet, einhundertfünfzig Gemälde und über eintausend Zeichnungen wurden dabei mutwillig zerstört.

Die Ausstellung »Entartete Kunst«, die das Ziel hatte, sowohl die Künstler als auch ihre Werke herabzusetzen, ging nach ihrer Eröffnung in München durch ganz Deutschland und wurde nach dem Anschluß Österreichs auch dort gezeigt. Die Bilder waren aus ihren Rahmen genommen und aufs Geratewohl aufgehängt worden, um den Eindruck des totalen Chaos zu vermitteln. »Wie das Bild einer deutschen Landschaft durch einen jüdischen Künstler verzerrt wird«, war ein für die Nazizeit typischer Titel. Man wollte beweisen, daß jüdische und bolschewistische Künstler für den erschreckenden Niedergang der Kunst seit Beginn dieses Jahrhunderts verantwortlich waren. Dabei waren viele dieser Künstler nicht einmal Juden.

Nachdem die »Entartete Kunst« in Deutschland und Österreich gezeigt worden war, trat ein neuer Erlaß über den »Schutz« dieser Gemälde in Kraft, der besagte, daß kein deutsches Museum für seine Verluste entschädigt werde. Kurz gesagt wurden damit die Beschlagnahmungen legalisiert. Unglücklicherweise wurde dieses Dekret nach dem Zweiten Weltkrieg von den alliierten Besatzungsmächten nicht aufgehoben. Somit blieb jeder, der eines dieser beschlagnahmten Kunstwerke gekauft hatte, auch sein rechtmäßiger Besitzer. Am Höhepunkt der Beschlagnahmungen ver-

suchte ein in Italien lebendes Ehepaar einiges vor dem Zugriff der Nazis zu retten.
Emanuel Fohn war ein österreichischer Maler, seine Frau stammte aus München. Sie wandten sich an die Behörden in Berlin und schlugen ihnen einen Tausch vor: Fohn würde zweihundert wertvolle Stücke aus seiner Sammlung von Gemälden und Zeichnungen der Romantik gegen die gleiche Anzahl beschlagnahmter moderner Bilder tauschen, die er selber auswählen wolle. Die verantwortlichen Nazis hielten das Angebot für verrückt, hatten aber nicht die Absicht, sich diese Chance entgehen zu lassen. Der Austausch der Kunstwerke fand statt. Als die Alliierten Innsbruck bombardierten, wurde auch das Haus des Ehepaares Fohn getroffen und brannte ab; die Gemälde jedoch wurden gerettet. Nach der Befreiung der Stadt durch alliierte Truppen erhielten die Fohns Angebote für ihre Sammlung von Schweizer Kunsthändlern. Das Geld hätte ihnen Lebensmittel und andere Annehmlichkeiten gesichert, aber sie lehnten einen Verkauf ab. Obwohl sie ihre eigene wertvolle Sammlung geopfert hatten, sahen sich Fohn und seine Frau nicht als Eigentümer der Bilder an, sondern nur als deren Hüter. Im Alter von vierundachtzig Jahren schenkte Herr Fohn die gesamte Kollektion – darunter Bilder von Kokoschka, Klee und Kandinsky – der Bayerischen Nationalgalerie, wo sie bis heute verblieben ist.
Die österreichischen Galerien besaßen nur wenige moderne Werke, die die Nazis als entartet bezeichneten, und so erlitten sie kein so hartes Schicksal wie die deutschen Museen. Die Ausstellung aus München wurde auch in Wien gezeigt.

Als schließlich die Ausstellung »Entartete Kunst« zu Ende ging, wurden die Bilder nach Berlin in das Depot in der Köpernickerstraße zurückgebracht. Nun tauchte die Frage auf, was mit ihnen weiter geschehen sollte. Ein Beamter des Propaganda-Ministeriums schlug Goebbels eine Lösung vor. Man sollte die wertvollen Gemälde von den minderwertigen trennen und Kunsthändlern im Ausland anbieten: das würde die so dringend benötigten Devisen bringen. Die unverkäuflichen Bilder sollten in einer symbolischen Geste verbrannt werden. (Der Kornspeicher, in dem die Bilder gelagert waren, wurde außerdem für etwas anderes benötigt). Goebbels stimmte der Vernichtung zu, und im März 1939 gingen im Hof der Berliner Feuerwache 1 004 Ölgemälde und 3 825 Zeichnungen und Graphiken in Rauch auf.
Der Berliner Kunsthändler Haberstock, der wichtigste Einkäufer für Hitlers Privatsammlung, arrangierte durch seine Schweizer Beziehungen eine Ausstellung der restlichen beschlagnahmten Bilder durch eine der größten Kunstgalerien in Luzern. Sie fand im Juni 1939 im Grandhotel National statt. Obwohl sie von zahlreichen internationalen Käufern boykottiert wurde, erschienen viele andere, ebenso wie Sammler, Museumsdirektoren und Kunstkritiker, auf dieser groß angekündigten Veranstaltung. Einhundertfünfundzwanzig moderne Kunstwerke, aus den deutschen Museen entwendet, wurden zum Verkauf angeboten. Die Gebote fielen jedoch nicht so hoch wie erwartet aus. Der »Daily Telegraph« brachte in seinem Artikel über die Auktion im Juni die niedrigen Preise: Van Goghs berühmtes Selbstporträt aus der Münchner Staatsgale-

rie erzielte £ 8 330, ein Gauguin aus der Frankfurter Staatsgalerie £ 2 380, Picassos »Zwei Harlekine« wurde an das Museum in Antwerpen um £ 3 800 verkauft. Schweizer Galerien erwarben einige der Bilder, verschiedene ausländische Käufer erhielten andere. Das Van Gogh-Selbstporträt ging in die Vereinigten Staaten, Gauguins »Tahiti«, aus dem Frankfurter Museum, nach Belgien, gemeinsam mit einem Picasso. »Die roten Pferde« von Franz Marc, aus Essen, blieben in der Schweiz. Ein Bild der »Tower Bridge« von Kokoschka, aus Hamburg, ging nach Amerika. Alles in allem wurde ein Reingewinn von über 570 000 Schweizer Franken erzielt. Viele Bilder deutscher Expressionisten blieben unverkauft und wurden kurz nach Kriegsausbruch von der Luzerner Galerie an einen Schweizer Händler um die erbärmliche Summe von 4 000 Schweizer Franken verkauft.

FÜNFTES KAPITEL

Die Rückkehr des Helden

Am 13. März 1938 schlug die Todesstunde für Österreichs Unabhängigkeit. Der enttäuschte Künstler und Träumer, der zwanzig Jahre früher von den Linzer Bürgern verachtet worden war, kehrte im Triumph zurück. Als Adolf Hitler den Inn bei Braunau, seinem Geburtsort an der Grenze zwischen Österreich und Deutschland, überschritt, empfing ihn ein stürmisches Willkommen. Hakenkreuzfahnen hingen an jedem Haus, die Stadt war mit Blumen geschmückt, selbst den Kühen hatte man Hakenkreuze aufs Fell gemalt. Linz begrüßte seinen lange verlorenen Sohn mit überschwenglichem Jubel. Ganz besonders die jungen Leute waren von Hitler geblendet. Die umstürzlerischen Ideen der Nazis hatten ganz Österreich unterminiert. Während meiner verschiedenen Aufenthalte in Österreich konnte ich damals selbst Zeuge werden, wie sehr die Ideologie der Nazis um sich gegriffen hatte, sogar unter meinen ehemaligen Schulkameraden und engen Freunden. Auch einige Korrespondenten ausländischer Zeitungen begrüßten die Machtübernahme der Nazis. Während man heute der Begeisterung mancher Zeitungsberichte reserviert gegenübersteht, legen die alten Wochenschauen doch ein beklemmendes Zeugnis über Hitlers triumphalen Einmarsch ins

annektierte Österreich ab. In Linz wohnte Hitler im Hotel Weinzinger. Immer und immer wieder mußte er sich auf dem kleinen Balkon des Rathauses zeigen, um den Jubel der Bevölkerung entgegenzunehmen. Professor Glaubacher, ein Linzer Maler, zeichnete ihn dabei, und so entstand das erste Ölgemälde Hitlers in Linz. 1965 entdeckte ich es bei den Dreharbeiten zu meinem Film. Niemand hatte das Bild gekauft, und 1965 war es noch immer zu haben. Während seines Aufenthaltes in Linz bestand Hitler darauf, in Erinnerung an seine Jugend nächtliche Spaziergänge zu unternehmen. Er gab den strikten Befehl, daß seine Leibwache ihn nicht begleiten dürfe; aber das war natürlich unmöglich und so sahen sich die Leute der SS vor dem Problem, sich in Alleen und Hauseingängen verbergen zu müssen, um ihren Führer zu beschützen.
Am nächsten Tag fuhren Hitler und seine Begleitung in einer Autokolonne weiter, durch flaggengeschmückte Städte und Dörfer Richtung Wien. Überall wurde er mit Jubel empfangen, der den Höhepunkt erreichte, als er über die Ringstraße langsam zum Wiener Rathaus fuhr. Die österreichischen Legionäre – illegale Mitglieder der Nationalsozialistischen Partei, die aus Österreich geflüchtet waren und in München eine militärische Einheit gebildet hatten – wurden als die Befreier vom Schuschnigg-Regime begrüßt. Das war vermutlich das einzige Mal, daß sie fühlten, ihr Treuebruch ihrer Heimat gegenüber sei der Mühe wert gewesen; schon bald mußten sie nämlich merken, daß sie unter den Nazis Bürger zweiter Klasse waren. Ihre deutschen Genossen übernahmen nicht nur die Macht in der Partei, sondern rissen auch alle wichtigen Posten an sich.

Während die Feierlichkeiten andauerten, rief eine begeisterte Menge Hitler immer wieder auf den Balkon des Hotels Imperial, wo er seinen Wohnsitz nahm. Doch hinter diesen Szenen jubelnden Beifalls spielten sich mittlerweile unheilvolle Aktivitäten ab. Himmler und seine SS sowie die Gestapo drangen schnell und leise in die Stadt ein. Alle Gegner des Nationalsozialismus wurden aufgespürt und verhaftet, jüdische Wohnungen aufgebrochen und geplündert. Plötzlich entdeckte man, daß frühere Freunde schon seit langem illegale Nazis waren und nun in den Uniformen der Sturmtruppe oder der Elite-Truppen der SS auftraten. Ohne Beihilfe ihrer deutschen Kameraden rissen sie das Gesetz an sich und nahmen sich, was sie für ihre rechtmäßige Beute hielten. Später wurden viele von ihnen von den eigenen Leuten, den deutschen Kameraden, verhaftet, verurteilt und eingesperrt – manche sogar nach Dachau geschickt. Und was die Beschlagnahmungen betrifft, mußten die österreichischen Nazis bald entdecken, daß sie zu ihrem großen Mißvergnügen mit der Beute nicht entkommen konnten; jeder Besitz – Bankguthaben, Aktien, Wertpapiere, usw. – wurde von der Gauleitung registriert.
Die Brutalität, mit der aber auch die österreichischen Parteimitglieder, ob mit oder ohne Uniform, vorgingen, ist sehr eindrucksvoll im autobiografischen Roman von Madeleine Duke »The Bormann Receipts« beschrieben. Der Vater von Mrs. Duke war ein hoher Beamter der österreichischen Regierung. Sie war Zeuge, wie die wertvolle Gemäldesammlung der Familie geplündert wurde. Ein Restaurator, der an den Gemälden gearbeitet hatte, hatte die Existenz der Sammlung

verraten. Der Empfänger war Martin Bormann. Einige der Bilder konnten nach dem Krieg wieder aufgespürt und zurückgegeben werden, aber andere sind noch immer vermißt und wahrscheinlich in Lagerdepots in Deutschland versteckt.
Einen Tag nach seinem Einmarsch in Wien hielt Hitler eine Rede vom Balkon der neuen Hofburg vor einer ungeheuren Menschenmenge am Heldenplatz. Alles war gut organisiert. Österreich war nun ein Teil des Deutschen Reiches. Die österreichische Armee hatte aufgehört zu existieren, und viele Offiziere waren durch Deutsche ersetzt worden. Gauleiter Bürckel aus dem Saarland wurde als Führer der österreichischen Nationalsozialistischen Partei eingesetzt; er hatte die Aufgabe, die kommende Wahl vorzubereiten, die ein überragendes Ergebnis für das neue Regime brachte.
Am 28. März hielt Göring eine Rede, die an die Bürger Wiens gerichtet war. Es könnte keine deutsche Stadt so genannt werden, sagte er, solange darin 300 000 Juden lebten (in Wien lebten damals auch 400 000 Tschechen). Wien müsse einen der ersten Plätze in der deutschen Kultur und deutschen Wirtschaft einnehmen. Eines müsse der Jude klar und deutlich verstehen: er müsse verschwinden. Einem Bericht der amerikanischen Botschaft zufolge erhielt gerade diese Passage den größten Applaus des Abends. In der Zwischenzeit hatte Dr. Ernst Kaltenbrunner, SS-Gruppenführer und Staatssekretär für öffentliche Sicherheit, sein Hauptquartier im Haus der Familie Rothschild in der Theresianumgasse aufgeschlagen. Als erstes wurde die ganze Kunstsammlung entfernt. Unter dem Druck von Gauleiter Bürckel sah sich Louis de Rothschild

gezwungen, seine Zustimmung dazu zu unterschreiben. Im Austausch dafür erhielt er die Entlassung seines Bruders aus Dachau und sicheres Geleit für sie beide über die Grenze des Landes. Mit einem einzigen Federstrich hatte Hitler so die wertvollste Kunstsammlung an sich gerissen.

Weitere Sammlungen aus jüdischem Besitz wurden konfisziert und in die Hofburg zu Hitler und Göring zur Überprüfung gebracht. Bormann erteilte Bürckel strengste Befehle, die Beschlagnahmungen geheim zu halten. Österreichische Kunstexperten wurden mit der Bestandsaufnahme der eingezogenen Kunstwerke beauftragt, die in einem Spezialdepot in der Hofburg gelagert wurden. Verzeichnisse der wertvollsten Sammlungen waren schon vorbereitet. Die Nazis mußten sich nur entscheiden, unter welchem legalen Vorwand sie enteignet werden konnten.

Das Kunsthistorische Museum in Wien besaß eine der besten und wertvollsten Kunstsammlungen der Welt. Die Sachverständigen des Museums, die nur ihrer Arbeit ergeben waren und keine Sympathien für ihre neuen Herren hatten, waren durch die früheren Geschehnisse in Deutschland vorgewarnt und beschlossen, die Bilder verschwinden zu lassen. Hitlers Vorhaben, München zum größten Kunstzentrum zu machen, war ihnen bekannt, ebenso wie seine Bestrebungen, wertvolle Gemälde für das Museum in Linz zu sammeln. In einem Interview mit einem der Mitarbeiter des Museums erfuhr ich, daß damals einige der Meisterwerke des fünfzehnten und sechzehnten Jahrhunderts entfernt und in Holzkisten verpackt an einen geheimen Aufbewahrungsort gebracht wurden. Darunter befanden sich Gemälde von Brueghel und Cranach. Der große deutsche Maler Lukas Cranach war sowohl bei Hitler wie auch bei Göring gleichermaßen beliebt. Es ist vielleicht interessant zu wissen, daß diese Holzkisten schon während des Ersten Weltkrieges 1914–1918 dazu dienten, dieselben Gemälde zu schützen; deshalb konnten auch dieselben geheimen Identifikationsnummern in den Museumsakten beibehalten werden. Nur wenige der Eingeweihten konnten sie erkennen und ihre Bedeutung erklären. Als die stolzen Mitglieder der deutschen Kunstkommission den Besitz des Museums inspizierten, war ihre Enttäuschung über die so hoch gelobten Ausstellungsstücke groß; Berlin besaß weitaus bessere Gemälde. Lächelnd sahen die Wiener zu, wie die Deutschen alles wegtrugen. Sie wurden nicht weiter belästigt.

Die Beschlagnahme der Kunstwerke aus privaten Sammlungen in Wien lohnte sich beträchtlich für die Nazis. Von 269 wertvollen Gemälden waren 122 für Hitlers eigene Belange vorgesehen. Göring gelang es unterdessen, für sich selbst zwei bedeutende Gemälde aus der berühmten Sammlung des polnischen Grafen Lanckoronski zu ergattern. Als Hitler davon hörte, rügte er den Reichsmarschall und verlangte die Rückgabe der Bilder, was aber nie geschah. Aber letztendlich waren Göring und andere davor gewarnt, Stücke aus dieser besonderen Sammlung zu entnehmen. Ohne Zweifel hatte Hitler sie für das Linzer Museum vorgemerkt. Unbeeindruckt davon versuchte Göring nun in den Besitz eines Gemäldes der Akademie der Bildenden Künste zu gelangen. Eine Zeitlang konnte der Vorstand der Akademie dieses Vorhaben auch verhindern. Als Göring immer eindringlicher mahnte, erklärte man ihm höflich, daß der Beamte, der für dieses bestimmte Gemälde zuständig war, gerade auf Geschäftsreise in Berlin sei; Göring müsse leider noch etwas Geduld haben. Dieses eine Mal konnte der österreichische Amtsschimmel den deutschen Kunst-Geier Göring abwehren, denn Göring war bemüht, Stillschweigen über die Angelegenheit zu bewahren. Vielleicht vergaß er später auf das Bild; jedenfalls verließ es niemals die Akademie.

Um weiteren privaten Verhandlungen über dieses Thema zuvorzukommen, erließ Hitler den Befehl, daß alle österreichischen Kunstschätze in der Ostmark (wie Österreich von Hitler benannt worden war) verbleiben sollten. Immerhin war es aber erlaubt, Kunstwerke gegen sofortige Lieferung zu kaufen. Ein Bild, das Hitler unbedingt für sich selber erwerben wollte, war von Vermeer: »Der Künstler in seinem Atelier«, aus dem Besitz des Grafen Czernin, der sich aber entschieden sträubte, es zu verkaufen. Man konnte es auch nicht als Eigentum eines Staatsfeindes deklarieren – eine Bezeichnung, die die Nazis jetzt so gerne benutzten –, denn die Czernins waren Arier und alteingesessene österreichische Aristokraten. Trotzdem wurde großer Druck auf den Grafen Czernin ausgeübt, und für die Summe von 1 600 000 Reichsmark wechselte das Bild den Besitzer.

Im März 1938 wurde Österreich annektiert, und bereits Mitte August dieses Jahres konnte Himmler eine genaue Liste der Beschlagnahmungen aus privaten Beständen vorlegen; 163 Kunstwerke im Wert von 93 Milliarden Reichsmark aus dem Besitz der Habsbur-

ger, der Heimatfront und der Staatspolizei. Die Kunstwerke, die im sogenannten Wiener Album angeführt waren, stammten größtenteils aus der Rothschild-Sammlung, die übrigen kamen aus kleineren Sammlungen wie z. B. derjenigen Max Reinhardts. In den Berichten werden sie nicht als beschlagnahmt, sondern als »sichergestellt« bezeichnet. Dazu muß bemerkt werden, daß Hitlers Abgesandte immer zuerst die Kunstschätze »sicherten« und dann weitere Forderungen stellten, die ausnahmslos in einem Dekret zur Beschlagnahmung des Gegenstandes endeten, so daß ein gewisser gesetzlicher Status für dieses Vorgehen gewahrt war. Aber im großen und ganzen wurden Österreichs Kunstschätze vor weiterer Plünderung teils durch Hitlers Befehl, sie nicht außer Landes zu bringen, gerettet, und teils durch den plötzlichen Kriegsausbruch.
1939 wurde die drohende Kriegsgefahr immer deutlicher. Im Juni dieses Jahres entschlossen sich die Museumsbehörden, ihre eigenen Vorkehrungen zu treffen, nachdem sie Informationen erhalten hatten, daß das Museumspersonal in Polen seine Kunstschätze in sicheren Verstecken unterbrachte. Sie ließen die wertvollsten Stücke an sichere Orte auf dem Land bringen, verstauten die weniger wertvollen in ihren eigenen Lagern und ließen die wertlosen Gemälde in den Ausstellungsräumen. Klostergebäude in Melk und Gaming nahmen die Kunstwerke aus der Albertina auf. Die österreichische Kaiserkrone, die Sammlung historischer Münzen und die Juwelen aus der Hofburg wurden im beschlagnahmten Schloß der Rothschilds in Stambach untergebracht. Alle diese Vorkehrungen

wurden mit dem vollen Wissen und der Zustimmung des Führers durchgeführt.
Mit dem Vorrücken der Alliierten und der fortschreitenden Niederlage der deutschen Truppen wurden später diese Schätze in die Salzminen von Laufen, in der Nähe von Salzburg, gebracht. Dort befand sich schon die ganze Sammlung der Prinz-Liechtenstein-Galerie aus Wien. In der Mine wurde eine Zentralheizung installiert, um die Bilder vor Feuchtigkeitsschäden zu schützen. Der Krone Karls des Großen, die in der kaiserlichen Schatzkammer untergebracht war, war ein anderes Schicksal beschieden – so wurde mir jedenfalls erzählt. Hitler bestand darauf, daß ihr rechtmäßiger Platz in Nürnberg sei, von wo man sie im Jahr 1800 zur sicheren Aufbewahrung nach Wien gebracht hatte. Deshalb wurde sie nun, trotz des Protestes Österreichs, aus Wien entfernt und in Nürnberg, zusammen mit dem Krönungsmantel und den Reichsinsignien, aufbewahrt.

SECHSTES KAPITEL

Sonderauftrag Linz

Es wird behauptet, Hitler sei der Welt größter Kunsträuber gewesen. In Wahrheit jedoch wird er von Napoleon, der die Kunstschätze der halben Welt im Louvre zusammenraffte, noch übertroffen. In der Geschichte wurde immer schon Raub und Plünderung von Kunstwerken als Teil der Kriegsbeute akzeptiert. Schon zur Zeit der Griechen und Römer beraubte man das besiegte Volk seiner Schätze. Die Römer hatten besonderes Geschick dabei, der Geschichtsschreiber Livius hielt für die Nachwelt ihre Beutezüge fest. Heute stehen die berühmten Bronzepferde vor der Kirche San Marco in Venedig. Sie waren als Beute aus Griechenland mitgebracht und auf Triumphbögen aufgestellt worden. Kaiser Konstantin, der Begründer der Hauptstadt des byzantinischen Weltreiches, Konstantinopel, brachte die Pferde wieder zurück. Als die Stadt im Jahr 1214 durch die Kreuzfahrer geplündert wurde, kamen die Pferde nach Venedig, wo sie heute noch sind. Das Marmor-Ziborium (Tabernakel) in der Kirche, Statuen an der Außenseite, sowie die Handschriftensammlung der Kirche, all das stammt aus Beutezügen. Ein zeitgenössischer Schreiber behauptete, daß keine andere Stadt soviele Schätze aus Plünderungen besäße.

Im Laufe der Jahrhunderte wurde der Diebstahl von Kunstwerken durch die siegreiche Nation zur Gewohnheit. Im siebzehnten Jahrhundert eignete man sich eine kultiviertere Methode an: die großen königlichen Sammlungen (Museen existierten damals noch nicht) wurden weniger gestohlen als käuflich erworben. Als die zaristische Armee im Jahre 1757 Berlin besetzte, ließ sie die Sammlung Friedrichs II. unberührt; sich unbefugt daran zu vergreifen, wäre sogar von den Russen als Barbarei angesehen worden. Während der französischen Revolution hingegen wurde alles, was der Kirche oder dem Adel gehörte, zum Eigentum des Volkes erklärt, und viele Kunstschätze und religiöse Denkmäler wurden durch den Pöbel zerstört. Einige Jahre später übertrug der Revolutionsrat einem Kunstkommissar die Aufgabe, Kunstwerke in den besetzten Niederlanden zu beschlagnahmen und nach Paris zu schaffen. Die einzige Stadt, die davon ausgenommen war, war Amsterdam, und die königliche Sammlung wurde so der Grundstein für das heutige Rijksmuseum. Als die französischen Armeen in Deutschland einfielen, nahmen sie aus Aachen alles mit, was mit Karl dem Großen zusammenhing. Die Bilder der Alten Meister aber ließen sie hängen, da sie dafür kein Interesse hatten.

Der junge Bonaparte selbst organisierte die Plünderungen. Er schuf ein Heer von Kommissaren, eine Art Kunst-Kommission, die alle wertvollen Schätze ausfindig zu machen und schriftlich festzuhalten hatte. Als er dann Erster Konsul Frankreichs wurde, gab er den Auftrag, zweiundzwanzig Museen zu bauen. Er bestellte Dominique Vivant Denon, einen ehemaligen Diplo-

maten, zum obersten Leiter aller französischen Museen, der die Aufgabe hatte, die Kunstwerke zu finden, die den Louvre zum größten Kunstzentrum der Welt machen würden. Bei der Eroberung Italiens und der Besetzung Venedigs bestimmte Napoleon selbst die Beute. Er ließ die vier Pferde von San Marco abmontieren und nach Paris verschiffen, damit sie dort seinen Triumphwagen schmückten. Mit ihnen ging auch – unter anderen Kunstgegenständen – der Bronzene Löwe von der Piazza San Marco. Nach der Rückkehr von seinem triumphalen Italien-Feldzug wurde Napoleon von seiner Regierung und siebenhundert geladenen Gästen im Louvre gefeiert, der mit den gestohlenen Gemälden aus Holland und Italien angefüllt war. Als noch mehr Beute eintraf, ließ man fünfhundert Skulpturen auf Karren über die Champs de Mars in Paris in einer Parade vorüberziehen. Sie wurden Napoleon in einer feierlichen Zeremonie überreicht.
Bei der Okkupation von Berlin 1806 ließen die Franzosen über einhundert Gemälde und eine große Münzsammlung beschlagnahmen und nach Paris bringen. Anderen deutschen Städten widerfuhr ein ähnliches Schicksal. Aus Danzig wurde das Altarbild von Hans Memling entwendet. Napoleons Bruder Joseph, von ihm zuerst zum General und dann zum König von Spanien ernannt, bediente sich selbst sehr großzügig aus den spanischen Kunstschätzen. Alle diese Diebstähle wurden in einer sehr höflichen und zivilisierten Art durchgeführt; alles wurde katalogisiert und eine offizielle Bestätigung dafür ausgestellt.
1812 hatte der Louvre eine so weltweite Bedeutung als großes Kunstzentrum, daß Leute aus der ganzen Welt

kamen, um seine Schätze zu bewundern. Schließlich jedoch wurden nach Napoleons Sturz die gestohlenen Kunstwerke ihren ursprünglichen Besitzern zurückgegeben – einschließlich der Pferde von San Marco. Aber viele Kunstgegenstände, die aus privaten Sammlungen stammten, wurden niemals zurückgestellt und verblieben im Louvre. Ohne Napoleons Raubzüge wäre der Louvre vielleicht niemals das bedeutende Museum geworden, das er heute ist.
Zweifellos im Angedenken an die Taten Napoleons bestellten die kriegführenden Nationen im Ersten Weltkrieg Beamte, die ihre Kunstschätze beschützen sollten. Unglücklicherweise unterließen sie dies im Zweiten Weltkrieg. Hitler nahm sich bei seinen Plünderungen ein Beispiel an Napoleon, wandte dabei aber Gewalt und Härte an und hielt seine Aktivitäten geheim. Er entwickelte eine moderne Version von Napoleons Plünderungstaktik und schuf 1940 einen eigenen Verwaltungsapparat dafür. Unter der Leitung von Alfred Rosenberg wurde der Einsatzstab Reichsleiter Rosenberg – ERR – gegründet. Und all das wurde unternommen um das »Führermuseum« zu bauen und anzufüllen – in Wahrheit war es jedoch nur eine schlechte Imitation von Napoleons großartigem Entwurf für den Louvre. Die Idee dazu kam Hitler schon 1938. In diesem Jahr, nach dem Anschluß Österreichs, besuchte Hitler Mussolini, um mit ihm über die Lage in Südtirol und weitere gemeinsame Pläne zu sprechen. Unter anderem besuchte Hitler auch die Uffizien und die Galerie Pitti in Florenz. Diese großartigen Sammlungen italienischer Kunst beeindruckten ihn stark und veranlaßten ihn zu der Entscheidung, der Welt ein Denkmal

deutscher Kunst zu errichten. In seiner Jugend hatte er oft davon geträumt, das weltoffene Wien durch ein neues Zentrum der Künste zu ersetzen. Welcher Platz eignete sich besser für eine bedeutende Galerie als seine Heimatstadt Linz? Er sprach mit Albert Speer darüber, seinem Chefarchitekten nach dem Tod von Troost. Er wollte ein »Supermuseum« schaffen: Linz sollte das künstlerische Mekka am Donauufer werden, hinter dem Wien nur mehr den zweiten Rang einnahm. Er gab dem Projekt den Namen »Sonderauftrag Linz«. Es wurde als streng vertraulich deklariert und war nur Hitlers engsten Mitarbeitern und denen, die mit der Ausführung betraut waren, bekannt. Aber er wollte nicht nur das Museum bauen, er wollte auch Linz nach den Plänen seiner Jugend neu gestalten. Dies wäre die Erfüllung seiner Jugendträume, Künstler zu werden, gewesen; dabei hatte er versagt, aber nun, mit der unumschränkten Macht des Diktators, würden seine Visionen eines neuen Linz Realität werden.

Hitler hatte es schon immer verstanden, sich mit erfahrenen und talentierten Architekten zu umgeben, die seine Bauvorhaben in Berlin, Nürnberg und München ausführten. Er sprach über eine Erweiterung des Linzer Museums, wie es damals existierte, mit dem Verwalter, Professor Kerschner, und schlug vor, daß seine eigene, private Sammlung das Kernstück der neuen Gemäldegalerie bilden sollte. Haberstock, Hitlers persönlicher Kunsthändler, muß ihm den Rat gegeben haben, sich einen Experten auszuwählen, der die Gemälde für das neue Zentrum aussuchen sollte. Die einzige Person, die für ein solches Vorhaben in Frage kam, war

Dr. Hans Posse, Direktor der Dresdner Kunstgalerie. Hitler stimmte seiner Bestallung zu, mußte aber erfahren, daß Posse vom zuständigen Gauleiter ~~Münschmann~~ vor nicht langer Zeit wegen antinationalsozialistischer Haltung von seinem Posten entfernt worden war. Hitler fuhr daraufhin sofort nach Dresden, erteilte dem verblüfften Gauleiter einen Rüffel, und Posse bekam wieder seine Stellung.

MUTSCHMANN "KENICH MU"

Als Hitler Posse traf, war er von seiner Fachkenntnis so beeindruckt, daß er ihm an Ort und Stelle von dem geheimen Projekt in Linz erzählte. Posse sollte der Galerie zu einem guten Start verhelfen. Hitler wußte von Posses Einstellung den Nazis gegenüber, aber er benötigte einen Fachmann, nicht unbedingt ein Parteimitglied. Posse war über diese plötzliche Schicksalswende erfreut und nahm seine neue Arbeit mit Begeisterung in Angriff, nachdem er zu Stillschweigen verpflichtet worden war. Bald entdeckte er, daß Hitler von Kunst nur wenig Ahnung hatte. Hitler hatte sich bisher immer auf den Rat seines »Hoffotografen« Professor Hoffmann verlassen; aber Hoffmann stammte aus denselben kleinbürgerlichen Verhältnissen wie sein Chef und hatte einen wenig ausgebildeten Geschmack; darum war die Kunstsammlung des Führers nur mittelmäßig.

Posse nahm sich vor, aus dem Linzer Museum einen großen Erfolg zu machen. Es sollte mehr als nur ein Zentrum für »Bayerische Malerei« werden, es sollte die wichtigsten Werke Europas beherbergen. Pläne wurden entworfen und Architekten von Hitler bestellt. Speer hatte die Aufsicht über alles. Nun begann eine neue Phase in der Suche nach Gemälden. Waldmüller,

Makart, Spitzweg, Lenbach – deutsche Maler des neunzehnten und zwanzigsten Jahrhunderts – bildeten den Mittelpunkt des neuen Museums, waren aber keineswegs repräsentativ für die Kunst Europas. Wege, um an andere Gemälde zu kommen, mußten gefunden werden. Posse ging nach Wien, wo wertvolle private Sammlungen, die die Nazis beschlagnahmt hatten, in der Hofburg zusammengetragen worden waren, und traf daraus eine sorgfältige Auswahl. Aus der Sammlung von Oskar Bondy, die insgesamt 1 500 Stücke enthielt, suchte er 324 aus. Von den 269 wertvollen Kunstwerken von Rothschild legte er 122 für Linz beiseite. Es gab einen Katalog, der die zwölf beschlagnahmten Sammlungen genau auflistete. Aus ihm stellte sich Posse seine eigene Aufstellung zusammen, die er dann über Bormann an Hitler zur Begutachtung sandte. Die übrigen Gemälde sollten an österreichische Museen und Galerien verteilt werden.
Hitler richtete damals sein Augenmerk auf die Tschechoslowakei. Die Tschechen verabscheute er schon während seines Aufenthaltes in Wien von Herzen (es wurde schon immer behauptet, daß in Wien mehr Tschechen lebten als in ihrer eigenen Hauptstadt Prag). Nach der Machtübernahme der Nazis in der Tschechoslowakei 1939 hielt sich Hitler kurz auf der Burg Hradschin in Prag auf, dem alten historischen Sitz der böhmischen Könige, die mit zahlreichen Kunstschätzen ausgestattet war. Als er nach Deutschland zurückkehrte, nahm er sechs wertvolle Wandteppiche mit. Die Schlösser in der Tschechoslowakei besaßen einige der besten privaten Sammlungen von mittelalterlichen Waffen. Auch in der Tschechoslowakei

wurde die gesamte Beute sorgfältig aufgezeichnet, verpackt und – sofern sie für das Führermuseum bestimmt war – in ein Lager nach München geschickt. Die tschechischen Museen mußten keine allzu großen Verluste hinnehmen, denn Hitler war an böhmischer Kunst nicht interessiert. Er betrachtete sie als slawische und daher minderwertige Kunst.
In der Zwischenzeit planten die Architekten das neue Linz, ganz nach Hitlers Entwürfen. Obwohl der Krieg jetzt unmittelbar bevorstand, fand Hitler immer noch Zeit, über sein geliebtes Linzer Vorhaben zu sprechen. Inzwischen mächtiger Führer des Deutschen Reichs, rechnete er damit, Europa, vielleicht sogar die ganze Welt zu erobern. Wenn ihn das Schicksal nicht zu dieser Rolle ausersehen hätte – so bemerkte er oft zu Mitarbeitern –, wäre er Architekt und ein zweiter Michelangelo geworden. Bis 1933 hatte sich Hitler ja intensiv mit Architektur beschäftigt und eigene Entwürfe gemacht. Wien mit seinen wundervollen Bauten hatte einen starken Eindruck in ihm hinterlassen. In München hatte er seinen Architekten Troost das Hauptquartier der Nazis, das Braune Haus, umgestalten lassen. Nun, als Führer, konnte er seine Ideen in die Tat umsetzen, den Bau eindrucksvoller Gebäude befehlen und die großen deutschen Städte erneuern lassen. Albert Speer, der Nachfolger von Troost, beschreibt in seinen »Erinnerungen«, wie Berlin, München und Nürnberg durch neue Gebäude und breite Straßen verändert wurden. Das Dritte Reich sollte seine Macht und Herrlichkeit auch in großen Gebäuden zeigen. Hitler wußte außerdem sehr gut, wie er sich bei öffentlichen Auftritten in Szene setzen konnte, ganz beson-

ders bei Partei-Veranstaltungen und im riesigen Olympia-Stadion. Der Ausbruch des Krieges war die Ursache dafür, daß viele der geplanten neuen Gebäude nicht über das Stadium des Bau-Modells hinauskamen. Trotz alledem glaubte Hitler bis ans Ende an die Vollendung seines Werkes.

Er scheint fasziniert gewesen zu sein von kuppelförmigen Gebäuden. Die Kirchen, Theater und Museen in Wien hatten teilweise imposante Kuppeln. Das mag ihn beeinflußt haben. Hitler bezog auch gerne große Säulen in seine Entwürfe mit ein, wo immer es möglich war. Seine letzte Ruhestätte, von Hermann Giesler nach Hitlers eigenem Plan entworfen, sollte ein Mausoleum mit einem großen Kuppeldach unmittelbar neben dem Braunen Haus werden.

SIEBENTES KAPITEL

Raubzug in Polen

Gewarnt durch den Einmarsch der Deutschen in der Tschechoslowakei, nützten die Museumsverwalter Polens den kurzen Frieden, den der britische Premierminister Neville Chamberlain erwirkt hatte, um ihre eigenen Vorkehrungen zu treffen. Wie schon erwähnt, ließen sie die wertvollsten Kunstwerke verpacken und lagern. Niemand, außer vielleicht Hitler und seine engsten Vertrauten, wußten, wie dicht der Kriegsausbruch bevorstand. Am 3. September 1939 drangen Hitlers Armeen in Polen ein und besetzten innerhalb weniger Wochen das ganze Land. Hitlers Ziel war die vollständige Vernichtung der polnischen Nation und Kultur.

Im Kielwasser der siegreichen Wehrmacht kamen auch die Zerstörer von Kunst und Kultur. Es wurde rücksichtslos vorgegangen (abgesehen von den eigenartigen Bestätigungen, die für beschlagnahmte Werke ausgestellt wurden und von denen später noch die Rede sein wird), auch wenn die polnischen Museumsbehörden gute Beziehungen zum Ost-Europa-Institut hatten. Dieses war von den Nazis als sogenanntes »Forschungszentrum« für osteuropäische Kultur gegründet worden. Seine Mitarbeiter statteten Polen oftmals Besuche ab und besichtigten Museen und Kunstgale-

rien, um ihre Aufzeichnungen mit denen der Museumskuratoren zu vergleichen – alles unter dem Vorwand reiner Forschungszwecke. Die zuständigen Behörden in Krakau trauten ihren Augen nicht, als der bedeutende deutsche Kunsthistoriker, Professor Frey, der sie schon so oft besucht hatte, plötzlich in SS-Uniform auftrat. Mit einem Herrn der Gestapo führte er die Kunstkommission der Nazis beim Besuch des Warschauer Museums an. Noch bevor es zur Machtübernahme durch die Nazis in Osteuropa kam, hatte die Aufgabe des Forschungszentrums darin bestanden, dort Kunstschätze ausfindig zu machen. Die Mitarbeiter waren schon lange vor Kriegsausbruch auf ihre Arbeit vorbereitet worden und hatten bereits wohlüberlegte Pläne ausgearbeitet. Sie verfügten über vollständige Listen der polnischen Kunstwerke, die von deutschen Kunsthistorikern bei früheren Besuchen zusammengestellt worden waren. Das wurde mir indirekt 1965 vom ehemaligen Verwalter der Münzsammlung des Kunsthistorischen Museums in Wien bestätigt, der von Hitler dazu ausersehen war, die entsprechende Abteilung im Linzer Museum zu übernehmen. Er erzählte mir, sie hätten schon früher Informationen darüber erhalten, daß die Polen ihre Kunstschätze in sicheren Verstecken unterbrachten.
Göring beauftragte im Oktober 1939 einen österreichischen Nazi im Range eines SS-Obersten, Dr. Kajetan Mühlmann, alle in polnischem Eigentum befindlichen Kunstschätze »sicherzustellen« – was im Gegensatz zur Haager Konvention stand, die Nazi-Deutschland ratifiziert hatte. Satzung 1907, Artikel 46 der Haager Konvention erklärt, daß die Ehre und das Recht der Fami-

lie, das Leben des Einzelnen, Privateigentum ebenso wie Religionszugehörigkeit und -ausübung respektiert werden müssen. Privates Eigentum darf nicht beschlagnahmt werden, und in Artikel 47 ist Plünderung ausdrücklich verboten. Ferner legt Artikel 56 fest, daß das Eigentum von Städten sowie das von öffentlichen Einrichtungen, die der Religion, Wohlfahrt und Erziehung oder der Kunst und den Wissenschaften dienen, selbst wenn diese dem Staat gehören, als privates Eigentum betrachtet werden sollen. Jede Beschlagnahmung, Zerstörung oder vorsätzliche Beschädigung an Einrichtungen dieser Art, historischen Denkmälern, Kunst- und Kulturschätzen ist verboten, und sollte dieser Fall dennoch eintreten, so solle er Gegenstand eines ordentlichen Gerichtsverfahrens werden. All das wurde auf die eklatanteste Weise von den Nazis mißachtet, als sie mit Hilfe von Himmlers SS ihren Raubzug begannen.

Warschau wurde mehr noch als Krakau in Mitleidenschaft gezogen, da es sich länger den deutschen Tiefflieger-Angriffen und der Artillerie widersetzte. Das königliche Schloß in Warschau, mit seinen Schätzen aus der Zeit der polnischen Könige, erlitt bedeutende Schäden am Dachstuhl. Der Ballsaal des Schlosses wurde ebenfalls zerstört. Der Schloßverwalter gab zwar Anordnungen zu Reparaturarbeiten, doch die Deutschen stoppten die Arbeiten wieder. Kunstsachverständige aus Wien und Breslau kamen und begannen, Kunstwerke auszuwählen, von denen bereits viele verpackt worden waren und an sichere Orte geschafft werden sollten. Der Befehl erging im ganzen Land, daß kirchliche und private Reichtümer zu beschlag-

A n o r d n u n g .

an alle Dienststellen und Angehörigen der drei Wehrmachtsteile
der Waffen-SS
der Sonderkommandos der Sicherheitspolizei und des SD
an alle Sonderbeauftragten und Kommissare des Grossdeutschen Reiches
sowie den Reichsminister für die besetzten Ostgebiete und seine nachgeordneten Organe in den besetzten Ostgebieten

- -

Betr.: Sicherstellung von Kunstschätzen, Kulturgütern und Forschungsmaterial in den besetzten Ostgebieten

Zur Sicherstellung von Kunstschätzen, Kulturgütern und Forschungsmaterial in den besetzten Ostgebieten ordne ich an:

1.) Der Abtransport und die Entfernung von Kunstschätzen, Kulturgütern und wissenschaftlichem und politisch-weltanschaulichem Forschungsmaterial aller Art (Bibliotheken, Archive, Museen, Galerien, wissenschaftliche, politische und weltanschauliche Institutionen) aus den besetzten Ostgebieten ist verboten. Mit der Sicherstellung und Inventarisierung des obengekennzeichneten Materials beauftrage ich den Reichsminister für die besetzten Ostgebiete, der zu diesem Zweck einen besonderen Einsatzstab unter Leitung des Reichshauptstellenleiter U t i k a l in Tätigkeit setzt.

2.) Der Einsatzstab des Reichsministers für die besetzten Ostgebiete, der die Bezeichnung "Einsatzstab Rosenberg für die besetzten Gebiete" trägt, nimmt seine Tätigkeit im rückwärtigen Heeresgebiet auf und beendet sie im Rahmen der nachfolgenden Zivilverwaltung. Im Operationsgebiet wird die Tätigkeit dieses Einsatzstabes in Form von Sonderkommandos, die den einzelnen Armeen angeschlossen werden, durchgeführt. Nähere Bestimmungen über die Zusammenarbeit mit den Armeen erlässt nach Übereinkunft mit dem Reichsminister für die besetzten Ostgebiete der Generalquartiermeister des Heeres.

3.) Der Reichsminister für die besetzten Ostgebiete unterrichtet mich über das Ergebnis dieser Arbeiten laufend persönlich. Er versieht den Einsatzstab mit den erforderlichen Arbeitsrichtlinien.

4.) Der Reichsminister für die besetzten Ostgebiete nimmt mit den zentralen Behörden des Deutschen Reiches wegen Abstellung von Fachkräften für die Aufgaben des Kunst-, Archiv- und Bibliotheksschutzes Fühlung.

5.) Diese Regelung betrifft nicht die Sonderaufträge des Auswärtigen Amtes in den Botschaften, Gesandtschaften und Konsulaten. Desgleichen bleiben die Aufträge der Sicherheitspolizei und des SD zur Verfolgung und Vernichtung des Gegners des Nationalsozialismus in vollem Umfange bestehen.

6.) Die Finanzierung des Einsatzstabes Rosenberg übernimmt als kriegswichtige Aufgabe der NSDAP. in konsequenter Fortsetzung ihres Kampfes gegen den Weltbolschewismus wie in den besetzten Gebieten des Westens und Südostens der Reichsschatzmeister der NSDAP. Über eine Beteiligung an diesen Kosten durch das Reich werden Sonderregelungen zwischen dem Reichsminister für die besetzten Ostgebiete und dem Reichsfinanzminister einerseits und dem Reichsschatzmeister andererseits getroffen.

7.) Wünsche um Berücksichtigung bei der Verteilung des durch den Einsatzstab Rosenberg sichergestellten Materials sind an den Reichsminister für die besetzten Ostgebiete, Berlin W 35, Rauchstr. 17-18, zu richten. Die Entscheidung hierüber erfolgt nach Vorschlag des Reichsministers für die besetzten Ostgebiete durch mich persönlich. Dabei finden die bereits für die besetzten Westgebiete vom Reichsmarschall des Grossdeutschen Reiches, Göring, getroffenen Richtlinien Berücksichtigung.

den 16. Oktober 1941 - U/Sz

nahmen seien. Alle Kunstschätze wurden in Krakau zusammengetragen. Professor Freys erste Aufgabe nach seiner Ankunft in Warschau war, 25 Gemälde von Canaletto ausfindig zu machen, die aus dem Schloß in das Lager des Museums gebracht worden waren. Sie wurden sofort zur Verschickung nach Deutschland fertiggemacht. Bei der Besichtigung des Schlosses durch den neuen General-Gouverneur von Polen, Hans Frank, ging dieser auf den Baldachin zu, der den Königsthron überspannte, und riß die gestickten silbernen Adler heraus, das Wappen Polens, um sie als Souvenir zu behalten. Hitler hatte beschlossen, Polens Kultur zu vernichten. Alle beweglichen Gegenstände im königlichen Schloß zu Warschau wurden systematisch abmontiert. Im Mittelalter hatten sich die polnischen Könige Künstler aus Sachsen geholt, um ihr Schloß zu bauen und auszustatten. Deshalb behaupteten nun die Nazis, es sei ihr rechtmäßiges Eigentum, da es deutschen Ursprungs sei. Nach der Plünderung war das Schloß einige Zeit vom Militär besetzt. Schließlich wurde es aber – da es das Symbol polnischer Unabhängigkeit darstellte – in die Luft gesprengt.

Überall in Polen wurden planmäßige Beschlagnahmungen durchgeführt. Das Nationalmuseum in Krakau, die privaten Sammlungen polnischer Aristokraten, ganz besonders auch die Kirchen und Klöster wurden ihrer Kunstwerke beraubt. Aus der Marienkirche in Krakau wurden gotische und barocke Abendmahls-Kelche gestohlen.

Als die erste Sammlung erbeuteter Schätze zusammengetragen war, kam Dr. Posse, der, wie bereits erwähnt, für das geplante Museum in Linz tätig war, zu einer Inspektion nach Polen. Sein Bericht, den er nach Berlin schrieb, ist sehr interessant zu lesen. Zuerst führte er aus, wie schwierig es für ihn gewesen sei, sich einen genauen Überblick über die beschlagnahmten Kunstwerke zu verschaffen, da viele von ihnen, in Kisten verpackt, in Krakau oder Warschau gelagert waren. Er berichtete ferner, daß täglich Lastwagen voller Kunstschätze aus öffentlichen, kirchlichen oder privaten Quellen im Krakauer Lager eintrafen, daß alle Stücke fotografiert wurden und daß Frank, der General-Gouverneur von Polen, dem Führer ein Fotoalbum zur Auswahl senden werde. Er fügte hinzu, daß Deutschland nicht hoffen solle, sich mit großen Kunstwerken aus Polen bereichern zu können, mit Ausnahme des »Veit-Stoss-Altares« aus der Marienkirche in Krakau. Der Nürnberger Künstler Veit Stoss, in Polen bekannt als Wit Stwosz, schuf diesen prächtigen dreiteiligen Schnitz-Altar 1477 im Auftrag des polnischen Königs, wobei er zehn Jahre zu dessen Vollendung benötigte. Der Mittelteil des Triptychons zeigt die entschlafene Jungfrau von Engeln umgeben; die beiden Flügel sind mit Szenen aus dem Leben von Jesus und Maria geschmückt. Die Predella (der Unterbau des Schreines) zeigt den Stammbaum Christi. (Der Altar wurde tatsächlich nach Nürnberg gebracht und dort – in einem Bunker nur unzulänglich gelagert – nach dem Krieg (wiedergefunden.) Aus derselben Kirche entfernten die Nazis neun Gemälde von Hans von Kulmbach aus dem Jahr 1515, einem von Dürers besten Schülern. Wieder einmal machten sie ihr »Recht auf deutsches Eigentum« geltend, da der Künstler aus Deutschland stammte.

Dr. Posse erwähnte weiterhin Raffaels »Porträt eines

Entwurf eines Schreibens des Reichsministers für die besetzten Ostgebiete an den Führer

Betr.: Sicherstellung von Kunstschätzen, Kulturgütern und Forschungsmaterial in den besetzten Ostgebieten

Mein Führer!

Verschiedene bei mir eingegangene Berichte veranlassen mich, Sie, mein Führer, zu bitten, für die Sicherstellung von Kunstschätzen, Kulturgütern und Forschungsmaterial in den besetzten Ostgebieten eine für alle deutschen Dienststellen einschliesslich der Wehrmacht und den SS-Formationen bindende grundsätzliche Regelung zu treffen. Als Reichsminister für die besetzten Ostgebiete sehe ich meine Aufgaben nicht nur darin, die neuen Gebiete verwaltungsmässig zu betreuen und für das Grossdeutsche Reich nutzbar zu machen, sondern möchte auch als Ihr Treuhänder in Verantwortung vor der Geschichte alle Kunstschätze, Kulturgüter und das gesamte Forschungsmaterial dieses Raumes für das Grossdeutsche Reich umfassend gesichert wissen. Dadurch sollen unnötige Zerstörungen und private Diebstähle durch Angehörige des Grossdeutschen Reiches vermieden werden. Wie sehr diese Dinge teilweise im argen liegen, geht aus zwei Berichten hervor, die mir über die Vorgänge in Minsk zugeleitet wurden. Der beiliegende Bericht des Gefreiten Dr. A b e l , der auf meine Veranlassung in Minsk zur Durchführung seiner Aufgaben angesetzt wurde, lässt eindeutig erkennen, dass Zerstörungen in den Bibliotheken von Minsk durch deutsche Einheiten vorgenommen wurde die sich ohne weiteres hätten vermeiden lassen. Aus dem Bericht geht ferner hervor, dass einmal das Propagandaministerium und zum anderen die Sicherheitspolizei Beschlagnahmungen durchführten von denen ich als zuständiger Minister für diese besetzten Gebiete hätte unterrichtet werden müssen. Welche weiteren Reichsbehörden Beschlagnahmungen für sich durchgeführt haben, ist von hier aus im Augenblick noch nicht zu übersehen.

Beauftragte einge...

Schuldigen, die sich der Plünderung strafbar gemacht haben, durchzusetzen. Von den Überresten haben hiesige Wehrmachts- und SS-Stellen - ohne meine Genehmigung - weitere Gegenstände und Bilder entnommen, die aber in Minsk noch nachgewiesen werden können.

Ich bitte, zur Restaurierung der zum Teil sinnlos durch Messerstiche beschädigten Gemälde den antionalsozialistischen Künstmaler Willi Springer, Berlin SW 29, Hasenheide 94, herzuschicken, damit unter seiner Aufsicht gerettet werden kann, was noch zu retten ist. Leider sind auch zahlreiche wertvolle Vasen, Porzellan, Schränke und Stilmöbel aus dem 18. Jahrhundert schwer beschädigt oder zerstört worden. Im ganzen handelt es sich um unersetzliche Werte von Millionen von Mark. Für die Zukunft bitte ich um Schritte des Ostministeriums bei den verantwortlichen Wehrmachtsstellen, daß derartige Zerstörungen abgestellt und daß die Schuldigen mit schwersten Strafen bedroht und belegt werden.

Auch das vorgeschichtliche Museum befindet sich in einem völlig verwüsteten Zustand. Die geologische Abteilung ist um wertvolle Edelsteine und Halbedelsteine beraubt worden. In der Universität sind Instrumente von hunderttausenden von Mark sinnlos zerschlagen oder verschleppt worden. Vielleicht wäre eine Meldung an den Führer durch Sie, sehr verehrter Herr Reichsleiter, zu empfehlen. Das schon an sich arme Weißruthenien hat durch diese Handlungen schwersten Schaden erlitten. Hoffentlich werden in Leningrad und in Moskau sowie in den alten Kulturstädten der Ukraine von vornherein Sachverständige zur Verhütung derartiger Vorgänge eingesetzt, sonst findet die Zivilverwaltung überall dieselben Verheerungen wie hier vor.

Heil Hitler!

Ihr sehr ergebener
gez. Wilhelm Kube,
Generalkommissar für Weißruthenien

jungen Mannes«, eine Rubens-Landschaft und Leonardo da Vincis »Dame mit Wiesel«. Dieses Werk war für den Herzog von Mailand, Lodovico Sforza (»Il Moro«) im Jahr 1483 gemalt worden und soll seine Geliebte, Cecilia Galleriani, darstellen. Posse bezeichnete auch die Sammlung des Czartoryski-Museums als interessant. Dies war eines der ersten privaten Museen in Europa und enthielt zahlreiche Kunstschätze. Posse wies darauf hin, daß die Bilder alle nach Berlin gebracht werden sollten, einige der oben erwähnten Stücke hätte er aber gerne für das Linzer Museum.
In seinem Bericht erwähnte Posse auch die Plünderung des Königsschlosses in Warschau. Alle Holzvertäfelungen, Türen, Parkettböden, Statuen, Spiegel, Leuchter und das gesamte Porzellan sollten entfernt und zur weiteren Verwendung nach Deutschland in den Pavillon des Dresdner Zwingers gebracht werden. Das wurde schließlich auch getan, aber so brutal – die Gestapo ließ unerfahrene jüdische Gefangene die Arbeiten ausführen –, daß vieles von dem, was man entfernte, schon während der Arbeit zerstört wurde. Parkettböden wurden mit Spitzhacken aufgerissen, Vertäfelungen gewaltsam von der Wand gebrochen, Statuen abgeschlagen und alles zusammen auf Lastwagen verladen, ohne Schutz gegen schlechtes Wetter. Nur ganz wenige Stücke konnten heimlich von polnischen Beamten zur Seite geräumt werden.
Zusätzlich erwähnte Posse in seinem Bericht noch das »Blutige Banner des Propheten«, das seiner Meinung nach von den Russen entfernt worden war, als sie gemäß den Abmachungen des Deutsch-Sowjetischen Paktes ihre Zone besetzten. Ebenso führte er einige Kupfersti-

che von Dürer an, von denen er annahm, daß sie ebenfalls von den Russen in Lwow (Lemberg) gestohlen worden waren. Die Wahrheit wurde erst entdeckt, als die Deutschen auf ihrem Vormarsch nach Rußland Lemberg einnahmen. Der Verwalter des Bawarowski-Museums hatte die Werke versteckt. Er leugnete anfangs, ihren Aufenthaltsort zu kennen. Unter dem Druck der Gestapo gab er schließlich nach, die einunddreißig Stiche wurden sofort beschlagnahmt, eine Bestätigung dafür ausgestellt und die Bilder an Göring übersandt, der sie seinerseits an Hitler weitergab. Hitler fand so viel Gefallen daran, daß er sie in seinen Hauptquartieren aufhängen ließ.

Das Ausstellen von Bestätigungen – die in Wahrheit völlig wertlos waren – war die Rechtfertigung der Nazis, wenn sie Kunstwerke »sicherstellten«. Immer wieder tauchten diese »Bestätigungen« in den Gesprächen auf, die ich mit Deutschen führte, die offenbar noch immer Sympathien für die Nazis hegten. Sicherlich seien Gegenstände entfernt worden, hielten sie mir vor, aber niemals ohne Empfangsbestätigung. Ein ehemaliger Wehrmachtsoffizier beklagte sich bei mir darüber, daß ihm die Alliierten während der Kriegsgefangenschaft seine Uhr weggenommen hätten. Ich bemerkte, daß die Deutschen das gleiche getan hätten und noch Schlimmeres. »Aber wir haben immer den Empfang quittiert!« entgegnete er.

Aus Posses Bericht geht klar hervor, daß Polen für das Linzer Museumsvorhaben keine großen Schätze bereithielt, außer einigen Alten Meistern und dem Altar von Veit Stoss. Hitler verachtete alle slawischen Völker und wollte sicherlich keine polnischen Gemälde in seinem Zentrum Deutscher Kunst sehen. Ebenso wie Bilder besaß Polen auch eine große Zahl von sonstigen Kunstgegenständen: Wandteppiche, Bronzestatuen, Münzen, Waffen, Porzellan, antike Möbel, Handschriften und alte Bücher waren von polnischen Sammlern zusammengetragen worden. Die deutschen Invasoren bedienten sich großzügig aus diesen Schätzen. Vieles von der Beute wurde nach Deutschland geschickt, damit hochrangige Nazis ihre Auswahl treffen konnten.

Mühlmann, der sich bei Reichsmarschall Göring lieb Kind machen wollte, stahl Watteaus »Hübsches polnisches Mädchen« und schickte es ihm nach Karinhall. Die Gestapo überreichte Gouverneur Frank Rembrandts »Porträt eines jungen Mannes« aus der königlichen Lazienski-Sammlung. Frank selber suchte sich eine Auswahl von Wertgegenständen für seine zwei Residenzen in Polen aus, das königliche Schloß in Krakau und Schloß Kressendorf. Als er bei Kriegsende von Einheiten der US-Armee aufgegriffen wurde, fand man sein bayerisches Landhaus angefüllt mit Beutestücken aus Polen. Darunter war auch Bernardo Belottos Bild »Krakauer Vororte«. Belotto, ein Schüler seines noch weitaus bekannteren Onkels Canaletto, lebte von 1767 an in Warschau und arbeitete dort bis zu seinem Lebensende für König Stanislaus Poniatowski. Seine zeitgenössischen Ansichten von Warschau waren topografisch so genau, daß sie nach dem Zweiten Weltkrieg benützt werden konnten, um den alten Teil der Stadt genauso wieder aufzubauen, wie er vor der Zerstörung durch die Nazis aussah. Diese Bilder von Warschau waren die ersten Gemälde, die Frey nach seiner Ankunft auswählte, um sie nach Deutschland zu schicken. Nach dem Krieg wurden sie unversehrt an Polen zurückgegeben.

Das offizielle polnische Dokument »Warschauer Anklagen«, 1945 herausgegeben, enthüllte schreckliche Einzelheiten der vorsätzlichen Zerstörung des Königsschlosses und in der Folge vieler anderer historischer Gebäude während des Rückzuges der Deutschen: eine letzte zerstörerische Rache der Nazis, nachdem sie die restlichen Kunstwerke aus Museen und Bibliotheken nach Deutschland gebracht hatten. Die Warschauer Museumsbehörde hatte eine geheime Aufstellung gemacht, die den Umfang der Beschlagnahmungen allein in Warschau aufzählte: 2 774 Gemälde der europäischen Schule, 10 738 polnische Gemälde vom sechzehnten bis zum zwanzigsten Jahrhundert und 1 379 Skulpturen. Nach der Unterdrückung des Aufstandes unter General Bor wurde, offiziellen Quellen zufolge, der restliche Inhalt des Warschauer Museums planmäßig geplündert. Darauf erfolgte die mutwillige Zerstörung. Gemälde und Statuen wurden zerschlagen oder zerschossen. Limoges-Email aus der Renaissance wurde zum Essen benützt und danach weggeworfen. Gobelins wurden zerschnitten und als Decken benützt. Die Soldaten, die von Kunst etwas verstanden, nahmen sich, was ihnen gefiel, und schickten es durch die Feldpost nach Hause. Nichts blieb nach der mutwilligen Zerstörung des Schlosses übrig als ein Mauerrest. Der Dom erlitt das gleiche Schicksal. Unbezahlbare Denkmäler, darunter die Grabstätten der Prinzen von Masovia, fielen in Schutt und Asche. Unter der Aufsicht des SS-Generals Geibel wurden Kirchen und Paläste syste-

»Rosenstrauß« von Adolf Hitler, 1912. (17)

»Schützengraben bei Douaumont«(Verdun) von Adolf Hitler, 1914. (18)

Das alte Hofburgtheater in Wien. Oben Hitlers Bild davon, unten der Druck, seine Vorlage. (19)

»Der Diskuswerfer«, ein typisches Beispiel für anerkannte nationalsozialistische Kunst. (20)

Gemälde von Professor Glaubacher: Hitler auf dem Balkon der Stadthalle Linz 1938. (21)

Hitlers triumphale Rückkehr in seine Geburtsstadt Braunau am Inn am 12. März 1938. (22)

Die Krone Karls des Großen. Sie war von den Nationalsozialisten von Österreich nach Nürnberg verbracht worden, wo sie am Ende des 2. Weltkriegs in einem unterirdischen Bunker aufgefunden wurde. (23)

Hitlers Einzug in Wien 1938. (24)

Ein detaillierter Plan zur Neugestaltung der ganzen Stadt Linz. (25)

Zeichnung und Modell des neuen Bahnhofs. Ficks Entwurf beruhte auf Hitlers Ideen. (26)

ie Donaubrücke in Linz 1943. Sie war der einzige Teil von Hitlers ursprünglichen Plänen, der erwirklicht wurde. Hier ist ein Gipsmodell der Kriemhild-Statue probeweise aufgestellt. (27)

Oben das Modell des Architekten, unten das Detail einer Kriemhild-Statue. (28)

matisch zerstört. Das Palais Lazienski mit seinen Gemälden und dem wundervollen Deckenfresko von Bacciarelli brannte ab. Als die Deutschen sich vor dem Vormarsch russischer Truppen zurückzogen, gingen Bibliotheken und Archive mit historischen Handschriften in Flammen auf; das Nationalmuseum wurde gesprengt und die Reste seiner Sammlungen wurden in Lastwagen ins Reich gebracht. Die königliche Gemäldesammlung, die versteckt gewesen war, wurde entdeckt und gestohlen.

Von allen Kunstwerken, die aus Polen geraubt wurden, war der größte Verlust ein Gemälde von Raffael »Porträt eines jungen Mannes«, daß aus der Czartoryski-Galerie in Krakau entwendet wurde. Es wurde nach Berlin gebracht und war für das Linzer Museum bestimmt, verschwand aber dann. Einem Bericht zufolge wurden die drei Bilder, die Posse für Linz ausgesucht hatte, von Hitler abgelehnt und an Gouverneur Frank nach Polen zurückgeschickt. Eines davon, Leonardos »Dame mit Wiesel« wurde in Franks Haus in Bayern wiedergefunden. Was mit dem Raffael-Gemälde geschah, ist jedoch unbekannt. Es mag entweder irgendwo versteckt worden sein, oder – wie es oft der Fall war – im Besitz von jemandem sein, der seinen wahren Wert nicht kennt. Andere große Verluste sind das Rubens-Bild »Christus unter dem Kreuz« und Guardis »Palast in Venedig«; beide stammten aus dem Warschauer Nationalmuseum.

Hitler wollte ursprünglich den Rest der in Krakau gelagerten Kunstschätze nach Königsberg in Ostpreußen bringen lassen, wo ein Museum entstehen sollte. Göring hatte dafür den Befehl gegeben, als die Sowjets in Polen vorrückten. Aber kaum ein Stück davon erreichte seinen Bestimmungsort. Manches wurde in Bayern gefunden, aber vieles verschwand für immer. Zahlreiche Beutestücke wurden nach dem Krieg in den Wohnungen führender Nazis entdeckt, die in Polen stationiert gewesen waren. Aber in den Wirren der Nachkriegszeit wechselten viele der geraubten Kunstgegenstände den Besitzer und konnten nicht mehr aufgespürt werden. So sind heute vielleicht viele Kunstschätze aus Polen im Besitz von Sammlern, die sie ganz rechtmäßig erworben haben, ohne jedoch ihre genaue Herkunft zu kennen.

ACHTES KAPITEL

Frankreich und die Benelux-Länder

Ein Ende des »Sitzkrieges« war für die alliierten Länder nicht abzusehen, doch im Mai und Juni des Jahres 1940 marschierte Hitler in Holland, Belgien, Luxemburg und Frankreich ein. Hier entschied er sich für ein vorsichtigeres Vorgehen. Unter den gegenwärtigen Umständen sollten die Abgesandten des Sonderauftrages Linz das Ausmaß ihrer »Sicherstellungen« etwas verringern. In einem geheimen Befehl, herausgegeben vom Deutschen Oberkommando an alle Militärbefehlshaber, wurde angeordnet, daß die Truppen die Bevölkerung der besetzten Länder mit Rücksicht behandeln sollten. Die Haager Konvention müsse eingehalten werden und das normale wirtschaftliche Leben erhalten bleiben. Infolgedessen wurde die zügellose Plünderung wie in Polen nicht wiederholt, und die deutsche Armee gründete ihre eigene Kunstschutz-Abteilung, die in den neu besetzten Gebieten in Übereinstimmung mit der Haager Konvention operierte. Aber auch sie war nicht über Hitlers endgültige Absichten informiert.

Kurz nachdem am 22. Juni 1940 die Übergabe Frankreichs in Compiègne unterzeichnet wurde, flog Hitler eines frühen Morgens zu einer Stadtbesichtigung nach

Paris. In seinem Buch »Erinnerungen« beschreibt Albert Speer, wie er mit Hitler am 28. Juni 1940, um 5 Uhr 30, am Pariser Flughafen Le Bourget ankam. Hitler, Speer, Giesler (der Architekt, der auch in München und Linz baute) und der Bildhauer Arno Breker stiegen in wartende Mercedes-Wagen und fuhren durch Paris. Hitler war tief beeindruckt von der Oper, vom Grab Napoleons im Invalidendom, dem Panthéon und der Kirche Sacré Cœur, deren Silhouette auf dem Montmartre man von überall gut erkennen kann. Hier blieb er eine ganze Weile, bis die Kirchgänger kamen. Er bemerkte zu Breker, der in Paris studiert hatte, daß auch er zu Studien hierhergekommen wäre, hätte ihn das Schicksal nicht zu einer politischen Karriere ausersehen.

Hitler erzählte Speer später, dieser kurze Besuch in Paris sei die Erfüllung eines Lebenstraumes gewesen. Die Schönheit der Stadt hatte ihn tief berührt, aber er rechnete damit, daß das neue Berlin, das er plante, Paris noch übertreffen würde. Es kam ihm der Gedanke, vielleicht müsse er eines Tages auch Paris zerstören, so wie er Warschau ausgelöscht hatte, die Stadt, die nicht wieder aufgebaut werden durfte, weil er Polen seines kulturellen Mittelpunktes berauben wollte. Für Speer war es unbegreiflich, wie Hitler überhaupt daran denken konnte, die schönste Stadt Europas zu zerstören.

Um herauszufinden, wie der Kunstschutz gearbeitet hatte, versuchte ich jemanden zu finden, der ihm angehört hatte. Bei offiziellen deutschen Stellen hatte ich wenig Glück, aber in Paris erfuhr ich, daß ein Graf Wolff Metternich dort gearbeitet hatte. Ich besuchte ihn in seinem Haus in Bad Godesberg, einem Kurort in der Nähe von Bonn, und traf einen charmanten älteren Herrn, der aus einer alten rheinländischen Familie stammte. Er freute sich darüber, interviewt zu werden, besonders, da man manchmal der deutschen Armee zu Unrecht die Schuld an den Plünderungen zuwies, was er jetzt richtigstellen konnte. Als ein bedeutender Gelehrter und Kurator des Rheinland-Museums war er von General Wagner zum Kunstschutz geholt worden, erhielt den Rang eines Obersten und wurde mit dem Schutz der Bildenden Künste in Frankreich, Belgien, Holland und Luxemburg betraut. Er war bei den französischen Behörden gut bekannt, ganz besonders, da er seine anti-nationalsozialistische Haltung nie verhehlt hatte – einer der Gründe, warum er mit der Leitung dieser Organisation beauftragt wurde.

Die Abteilung von General Wagner (er wurde später für seine Teilnahme am Attentatsversuch gegen Hitler hingerichtet) wurde unter das Kommando von General von Brauchitsch gestellt. Die Kunstschutz-Verbände wurden eilig vom Oberkommando der Wehrmacht eingesetzt, um eine Wiederholung der Vorfälle von Polen zu verhindern. Von Brauchitsch, militärischer Oberbefehlshaber in den besetzten Ländern, verbot sofort den Truppen und Belegschaften der Nazis den Zutritt zu Museen und Kunstlagern. Wolff Metternich traf mit seinem Assistenten Herrn von Tischowitz in Paris ein und wurde im Hotel Majestic untergebracht.

»Unsere Einheit hatte den Befehl, unter Beachtung der Haager Konvention zu handeln, die von Deutschland anerkannt wurde«, so erzählte mir Graf Wolff Metternich. »Unsere Handlungsreichweite war ausschließlich auf die Länder beschränkt, die unter militärischer Verwaltung standen, Frankreich, Belgien, die Niederlande, Griechenland und Jugoslawien. In Frankreich hatten alle Museen 1939 ihre Sammlungen evakuiert und sie in verschiedenen Schlössern und anderen Gebäuden im ganzen Land untergebracht. Diese umfangreiche Operation fand unter der Leitung von Monsieur Jeujard, dem Direktor des staatlichen Museums in Paris, statt.«

Der Wandteppich von Bayeux und andere Kunstschätze wurden noch vor dem Eintreffen der Deutschen weggebracht und im Land verteilt. Graf Wolff Metternich erhielt eine Liste von 350 000 Kunstwerken aus dem Louvre und anderen französischen Museen. Er stellte alle Orte, an denen Kunstwerke gelagert wurden, unter militärische Bewachung, sobald er ankam; so erzählte er mir. In Zusammenarbeit mit den französischen Behörden wurden sorgfältig Listen aufgesetzt, einerseits zur späteren Prüfung, andererseits um festzustellen, ob ein Stück entfernt worden war. Unterdessen gab der Chef des Oberkommandos der deutschen Wehrmacht, Generalfeldmarschall Wilhelm Keitel, einen Befehl an den Gouverneur von Paris, General von Böckelberg, der die Sicherstellung von Kunstwerken, die der französischen Nation und bestimmten Juden gehörten, betraf. »Diese Maßnahme ist nicht als Enteignung anzusehen, sondern nur als Verschiebung unter deutsche Verwahrung, als ein Pfand für die abschließenden Friedensverhandlungen«, war die Begründung.

Die Absicht war natürlich, ein falsches Gefühl der Sicherheit herbeizuführen. Keitel muß von Hitler gewußt haben, was dieser im Sinn hatte. Er hatte schon

Graf Wolff Metternich berichtet, daß die Gestapo in private Wohnungen eingedrungen war und Kunstwerke in Abwesenheit der jüdischen Eigentümer beschlagnahmt hatte. Es wurden Inventarlisten gemacht und einzelne Stücke verkauft. Die Juden waren von Hitler für vogelfrei erklärt worden – infolgedessen traf die Haager Konvention auf sie nicht zu.

Ein weiteres Zeichen für das, was noch passieren sollte, war die Ankunft des Barons von Künsberg, eines Abgesandten von Ribbentrop, in der deutschen Botschaft in Paris. Seine Aufgabe bestand darin, eine Aufstellung aller französischen Sammlungen zu machen und die besten Stücke daraus zu einem gemeinsamen Sammelort zu bringen. Nach genauer Prüfung sollten bestimmte Kunstwerke ausgewählt werden, um dem Führer als Geschenk des französischen Volkes überreicht zu werden. Dem Baron stand dabei ein deutscher Kunstkenner zur Seite, der seit fünfzehn Jahren in Paris lebte und genau wußte, was auf dem Kunstmarkt angeboten wurde und was es in den französischen Museen gab. Er gehörte der Abteilung Künsberg als künstlerischer Berater an.

»Es gelang mir, diesen Plan zu vereiteln«, berichtete Graf Wolff Metternich. »Ich konnte von Brauchitsch überreden, mich mit einem Befehl zum Schutz der Kunstlager auszustatten. Niemand hatte Zutritt ohne eine Erlaubnis, die von Brauchitsch persönlich unterzeichnet hatte. Zur selben Zeit stellte ich alle Schlösser und historischen Gebäude unter Zutrittsverbot für deutsches Militär. Diese Maßnahme führte vielleicht zu Mißverständnissen zwischen der Armee und der Partei, und von Künsberg erstattete Hitler Bericht über meine anti-nationalsozialistische Haltung, aber trotz allem ließ man mich erstaunlicherweise unbehelligt. Ich glaube, die Nazis fürchteten, daß ihre geheimen Pläne in der Öffentlichkeit bekannt würden, wenn es zu einem Skandal käme.«

Inzwischen waren im Museum Jeu de Paume im Park der Tuilerien wertvolle Kunstwerke zusammengetragen worden, die bei reichen französischen Juden, wie den Rothschilds, Kahns, Levy de Benzion, dem berühmten Kunsthändler Seligmann und vielen anderen beschlagnahmt worden waren. Der Einsatzstab Rosenberg, ERR, bereitete mit Unterstützung von Informanten aus der Pariser Kunstwelt Listen mit den Aufenthaltsorten aller beschlagnahmten Stücke vor.

Das Musée de l'Armée, im Hôtel des Invalides untergebracht, wurde nie an einen sicheren Platz verlegt, da es unter der Verwaltung des Kriegsministeriums stand. Die Deutschen hatten große Schwierigkeiten, eine Liste von zweitausend darin befindlichen Gegenständen zusammenzustellen, die deutscher Herkunft waren und als Beute von Napoleon nach Frankreich gebracht worden waren, sowie von Relikten aus dem französisch-deutschen Krieg und dem Ersten Weltkrieg. Nach Paris als Sieger zurückgekehrt, glaubten sich die Deutschen im Recht, diese Trophäen zurückzufordern. Die 2 000 Stücke wurden nach Deutschland gebracht, damit sie als Beweise deutscher und preußischer Kriegskunst gezeigt werden konnten. Das war jedoch nur ein kurzer Ortswechsel, denn nach der Niederlage Hitlers wurden die Ausstellungsstücke wieder an das Musée de l'Armée zurückgegeben.

Hitler zeigte große Achtung vor dem Grab Napoleons

120 03

Der Stabsführer

Paris, den 22. Januar 1941
U/Sa

Personalmitteilung

Der Einsatzstab Rosenberg für die westlichen besetzten Gebiete setzt sich zur Zeit wie folgt zusammen:

Stabsführer	Pg. Utikal
Persönlicher Referent zugleich Referent Sonderaufgaben	Pg. Schilde
Sekretariat	Frl. Scholz
Hauptreferat O	Pg. von Behr
Kassenverwaltung	Pg. Opfer
	Frl. Sanders
Referent	Pg. Busse
Sekretariat	Frl. Pütz
Registratur	Fr. Schoelkopf
Fahrbereitschaft	Pg. Warres Pg. Nagel Pg. Baur Pg. Untermann Pg. Klein Pg. Mayr Pg. Schäfer Pg. Klimantat Pg. Beyer Pg. Wilde Meldefahrer Gefr. Beck

Hauptreferat F	Pg. von Ingram
Referent	Pg. Pfannstiel
Sekretariat	Frl. Gneiss
Hauptarbeitsgruppe Frankreich	Pg. von Ingram
Stellvertreter	Pg. Seiboth
Sekretariat	Frl. Gneiss
Arbeitsgebiet A St. Germain	Pg. Dr. Berger
" B Angers	Pg. Dr. Böttner
" C Dijon	Pg. Dr. Schwarzschulz
" D Bordeaux	Pg. Schilde
" E Paris	Pg. Dr. Wunder
Mitarbeiter für die Arbeitsgebiete	Pg. Braumüller
	Pg. Harms
	Hauptmann Funk
	Pg. Schwarz
	Pg. Rumpf
Arbeitsgruppe Belgien	Pg. Ebeling
Mitarbeiter	Pg. Dr. Köster
	Pg. Muchow
	Pg. Vogel
Sonderstab Vorgeschichte	Pg. Stampfuss
Sekretariat	Frl. Stübner
	Frl. Harms
Arbeitsgruppe Niederlande	Pg. Schirmer
Mitarbeiter	Pg. Dr. Schwarz
	Pg. Pfeiffer
	Pg. Hesse
Sekretariat	Frl. Hasch
	Frl. Bethe
	Frl. Heimer

<u>Sonderstab Louvre</u>	Pg. von Behr
Referent	Pg. Braumüller
Mitarbeiter	Pg. Dr. Schiedlausky
	Pg. Dr. Wirth
	Pg. Dr. Esser
	Pg. Dr. Danneel
	Stabsfeldwebel Kress
	Gefr. Becker
Sekretariat	Frl. Schrupp
	Fr. Kress
	Frl. Bösken
<u>Sonderstab Bibliotheksforschung</u>	Pg. Dr. Grothe
Mitarbeiter	Pg. Dr. Struck
	Pg. Hölzer
Sekretariat	Fr. Grothe
	Frl. Lange
	Frl. Juppe
<u>Sonderstab Musik</u>	Pg. Dr. Gerigk
Mitarbeiter	Prof. Dr. Fellerer
	Pg. Dr. Bötticher
	Frl. Dr. Hansemann
Sekretariat	Frl. Vogel
<u>Sonderstab Bildende Kunst</u>	Pg. Scholz
	Pg. Dr. Rittich
<u>Sonderstab Osten</u>	Pg. Deringer
	Pg. Tscharikoff
<u>Sonderstab Katholische Kirche</u>	Pg. Deindl

180 PS
5

Pg. B u t h ist nach Beendigung der Arbeiten seines Sonderstabes "Protestantische Kirche" in seine Dienststelle nach Berlin zurückberufen worden. Die Leitung der Arbeitsgruppe Paris, die als Arbeitsgebiet E der Hauptarbeitsgruppe Frankreich angegliedert wurde, wurde Pg. Dr. W u n d e r übertragen.

Pg. Buth war im Einsatzstab vom ersten Tage seines Bestehens an ununterbrochen tätig. Ich spreche ihm für seine Mitarbeit Dank und Anerkennung des Einsatzstabes aus.

Frl. T h ü m e n scheidet auf eigenen Wunsch am 22.1.41 aus dem Einsatzstab aus, um nach Berlin zurückzukehren. Auch Frl. Thümen hat im Einsatzstab vom ersten Tage seines Bestehens verantwortlich mitgearbeitet. Als erste Sekretärin des Stabsführers und spätere Verwaltungsführerin kann ich ihr im Namen aller Angehörigen des Einsatzstabes Dank und Anerkennung für die vorbildliche Betreuung aller aussprechen.

Die Geschäfte der Kassenverwaltung hat am 16.1.41 Pg. Ö p f e r vom Verwaltungsamt unserer Dienststelle in Berlin übernommen.

Im Zuge eines von Berlin gewünschten Austausches ist Frl. W ü l k n i t z nach Berlin zurückgekehrt und Frl. S a n d e r s neu zum Einsatzstab hinzugekommen. Auch Frl. Wülknitz spreche ich Dank und Anerkennung für fünfmonatige Mitarbeit im Einsatzstab aus.

[signature]

im Invalidendom. Er erteilte sogar den Auftrag, die sterblichen Überreste von Napoleons Sohn, dem Herzog von Reichstadt, aus Wien zu überführen und an der Seite seines Vaters zu bestatten. Zur Information der deutschen Soldaten sollte ein deutscher Reiseführer hergestellt werden, der aber nie gedruckt wurde.
Der Louvre wurde im Herbst 1940 wieder geöffnet, während seine wertvollsten Kunstschätze in einem der Loire-Schlösser in der Vichy-Zone untergebracht und damit dem Zugriff von Plünderern entzogen waren. In dieser Zeit waren die französischen Künstler in keiner Weise an ihrer Arbeit oder am Verkauf behindert. Sie wurden im Gegenteil ermutigt, ihre Arbeiten fortzusetzen, damit die Deutschen, die in Paris stationiert waren, Andenken nach Hause schicken konnten. Goebbels organisierte sogar freie Reisen nach Berlin für französische Künstler, wo man sie bevorzugt behandelte. Aber viele lehnten dieses Angebot ab, weil sie merkten, daß es nur Propaganda war. Es sollte deutsch-französische Künstlerfreundschaft vorgetäuscht werden. Das französische Publikum amüsierte sich sehr über Arno Brekers Akt-Plastiken muskulöser Männer und gigantischer Pferde, die er auf Anregung Goebbels' in Paris ausstellte.
Zwischen 1940 und 1942 hatten die deutschen Besatzungstruppen in Paris ein leichtes Leben. Die verschiedenen Organisationen der Nazis waren hier untergebracht. Infolge der Überbelegung von Büros und der üppigen Lebensweise der oberen Ränge spitzte sich aber die Lage später zu, und die schönen Tage waren vorüber. Der ERR war darüber höchst unglücklich, ganz besonders Oberst von Behr vom Amt West, das

vom ERR selbst getrennt war. Von Behr war ein anmaßender Stutzer und bei seinen Untergebenen wegen seiner Rücksichtlosigkeit unbeliebt. Obwohl er nur der Gruppe des militärischen Roten Kreuzes zugeteilt war, bewirtete er die hohen Offiziere üppig und verschwenderisch. Er war von Göring eingesetzt worden und für dessen Zugtransporte nach Deutschland verantwortlich.

Ganz oben in der deutschen Militärverwaltung in Paris saß noch ein anderer von Görings Agenten. Er arbeitete mit einem Polizeioffizier der Sûreté und einer ehemaligen weiblichen Angestellten der Kunstgalerie Seligmann zusammen, um von Juden versteckte Kunstwerke aufzuspüren und Listen für deren Beschlagnahmung aufzustellen. Als General von Stülpnagel, Oberbefehlshaber der Wehrmacht, davon hörte, wurde der Beamte nach Berlin zurückbeordert – sehr zu Görings Mißfallen. Aber dieser Rückschlag schreckte den Reichsmarschall keineswegs davon ab, Kunstwerke für Karinhall zu erwerben. Auf Anregung seines Kunsthändlers, Andreas Hofer, ließ er zwei französisch-jüdische Kunsthändler arisieren, und als Dank für seine Protektion boten sie ihm ein wertvolles Geschenk an. Das wollte er zwar nicht annehmen, machte mit ihnen aber ein Tauschgeschäft, wodurch er einige vom ERR konfiszierte Gemälde in seinen Besitz brachte. Die Kunstgalerie der beiden Brüder war in Paris bald der Treffpunkt für kollaborierende Kunsthändler.

Im Herbst 1940 trafen sich in Paris Scharen von Kunsthändlern aus ganz Deutschland. Der Pariser Kunstmarkt bot eine reiche Auswahl. Hitlers eigener Einkäufer, Haberstock, kündigte seine bevorstehende Ankunft in einem Inserat in der »Gazette des Beaux Arts« an, und lud seine Freunde unter den französischen Händlern ein, ihn an seinem üblichen Wohnort, dem Hotel Ritz, zu besuchen. Unter anderem war Haberstock hinter dem Gemälde von Veronese »Leda und der Schwan« her sowie hinter Teniers »Szene aus dem Familienleben«. Geld schien für ihn keine Rolle zu spielen. Für die Sammlung von Etienne Nicolas zahlte er 1 800 000 Francs; für sieben Gemälde, darunter »Rivoli« von Gustave Courbet, dem führenden französischen Realisten des neunzehnten Jahrhunderts, 930 000 Francs. Ein anderer sehr aktiver Käufer und Konkurrent Haberstocks war eine Frau Dietrich aus München, die durch ihren Freund Heinrich Hoffmann, Hitlers Fotografen und künstlerischen Berater, schon viele Bilder für Linz erworben hatte. Wie die anderen offiziellen Nazi-Käufer hatte auch sie einen eigenen VIP-Paß, der es ihr ermöglichte, außerhalb Deutschlands zu reisen. Bormann, der alle Devisenausfuhr-Genehmigungen kontrollierte, teilte ihr genügend Mittel zu, um für die Linzer Sammlung zu kaufen. Sie sah sich über 270 Gemälde an und erwarb davon achtzig.

Alle diese Erwerbungen wurden rasch nach München ins Führer-Hauptquartier gebracht. Hier führte Hitler regelmäßige Inspektionen durch und vertraute dabei in hohem Maße dem Rat von Dr. Posse, welche Bilder für Linz ausgewählt werden sollten. Die abgewiesenen Stücke gingen an den Händler zurück, der sie dann auf dem freien Markt verkaufen konnte. All diese Händler arbeiteten auf Kommissionsbasis, so daß Hitler nie einen finanziellen Verlust erlitt. Wurde ein Gemälde ausgewählt, bezahlte Hans Lammers, Chef der Reichskanzlei, der das Geld für das Linzer Projekt verwaltete, unverzüglich den Händler. Frau Dietrich hatte keine Schwierigkeiten, die von Hitler abgelehnten Bilder anderweitig zu verkaufen, denn viele der obersten Nazis zählten zu ihren Kunden. Bormann kaufte bei ihr für die Reichskanzlei in Berlin.

Während der deutschen Besetzung wurde der Konkurrenzkampf im Kunsthandel in Frankreich und Holland mörderisch. Die Händler merkten schnell, daß sie einen guten Profit machen konnten, und viele Nazi-Käufer hatten keine Ahnung von Kunst. Eine große Anzahl gefälschter Gemälde kam auf den Markt, und manchmal fielen sogar erfahrene Händler darauf herein. Durch die rücksichtslose Ausnutzung des Wechselkurses des französischen Francs mit zwanzig zu eins zugunsten der Reichskassenscheine oder Invasionsmark, waren deutsche Händler sich eines hundertprozentigen Gewinnes bei den Einkäufen sicher, wenn sie an Kunden in Deutschland weiterverkauften. Durch die Bezahlung in französischen Francs waren die Einkäufe rechtsgültig; es war der einzelne Käufer, der eventuell den finanziellen Verlust tragen mußte, nicht der französische Staat. Das System wurde anscheinend von den Nazis ganz bewußt eingeführt, um spätere Wiedergutmachungsansprüche zu verhindern.

Bei diesem günstigen Wechselkurs ist es nicht verwunderlich, daß nahezu fünfzig deutsche Kunsthändler gegeneinander kämpften, oft sogar – ohne voneinander zu wissen – für ein und denselben Kunden. Viele Franzosen, die Bilder oder andere Wertgegenstände besaßen, die nicht von den Beschlagnahmungen der ERR betroffen waren, zogen aus dieser Goldgrube ihren Nutzen, obwohl sie es geheimhielten, um nicht unpatriotisch zu erscheinen. Es ist auch nicht überraschend, daß deutsche Museen und Galerien ihre Gebote von ihren eigenen Sachverständigen unterbreiten ließen.

Sobald der ERR eine Vorführung der beschlagnahmten jüdischen Kunstsammlungen in der Galerie Jeu de Paume vorbereitet hatte, traf Göring mit seinem Kunsthändler Hofer ein. Der Reichsmarschall trat in Frankreich immer in Zivil auf und bemühte sich, wenig Aufmerksamkeit in der Öffentlichkeit zu erregen. Mit einer Zigarre und einem Glas Champagner zur Erfrischung, das das ERR-Personal vorsorglich bereitgestellt hatte, verbrachte er einige Zeit, die verschiedenen Ausstellungsstücke genau zu betrachten. Dem Bericht Graf Wolff Metternichs zufolge interessierte er sich besonders für impressionistische und barocke Gemälde. Bei seinem ersten Besuch wählte Göring vier Bilder aus. Bald danach übernahm er die gesamte Kontrolle über alle ERR-Aktivitäten in Frankreich, worüber sich nicht nur Rosenberg, sondern auch Goebbels und Bormann, der bisher die indirekte Kontrolle über die Beschlagnahmungen innehatte, ärgerten. Der ERR war nun bei Transport und Personal von Göring abhängig, besonders seit es an der russischen Front zu Kampfhandlungen gekommen war. In seinem Befehl an den Chef der Militärverwaltung in Paris und an den ERR gab Göring Anweisungen über die Verwendung beschlagnahmter Kunstwerke. Prioritäten waren wie folgt zu setzen: erstens Kunstwerke, über die der Führer persönlich entscheiden wollte; zweitens jene, die für die private Sammlung des Reichsmarschalls vorgesehen waren; drittens Bilder für höhere Bildungsanstalten; und zum Schluß die Werke, die für Museen und Galerien bestimmt waren. Göring benachrichtigte von Behr achtundvierzig Stunden vor seiner Ankunft in Paris und gab ihm den Auftrag, die zuletzt erbeuteten Stücke sollten ihm in der Galerie Jeu de Paume gezeigt werden. Zu seinem Pariser Stellvertreter bestellte er einen jungen deutschen Kunstsachverständigen, der auf holländische Maler des siebzehnten Jahrhunderts spezialisiert war, und steckte ihn in die Uniform eines unbedeutenden niedrigen Ranges der Luftwaffe. Seit Hitler sich auf Göring verließ, um über alle Beschlagnahmungen informiert zu sein, die für sein Linzer Vorhaben interessant waren, stand es dem Reichsmarschall frei, auszuwählen und zu nehmen, was er für sich selbst haben wollte.

Nach seinem ersten Besuch in Paris 1940, wo er Gemälde für seine Sammlung in Karinhall auswählte, beschloß Göring, seine Position gegenüber Alfred Rosenberg klarzustellen. Rosenberg leitete von Berlin aus den Einsatzstab, der die Beschlagnahmungen jüdischen Eigentums in Frankreich durchführte. Ende November 1940 sandte Göring von seinem Jagdhaus in Rominten einen Brief an Rosenberg, in dem er seine künftigen Beziehungen zum ERR festlegte und sein Vorgehen bei seinen letzten Besuchen in Paris rechtfertigte. Er begrüßte die Gründung einer Abteilung, die für die Beschlagnahmungen von Kunstwerken in Frankreich verantwortlich war, meinte aber auch, daß es noch andere gebe, die behaupteten, die Zustim-

Abschrift

Der Chef des Oberkommandos der Wehrmacht
Nr. 2850/40 g Adj. Chef OKW

Berlin W 35, den 5.7.1940
Tirpitzufer 72 - 76
Fernsprecher: Ortsverkehr 21 81 91
Fernverkehr 21 80 91

An den
Oberbefehlshaber des Heeres
den Wehrmachtsbefehlshaber in den Niederlanden.

Reichsleiter Rosenberg hat beim Führer beantragt:

1.) die Staatsbibliotheken und Archive nach für Deutschland wertvollen Schriften,
2.) die Kanzleien der hohen Kirchenbehörden und Logen nach gegen uns gerichteten politischen Vorgängen

zu durchforschen und das in Betracht kommende Material beschlagnahmen zu lassen.

Der Führer hat angeordnet, dass diesem Vorschlage zu entsprechen sei und dass die Geheime Staatspolizei - unterstützt durch Archivare des Reichsleiters Rosenberg - mit den Nachforschungen betraut werde. Der Chef der Sicherheitspolizei, SS-Gruppenführer Heydrich, ist benachrichtigt; er wird mit den zuständigen Militärbefehlshabern zwecks Ausführung des Auftrages in Verbindung treten.

Diese Massnahme soll in allen von uns besetzten Gebieten der Niederlande, Belgien, Luxemburg und Frankreich durchgeführt werden.

Es wird gebeten, die nachgeordneten Dienststellen zu unterrichten.

Der Chef des Oberkommandos der Wehrmacht
gez. Keitel

Herrn Reichsleiter Rosenberg
Abschrift zur Kenntnis

gez. Unterschrift
Rittmeister und Adjutant

Für richtige Abschrift:
Berlin, 15. Dezember 1943

(Dr. Zeiss)
Stabseinsatzführer

DER FÜHRER

ANORDNUNG

1. Die vom Einsatzstab Reichsleiter Rosenberg mit Zustimmung des Chefs der Militärverwaltung Paris, Staatsrat Dr. Turner, im Louvre sichergestellten Kunstschätze aus jüdisches Besits werden auf Grund der von mit ausdrücklich anerkannten Entscheidung des Reichsmarschalls vom 5.11.40 bearbeitet und die unter Punkt 1 - 4 dieser Entscheidung fallenden Gegenstände unversüglich durch den Einsatzstab Reichsleiter Rosenberg ordnungsgemäß inventarisiert, verpackt und nach Deutschland gebracht.

2. Als Sammellager für diese Kunstschätze wird der Mittelbau des Schlosses Wilhelmshöhe in Kassel bestimmt.

3. Die Verwaltung des Sammellagers liegt bis zur Verteilung der Bestände nach den Richtlinien der Entscheidung des Reichsmarschalls vom 5.11.40 und bis nach dem Abtransport der Kunstschätze nach den endgültigen Bestimmungsorten in den Händen des Einsatzstabes Rosenberg.

4. Als kunstpolitische und kunsthistorische Sachreferenten werden seitens des Reichsleiters Rosenberg der Leiter der Hauptstelle "Bildende Kunst" Dr. Robert Scholz, seitens des Chefs der Militärverwaltung Paris, Staatsrat Dr. Turner, der in seinem Aufgabengebiet bisher mit diesen Fragen beauftragte Kriegsverwaltungsrat Dr. habil. Bunjes für die Durchführung dieser Entscheidung bestimmt.

Alle Dienststellen der besetzten westlichen Gebiete und der Niederlande sind angehalten, dem Einsatzstab Reichsleiter Rosenberg bei Durchführung dieses Befehls die weitgehendste Unterstützung zu gewähren.

Berlin, den

Anlagen:

1) Befehl OKW vom 17.9.40

2) Entscheidung des Reichsmarschalls vom 5.11.40.

Abschrift.

Der Reichsmarschall
des Großdeutschen Reiches.

In Fortführung der bisher getroffenen Maßnahmen zur Sicherstellung des jüdischen Kunstbesitzes durch den Chef der Militärverwaltung Paris und durch den Einsatzstab Rosenberg (Der Chef des Oberkommandos der Wehrmacht 2 f 28.14 W.Z.Nr. 3812/40 g) wird mit den in den Louvre gebrachten Kunstgegenständen in folgender Weise verfahren.

1.) Diejenigen Kunstgegenstände, über deren weitere Verwendung sich der Führer das Bestimmungsrecht vorbehalten wird,

2.) diejenigen Kunstgegenstände, die zur Vervollständigung der Sammlungen des Reichsmarschalls dienen,

3.) diejenigen Kunstgegenstände und Bibliotheksbestände, deren Verwendung beim Aufbau der Hohen Schule und im Aufgabenbereich des Reichsleiters Rosenberg angebracht erscheinen,

4.) diejenigen Kunstgegenstände, die geeignet sind, deutschen Museen zugeleitet zu werden, werden unverzüglich durch den Einsatzstab Rosenberg ordnungsgemäß inventarisiert, verpackt und mit Unterstützung der Luftwaffe nach Deutschland gebracht.

5.) Diejenigen Kunstgegenstände, die geeignet sind, den französischen Museen und dem deutschen und französischen Kunsthandel zugeleitet zu werden, werden an einem noch zu bestimmenden Zeitpunkt versteigert und der dafür einkommende Erlös dem französischen Staat zu Gunsten der französischen Kriegshinterbliebenen überlassen.

6.) Die weitere Erfassung jüdischen Kunstbesitzes in Frankreich geschieht in der bisher bewährten Form durch den Einsatzstab Rosenberg in Zusammenarbeit mit dem Chef der Militärverwaltung Paris.

Paris, den 5. November 1940.

Ich werde diesen Vorschlag dem Führer vorlegen. Bis zu seiner Entscheidung gilt diese Regelung.

gez. G ö r i n g .

Meldung an den Führer

Entsprechend dem durch den Chef des OKW. erlassenen Befehl des Führers über Beschlagnahme und Verwertung jüdischen und freimaurerischen Eigentums (wissenschaftliche Bestände, Archive, Bibliotheken, Kulturgüter) hat mein Einsatzstab in den vergangenen Monaten in Paris, Brüssel und dann in Amsterdam die Nachforschungen durchgeführt und für die Hohe Schule, darüber hinaus aber für ganz Deutschland die grössten Werte aus jüdischem und freimaurerischem Besitz gesichert. Die gesamten Bestände des Gross-Orients von Frankreich, der Gross-Loge von Frankreich, der Gross-Loge der Unabhängigen, der Alliance Israélite Universelle, der Rabbiner-Akademie, der Bibliothek Rothschilds, des Gross-Orients von Belgien, des Obersten Rats der Freimaurer in Belgien usw. sind zum Teil verpakt, zum andern Teil schon in Deutschland eingetroffen. Eine polnische Bibliothek über die Geschichte des Ostens von 130.000 Bänden, 80 kleine Bibliotheken in Belgien und sehr umfangreiche Bestände in Holland vervollständigen diese Beschlagnahme, die für die kommende Forschung einen gan nicht abzuschätzenden Wert besitzen.

In diesen Monaten stellte sich dann die Notwendigkeit heraus, auf Grund nachgelassener Zettel und Archivkataloge Forschungen in den verschiedensten Teilen Frankreichs vorzunehmen (La Rochelle, Bordeaux, Deauville usw.). Dabei wurden neben wertvollen wissenschaftlichen Beständen auch wertvollste Kunstgegenstände durch den Einsatzstab Rosenberg gesichert und durch die Militärverwaltung beschlagnahmt. Der Einsatzstab hat einen grossen Teil, wie dem Führer bereits mündlich gemeldet, im Louvre untergebracht und unter strengster Bewachung die Inventarisierung gemeinsam mit dem Vertreter des Chefs der Militärverwaltung durchgeführt. Die Bestände sind mehrfach vom Reichsmarschall besichtigt worden, der darüber beiliegende vorläufige Verfügung getroffen hat. Es befinden sich kostbarste Schätze des Mittelalters darunter, mehrere Rembrandts, mehrere Rubens, eine grosse Anzahl anderer Niederländer, alte französische Kunstwerke, eine grosse Anzahl berühmtester Franzosen aus dem 19. Jahrhundert, schliesslich auch eine grosse Anzahl künstlerischer Dekadenzwerke aus dem 20. Jahrhundert. Nach fachmännischer Schätzung ist der Wert der vom Einsatzstab Rosenberg sichergestellten Bestände heute schon auf eine halbe Milliarde Reichsmark gestiegen. Ein eingehender, detaillierter Bericht über alle Beschlagnahmungen wird dem Führer noch unterbreitet werden.

Es besteht nun folgende Bitte: der Führer möge einen Befehl geben, dass entsprechend dem Befehl des OKW und der vorläufigen Regelung durch den Reichsmarschall der Einsatzstab Rosenberg die Inventarisierung und Verpackung und Transport eines Sonderzuges mit dem wichtigsten Kulturgut sofort durchführt mit Unterstützung und Sicherung durch die Luftwaffe. Als Aufbewahrungsort werden vorgeschlagen entweder die Kellerräume des Deutschen Museums in München oder die Kellerräume im Schloss Wilhelmshöhe bei Kassel. In beiden Fällen wäre eine Sicherheit gegeben für die Erhaltung bezw. Restaurierung der Werke, da durch das lange Liegen in feuchten Kellerräumen französischer Hafenstädte manche Gemälde Schimmel angesetzt haben. Ich schlage deshalb dem Fuhrer folgenden Befehl vor:

Entsprechend der auf meinen Befehl veranlassten Anordnungen des Chefs des OKW. vom 5.7.1940 (Nr.2850/40 g Adj.Chef OKW) und 17.9.1940 (2 f 28.14 W.Z. Nr.3812/40 g) wird der Einsatzstab des Reichsleiters Rosenberg weiter bevollmächtigt, die bisher sichergestellten Kulturguter mit Unterstutzung der Militärverwaltung in Frankreich zu inventarisieren und in einem Sonderzug mit Unterstutzung der Luftwaffe nach Deutschland zu transportieren.

Die Kulturguter sind in .... unterzubringen.

Berlin, den 13.November 1940

946-PS

M e l d u n g a n d e n F ü h r e r .

Ich melde, daß der Haupttransport des in Paris von meinem Einsatzstab sichergestellten herrenlosen jüdischen Kulturgutes am Sonnabend, den 15.d.Mts., als Sonderzug am Bergungsort in Neuschwanstein eingetroffen ist. Der vom Reichsmarschall Hermann G ö r i n g zur Verfügung gestellte Sonderzug umfaßte 25 D-Zug-Packwagen mit wertvollsten Gemälden, Möbeln, Gobelins, Kunsthandwerk und Schmuckgegenständen. Der Transport umfaßte in der Hauptsache den wichtigsten Teil der Sammlungen Rothschild, Seligmann, Bernheim-Jeune, Halphen, Kann, Weil-Picard,

Wildenstein, David-Weill, Levy-Benzion.

Die Beschlagnahmeaktion meines Einsatzstabes hat auf Grund Ihres Befehls, mein Führer, im Oktober 1940 in Paris begonnen. Es wurden systematisch mit Hilfe des SD und der Geheimen Feldpolizei in ganz Frankreich die Unterbringungsorte und Verstecke des Kunstbesitzes der geflüchteten jüdischen Emigranten ermittelt und in Paris in den vom Louvre zur Verfügung gestellten Räumen zusammengezogen. Durch die Kunsthistoriker meines Einsatzstabes ist das gesamte Kunstmaterial wissenschaftlich inventarisiert und sämtliche Werke von Wert fotografiert worden, sodaß ich in der Lage sein werde, demnächst nach Abschluß ein lückenloses Verzeichnis aller beschlagnahmten Werke mit genauen Angaben über Herkunft und mit wissenschaftlicher Wertung und Beschreibung zu überreichen. Das Inventar umfaßt bis jetzt weit über 4000 Einzelgegenstände von z.T. höchstem Kunstwert. Außer diesem Sonderzug sind bereits vorher die vom Reichsmarschall ausgewählten Hauptwerke - hauptsächlich der Sammlung Rothschild - in zwei Sonderwagen nach München gebracht worden und dort in den Luftschutzräumen des Führerbaues deponiert.

Entsprechend der gegebenen Weisung ist der Haupt-Sonderzug in Füssen entladen und die

146-PS

Bilder- und Möbelkisten usw. in den Räumen der Burg Neuschwanstein untergebracht worden. Der Sonderzug ist durch meine Beauftragten begleitet und von diesen auch die Ausladung in Neuschwanstein durchgeführt worden.

Es ist erforderlich, daß vor allem die Gemälde in Neuschwanstein ausgepackt werden, um evtl. Transportschäden festzustellen. Auch macht die Beobachtung der Gemälde auf Temperatureinflüsse und ihre weitere pflegerische Behandlung ein Auspacken der Kisten und eine sachgemäße Aufstellung erforderlich. Ein Teil des Transportes, der in Paris wegen Zeitmangel noch nicht restlos wissenschaftlich inventarisiert werden konnte, muß durch meine Mitarbeiter noch

946-10

an Ort und Stelle in Neuschwanstein zur lückenlosen Ergänzung des dokumentarischen Gesamtinventars bearbeitet werden. Ich habe die erforderlichen technischen und wissenschaftlichen Arbeitskräfte meines Einsatzstabes zur Durchführung dieser Arbeiten nach Neuschwanstein abgestellt. Die Auspackungs- und Aufstellungsarbeiten in Neuschwanstein, sowie die Herrichtung der Räume werden etwa 4 Wochen erfordern. Ich werde dann den Abschluß der Arbeiten melden und bitte Sie, mein Führer, Ihnen an Ort und Stelle das geborgene Kunstgut vorführen zu dürfen und Ihnen einen Überblick über die von meinem Einsatzstab geleistete Arbeit zu verschaffen.

Außer diesem Haupttransport ist in Paris

946-PS

noch eine große Zahl weiteren herrenlosen jüdischen Kunstgutes sichergestellt, das in dem gleichen Sinne bearbeitet und zum Abtransport nach Deutschland vorbereitet wird. Über den Umfang dieses Resttransportes sind genaue Angaben im Augenblick noch nicht zu machen, doch wird geschätzt, daß die Arbeiten in zwei bis drei Monaten in den westlichen Gebieten restlos beendet sein werden und dann ein zweiter Transport nach Deutschland gebracht werden kann.

Berlin, den 20. März 1941.

mung des Führers zu haben. Außenminister Ribbentrop hatte z. B. einen Brief in Umlauf gesetzt, in dem er für sich das Recht in Anspruch nahm, die Kunstschätze in den besetzten Gebieten »sicherzustellen«. Göring warnte Rosenberg vor internen Intrigen und versprach dem ERR volle Unterstützung beim Transport in Form eigener uniformierter Wachen. Ebenso benachrichtigte er die Luftwaffe von diesen Transporten. Aus weiteren Erklärungen Görings wird klar, daß die Versuche der Juden, ihr Eigentum in Verstecken auf dem Lande sicher unterzubringen, nicht sehr erfolgreich waren. Durch Bestechung und mit Hilfe französischer Detektive und Informanten machte er viele Verstecke ausfindig und ließ die deutsche Devisenstelle alle französischen Bankdepots nach Wertgegenständen durchsuchen.

Göring erwähnte in seinem Brief auch seine wertvolle Kunstsammlung, die, mit Genehmigung und Unterstützung des Führers, nach seinem Tod in den Besitz des Staates übergehen sollte, unter der Bedingung, daß sie in Karinhall verblieb. Er benötigte noch einige Stücke für seine Sammlung aus dem beschlagnahmten jüdischen Eigentum. Ein Kunstexperte, von der französischen Regierung eingesetzt, sollte jedes Stück schätzen und den Ankauf tätigen; bezahlt wurde der Kauf von einem Treuhänder der deutschen Regierung. Der Führer wurde über alles auf dem laufenden gehalten. Bei seinen ersten Ankäufen hatte Göring anscheinend noch einige Skrupel; aus über hundert beschlagnahmten Gemälden wählte er nur fünfzehn aus, was – wie er sagte – nicht sehr viel war in Anbetracht der Tatsache, daß die Auffindung der Verstecke sein

Verdienst gewesen war. Bei den wertvollsten Stücken bestand der Führer darauf, die erste Wahl haben zu müssen. Dennoch sollten, so fügte er hinzu, über tausend Kunstwerke den Museen und öffentlichen Gebäuden zur Verfügung gestellt werden. Dieser Brief, schloß Göring, sei für Rosenbergs persönliche Information bestimmt und mit der Absicht geschrieben, eventuelle Mißverständnisse zu vermeiden.

Es wurde bald klar, wie Göring selbst die Bemerkungen in seinem Brief auslegte. Er hatte erreicht, daß der Taxator, der von den französischen Behörden eingesetzt wurde, ein dem Reichsmarschall wohlgesinnter Pariser Künstler war. Er würde die Gemälde, die im Jeu-de-Paume-Museum bei den vom ERR veranstalteten Auktionen ausgewählt wurden, zu den niedrigstmöglichen Marktpreisen einschätzen. Auf diese Weise wurde der Verkauf der beschlagnahmten Werke in den Augen der Käufer »legalisiert«. Es gab ja neben Göring noch viele andere Interessenten. Obwohl der Originalpreis schon sehr niedrig war, drückte ihn Hofer immer noch weiter hinunter. Er tat es in seinem eigenen Interesse, denn an einem von Göring zurückgewiesenen Bild konnte er auf dem Berliner Kunstmarkt ein Vermögen verdienen. Nach Abschluß des Geschäftes schickte er die ausgewählten Bilder ins Reich, damit ihr Preis zu einem späteren Zeitpunkt vom Empfänger direkt an die französische Regierung bezahlt wurde. Aber diese Zahlung kam immer sehr spät oder wurde manchmal nie durchgeführt. Ursprünglich sollten die Beträge einem Fonds für die Kinder der im Krieg gefallenen französischen Soldaten zugute kommen.

Der »Kunstkönig« aber war ein ehemaliger Berliner

1118-PS

Der Reichsmarschall
des Großdeutschen Reiches

Berlin W 8, den 30. M a i 1942.
Leipziger Str. 3

Lieber Parteigenosse Rosenberg !

Ihr Einsatzstab zur Erfassung von Kulturgütern in Paris ist, glaube ich, bei Ihnen in den falschen Ruf gebracht worden, als ob er selbst Kunsthandel triebe. Ich kenne die Arbeit des Einsatzstabes sehr gut und muss feststellen, dass es keine Dienststelle gibt, der ich so restloses Lob für ihre fortgesetzte Arbeit und Einsatzbereitschaft aussprechen kann wie gerade dieser Dienststelle mit ihren sämtlichen Mitarbeitern. Zu dem Ruf, Kunsthandel zu treiben, habe ich voraussichtlich die Veranlassung gegeben, und zwar deshalb, weil ich einige Herren, die besonders sachverständig sind, gebeten habe, wenn sie irgendwo während ihres Aufenthalts in Paris oder Frankreich hören, dass Bilder oder sonstige Kunstgegenst... von Kunsthändlern oder Privaten zum Verkauf gebracht wer... sollen, diese Sachen anzusehen und mir mitzuteilen, ob etwas von Interesse für mich dabei ist. Da Letzteres häufig der Fall war, habe ich dann wiederum die Herren gebeten, mir gefällig zu sein und die Sachen für mich zu erwerben, wofür ich ihnen einen Depot bereitgestellt habe. Wenn also einige Herren sehr eifrig hinterher waren, mit Kunsthändlern in Verbindung zu stehen, so war dies ausschliesslich ein persönlicher Gefallen, der mir damit getan wurde und der dem Aufbau meiner Sammlung zugute kommt. Da nun sehr viele Reflektanten im besetzten Gebiet nach Kunstgegenständen fahnden, kann ich mir vorstellen, dass diese vielleicht in Unkenntnis der Sachlage, vielleicht aber auch aus Neid die Herren Ihres Einsatzstabes in falscher Richtung verdächtigt haben.

Ich fühle mich verpflichtet, Ihnen diese Aufklärung zu geben und Sie zu bitten, dass es bei diesem Verfahren bleiben kann. Andererseits unterstütze ich persönlich ja auch die Arbeit Ihres Einsatzstabes, wo immer ich es kann, und ein grosser Teil der erfassten Kulturgüter ist mit darauf zurückzuführen, dass ich durch meine Organe dem Einsatzstab hierbei behilflich sein konnte.

Mit bestem Gruss und Heil Hitler !

Ihr

Der Reichsmarschall
des Großdeutschen Reiches

Rominten, den 21. November 1940.

Kanzlei Rosenberg
Eing. Nr. 6057 ... am ...

Lieber Parteigenosse R o s e n b e r g !

Haben Sie herzlichen Dank für Ihr Schreiben und vor allen Dingen für das wundervolle Buch "Deutsche Grösse". Ich habe über die Ausstellung schon vieles gehört und manches gelesen. Ich brauche Ihnen wohl nicht zu versichern, wie außerordentlich ich meinerseits diese Ausstellung begrüsse. Es ist ganz selbstverständlich, daß ich die nächste Gelegenheit zu einer Besichtigung wahrnehmen werde.

Bezüglich der beschlagnahmten Kulturgüter in Frankreich möchte ich Ihnen noch kurz folgendes mitteilen. Ich habe nach dem vielen Hin und Her es außerordentlich begrüßt, daß eine Stelle zur Sammlung der Dinge endlich berufen wurde, obgleich ich darauf hinweisen muß, daß auch noch andere Stellen sich hier auf Vollmachten des Führers berufen, so vor allen Dingen der Reichsaußenminister, der schon vor mehreren Monaten ein Rundschreiben an alle Stellen schickte, in denen er unter anderen Befugnisse für das besetzte Gebiet hat und die Sicherstellung der Kulturgüter als ihm übertragen mitteilte.

Außerdem ist, glaube ich, auch noch der Reichspropagandaminister beauftragt, die Unterlagen festzustellen für jene Kulturgüter, die einst aus Deutschalnd geraubt, nunmehr wieder zurückgeführt werden sollen. Hierbei handelt es sich aber in der Hauptsache um Dinge, die sich im Besitz der feindlichen Museen befinden.

Ich

1116-PS

2

Ich habe versprochen, die Arbeit Ihrer Herren tatkräftigst zu unterstützen und ihnen das bereit zu stellen, was sie bisher praktisch nicht erreichen konnten, nämlich Transportmittel und Bewachungspersonal, und die Luftwaffe ist hier angewiesen, das Äußerste an Hilfsstellung zu leisten.

Darüber hinaus möchte ich Sie darauf aufmerksam machen, daß besonders wertvolle Kulturgüter aus jüdischem Besitz durch mich aus ihren Verstecken geholt werden konnten, da ich schon von langer Hand durch Einsatz von Bestechungsgeldern und Engagieren französischer Detektive und Kriminalbeamter ganz schwer zu findende Verstecke herausgefunden habe. Diese Aktion läuft weiter, desgl. die Aktion meiner Devisenfahndungsbehörden bei Durchsicht der Bank-Schließfächer. In beiden Fällen wird das Ergebnis Ihrem Einsatzstab mitgeteilt, dem es dann obliegt, die Dinge zu erfassen und heranzuschaffen. Ich halte die Zusammenarbeit, wie sie jetzt zwischen Ihrem Einsatzstab und der Behörde des Herrn Thurner in Paris gehandhabt wird, für vorbildlich und außerordentlich zweckentsprechend.

Damit nun keine falsche Vorstellung aufkommt bezüglich der Dinge, die ich für mich beanspruchen wollte, und die ich durch Kauf teils erworben habe und teils erwerben möchte, will ich Ihnen hierzu folgendes mitteilen.

1) Ich besitze heute bereits durch Kauf und Tausch vielleicht die bedeutendste Privatsammlung zumindest in Deutschland, wenn nicht in Europa. Es handelt sich hier vor allem um die Werke, die ich unter dem Begriff früh-nordische Meister, zusammenfasse, d.h. also die früh-deutschen, die frühen Niederländer und Flamen, die Werke aus der französischen Gotik, und zwar sowohl um Bilder wie um Skulpturen.

2) Eine sehr umfangreiche und hochwertige Sammlung der Holländer aus dem 17. Jahrhundert.

3) Eine verhältnismäßig kleine aber sehr gute Sammlung Franzosen aus dem 18. Jahrhundert

und

1116-PS

3

und schließlich eine Sammlung italienischer Meister.

Diese ganze Sammlung soll würdig in Carinhall untergebrach werden und später einmal in den Besitz des Staates übergehen als mein Vermächtnis mit der Bestimmung, daß die Galerie in Carinhall verbleiben muß.

Der Führer hat meinen Plan ebensosehr begrüßt, wie er ihn unterstützt.

Zur Ergänzung dieser Sammlung habe ich nun einige wenige Stücke zum Kauf auch aus den beschlagnahmten jüdischen Kulturgütern vorgesehen. Es handelt sich vor allen Dingen um Meister, von denen ich bisher kein Werk besessen habe, oder was notwendig war an Ergänzung stattfinden zu lassen. Ich lege diese Sachen jeweils dem Führer vor. Der Kauf geschieht derart, daß die Gegenstände durch einen französischen Sachverständigen, den von der Regierung eingesetzten Präsidenten (den Namen habe ich zurzeit nicht gegenwärtig) geprüft werden. Die Kaufsumme wird dem Treuhänder, den der deutsche Staat eingesetzt hat, ausbezahlt. Über die Verwendung dieser sowie anderer auf dem Treuhänderfonds anlaufender Summen, wird später noch zu befinden bezw. zu reden sein. Bei den hunderten und tausenden von Bildern, ist dies ein ganz bescheidener Prozentsatz. Bis jetzt sind es etwa 15 Bilder. Ich halte diesen Prozentsatz nebenbei schon deshalb für berechtigt, da ich nachweisbar durch meine Bemühungen einen sehr großen Teil der Kunstgüter aus ihrem Versteck herausgeholt habe. Über den wertvollsten Teil der Sammlungen hat sich der Führer das Bestimmungsrecht selbstverständlich vorbehalten. Es verbleibt aber dann immer noch eine außerordentlich große Zahl von Gegenständen, die voraussichtlich in die Tausende gehen wird, die zur Ausschmückung von Bauten für Partei und Staat sowie zur Ausfüllung von Museen verwandt werden können.

Dies in Kürze zu Ihrer persönlichen Aufklärung, damit keine falschen Vorstellungen entstehen können.

Was

4

Was Ihren Brief an Professor Speer anbelangt, so kann ich nur Ihrer Auffassung vollinhaltlich auf's wärmste beitreten. Insbesondere haben mich Ihre Zeilen erfreut, die Sie dem Theater-Germanentum gewidmet haben. Hier treffen sich meine Bestrebungen hundertprozentig mit den Ihren. Ich wäre Ihnen dankbar, wenn wir bei unserem nächsten Zusammentreffen einmal die Wege beraten könnten, die hier zu einem raschen und durchschlagenden Erfolg führen können. Es ist manchmal geradezu zum Grausen, wenn man diese Theatergemeinden in den herrlichen Wagnerischen Opern herumkümmern sieht. Aber auch alles andere, was Sie in diesem Brief schreiben, liegt voll und ganz auf der auch von mir vertretenen Linie.

Ich werde mich freuen, Sie baldigst wiedersehen zu können.

Zurzeit hat mir der Führer einen mehrwöchigen Erholungsurlaub gegeben, den ich dringend notwendig hatte, da ich mich zum ersten Male am Ende meiner Kraft befand. Ich bin zunächst auf mein Jagdhaus nach Rominten gegangen, um einmal ganz abgesetzt von allen Sorgen mich erholen zu können. Ich werde um den 18. Dezember herum auf einige Tage in Berlin sein und werde nicht verfehlen, rechtzeitig auf Ihrem Büro anzufragen, wann Ihnen ein Zeitpunkt zu einer Besprechung passt.

Mit nochmaligem Dank für das Buch bin ich mit

Heil Hitler!

Ihr

Kunsthistoriker, der sich in den dreißiger Jahren als Händler in der Schweiz niedergelassen und gute Beziehungen zum Pariser Kunstmarkt hatte. Als die Deutschen Paris besetzt und der Einsatzstab Rosenberg mit den Beschlagnahmungen begonnen hatte, wurde er ein wertvoller Mittelsmann. Als Zivilist konnte er auch in den unbesetzten Süden des Landes reisen, auf der Suche nach zahlreichen jüdischen Kunstsammlern und -händlern, die vor der Verfolgung durch die Gestapo dorthin geflohen waren. Nicht immer aber konnten die Nazis so vorgehen, wie es bei der »Schloß-Sammlung« der Fall war, einer außerordentlich wertvollen Gemälde-Sammlung aus jüdischem Besitz. Als Haberstock in Nizza war, wurde er von einem Mitglied der Familie Schloß angesprochen, einer Frau, die ihm einige Stücke zum Verkauf anbot. Das Geschäft kam nicht zustande, aber Haberstock hatte Lunte gerochen und ließ durch die Vichy-Behörden Nachforschungen anstellen. Als der echte Wert der Sammlung bekannt wurde, übte die Gestapo Druck auf die Vichy-Polizei aus, die Familie unter irgendeinem Vorwand zu verhaften. Die Sammlung – größtenteils holländische Meister – wurde daraufhin beschlagnahmt.

Nach diesem Coup der Deutschen kamen die Bilder nach Paris. Sie wurden im Jeu de Paume ausgestellt und von zwei Käufern erworben. Dr. Voss kaufte in Hitlers Namen 263 Gemälde im Wert von 50 Millionen Francs für das Linzer Museum, während die Vichy-Regierung für den Louvre 49 Gemälde um etwas weniger als 19 Millionen Francs kaufte. Soweit es Hitler betraf, war die ganze Sache ein schlechter Handel. Er war sehr böse auf Voss und warf ihm vor, die besten Stücke seien von den Franzosen gekauft worden. Man versprach der Familie Schloß eine Bezahlung, in Wahrheit erhielten sie jedoch nichts. Schließlich hatten sie aber nach dem Krieg die Genugtuung, die ganze Sammlung durch die französische Regierung zurückzuerhalten.

Die Bemühungen der Nazis, den Einsatzstab Rosenberg und seine Arbeit geheimzuhalten, hatten wenig Erfolg; seine Aktivitäten waren zu offensichtlich und zeitigten sogar Auswirkungen bei offiziellen Stellen. Der deutsche Militärkommandant von Paris protestierte gegen die Tatsache, daß der ERR die Sammlung Wildenstein aus dem Museum Jeu de Paume konfisziert und nach Deutschland geschickt hatte. Das stand übrigens auch im Gegensatz zu Görings ursprünglichen Anweisungen, Staatseigentum und die gesetzmäßige Verwaltung zu respektieren. Aber Göring hatte seine Anweisungen niemals schriftlich und offiziell gegeben, und er selbst war der erste, der dagegen verstieß. Um die Beschlagnahmung der restlichen Wildenstein-Sammlung zu verhindern, wurde die Firma unter neuen französischen Eigentümern arisiert.

Der ERR wurde durch diesen cleveren Schachzug überlistet, der durch einen deutschen Kunsthändler in die Wege geleitet worden war. Um zu verhindern, daß ihre Machenschaften allgemein bekannt wurden, mußten sie die Maßnahme als rechtsgültig anerkennen. Trotzdem stürzten sie sich auf die wertvollen Kunstwerke, die Wildenstein im Château de Sourches untergebracht hatte. Göring war wütend, daß diese nunmehr nicht-jüdische Firma auf dem freien Markt verkaufen konnte, ohne Angst vor Beschlagnahmungen haben zu müssen. Eine wertvolle Beute war ihm durch die Maschen geschlüpft.

Auch Himmler blieb erfolglos, als seine Agenten versuchten, den berühmten Wandteppich von Bayeux zu bekommen, der Szenen aus dem Leben der Normannischen Eroberer zeigt. In einem Witz aus der damaligen Zeit wird die Vermutung aufgestellt, Himmler habe ihn genau studieren wollen, um zu erfahren, wie England überfallen werden müsse.

Zwischen 1941 und 1942 tauschte einer von Görings Kunsthändlern achtzig moderne Gemälde gegen Alte Meister aus der Schweiz ein. Rosenberg berichtete, auch seine Organisation mache ähnliche Geschäfte mit Hilfe zahlreicher beschlagnahmter moderner Gemälde. Jeder, der dagegen protestierte, wurde sofort zum Feind des Reiches erklärt. Bei den Beschlagnahmungen jüdischen Eigentums hatte der ERR auch eine große Anzahl »entarteter« Kunstwerke enteignet, und als symbolische Geste wurden einige von ihnen in der Nähe des Jeu-de-Paume-Museums aufgestapelt und verbrannt. Man konnte in der Dunkelheit unmöglich erkennen, was diesem Freudenfeuer zum Opfer fiel, aber anscheinend wurde nichts zerstört, was noch verkauft werden konnte.

Nach den ersten neun Monaten nationalsozialistischer Besetzung in Frankreich stellte der ERR einen Bericht für Hitler zusammen. Unter dem Titel »Sonderauftrag Linz« wurden die beschlagnahmten Sammlungen der jüdischen Familien Rothschild, Kahn, Seligmann und anderer aufgeführt. Der Bericht bestätigte, daß fünfundzwanzig Güterwagen mit wertvollen Gemälden, Möbeln, Teppichen, Juwelen und Kunstgegenständen im Lager des Schlosses Neuschwanstein angekommen waren. Der weitere Text lautete wie folgt:

»Diese Beschlagnahmungen des Einsatzstabes stimmen mit Ihren Anordnungen aus Paris von Oktober 1940 überein, mein Führer. Mit der Unterstützung des SD (Sicherheitsdienstes) und der Geheimpolizei haben wir systematisch die Verstecke ausfindig gemacht, die Kunstgegenstände jüdischer Eigentümer, die das Land verlassen hatten, enthielten. Ihr Inhalt wurde zur weiteren Verwendung in den Louvre gebracht.«

Jedes Stück wurde sorgfältig registriert und fotografiert, bestätigte der Bericht; die Inhaltsliste enthielt über 4 000 Kunstwerke von großem Wert. Zwei Waggonladungen mit den wichtigsten Stücken daraus, von Reichsmarschall Göring persönlich ausgewählt, wurden nach München vorausgeschickt. Das Entladen und Aufstellen nahm vier Wochen in Anspruch, danach waren die Kunstwerke zur Überprüfung durch den Führer bereit. Es dauerte weitere drei oder vier Monate, bis das restliche jüdische Kunsteigentum aus den besetzten Gebieten im Westen zusammengesucht war, um es ebenfalls nach Deutschland weiterzubefördern. Der Bericht war von Gerhardt Utikal, der beim ERR für den Versand zuständig war, unterzeichnet.

Kunstwerke, die bei den Auktionen im Jeu-de-Paume-Museum nicht für das Linzer Museum oder für Göring erworben wurden, wurden oftmals von Nazi-Beamten, deutschen Generälen oder auch von französischen Kollaborateuren gekauft. Die französische Regierung protestierte offiziell bei den deutschen Behörden gegen die Beschlagnahmung jüdischen Eigentums, aber ohne Erfolg, wenn man nicht eine Antwort als Erfolg bezeichnen will, in der den Franzosen vorgeworfen wurde, sie seien dem ERR nicht dankbar für seine altruistischen Bemühungen, unschätzbares Kulturgut vor Verlust oder Zerstörung zu schützen. In der Folge strebte man eine gesetzliche Rechtfertigung der Beschlagnahmungen an. Man erinnerte die Franzosen daran, daß die Regeln der Haager Konvention über Privateigentum, die Teil des Waffenstillstandsabkommen vom Juni 1940 in Compiègne waren, nicht auf Juden und Freimaurer zutrafen.

Die größte Schatzjagd im Zweiten Weltkrieg betraf Belgiens nationalen Kunstschatz, den weltberühmten Van-Eyck-Altar in der Kathedrale von Gent. Bei Kriegsausbruch 1939 beschloß die belgische Regierung, ihn an einen sicheren Ort zu bringen, da ihr Land vielleicht in die vorderste Linie der Kampfhandlungen geraten könnte. Sie nahm dankbar das Angebot der französischen Museumsbehörde an, den Altar in einem Lager in Pau in den Pyrenäen unterzubringen. Als Frankreich besetzt wurde, war Pau im Gebiet der Vichy-Regierung und für die Deutschen unerreichbar. Um den Altar trotzdem in ihre Hände zu bekommen, gaben die Deutschen dem Direktor des französischen Museums zunächst ein schriftliches Versprechen, daß der Altar nur mit der schriftlichen Erlaubnis des Bürgermeisters von Gent, der französischen Museumsbehörde und des Kunstschutzes weggebracht werden dürfe.
Wie mir Graf Wolff Metternich erklärte, geht die Geschichte dieses Flügelaltares auf das Jahr 1432 zurück. Bekannt unter dem Namen »Die Anbetung des Lammes«, wurde er von den Brüdern Hubert und Jan van Eyck gemalt; er besteht aus zwölf Bildtafeln. Man er-

zählt, daß er von einem der reichsten Genter Bürger in Auftrag gegeben und in der Kathedrale St. Bavon (Sint Baaf) aufgestellt wurde. Während der Reformation im sechzehnten Jahrhundert wurde das Polyptychon (der Flügelaltar) versteckt, und als der Staat wieder katholisch wurde, in die Kirche zurückgebracht. Da der deutsche Kaiser Joseph II. von Österreich sein Mißfallen an der Nacktheit Adams und Evas ausgedrückt hatte, wurde 1781 eine der Tafeln entfernt. Als Napoleon an die Macht kam und Gent von den Franzosen erobert wurde, ließ Napoleon vier der mittleren Tafeln in den Louvre bringen – erstaunlicherweise blieben die Altarflügel an ihrem Platz. Nach der Flucht Napoleons von Elba rettete sich König Ludwig XVIII. nach Gent. Als nach der endgültigen Niederlage Napoleons bei Waterloo der König nach Paris zurückkehrte, sandte er aus Dankbarkeit die vier Altartafeln nach Gent zurück.

Einige Zeit später verkaufte während der Abwesenheit des Bischofs von Gent sein Generalvikar sechs Bildtafeln an einen Brüsseler Kunsthändler. Sie wurden von Friedrich Wilhelm III., dem König von Preußen, erworben und im Kaiser-Friedrich-Museum in Berlin ausgestellt. Dort blieben sie bis 1920. In der Zwischenzeit hatte die belgische Regierung die »Adam-und-Eva-Tafel« gekauft und zeigte sie im Musée des Beaux Arts in Brüssel. Für die Kathedrale ließ man Kopien anfertigen. Bei Ausbruch des Ersten Weltkrieges beschloß der Domherr, die noch in seinem Besitz befindlichen Altarteile zu verstecken. Sie wurden abgenommen und auf dem Karren eines Schrotthändlers in ein Privathaus gebracht, wo sie in Sicherheit waren. Als die

Deutschen Gent erreichten, wurde ihnen vom Minister für Wissenschaft und Kunst ein Schreiben überreicht, in dem stand, daß sich die Altartafeln in England befänden. Dieser Aussage schenkten sie jedoch keinen Glauben. Sie befragten den Bischof, aber da man ihm nicht von dem Versteck erzählt hatte, konnte er in aller Unschuld beteuern, nicht zu wissen, wo sich der Altar befand – er sei während seiner Abwesenheit verschwunden. Der Bischof mußte mit seiner Unterschrift bestätigen, daß die Bildtafeln nicht von den Deutschen entfernt worden seien. Die Deutschen haben nie erfahren, daß sich der Altar derweil in einem Verhörzimmer eines nahegelegenen Hauses befand, das sie sich angeeignet hatten.

Gemäß dem Vertrag von Versailles mußten die Deutschen nach dem Ersten Weltkrieg die Tafeln aus dem Kaiser-Friedrich–Museum an Gent zurückgeben. Als ich nach Belgien kam, erfuhr ich das letzte Kapitel dieser Geschichte: In den dreißiger Jahren wurde der Dom geplündert und eine Altartafel gestohlen. Einige Tage später erhielt der Bischof von Gent eine Lösegeld-Forderung über zwei Millionen belgische Francs. Er verweigerte die Zahlung. Die Polizei war bei der Suche nach dem Dieb erfolgreich, der, wie sich herausstellte, ein ehrbarer ortsansässiger Kaufmann war. Er wurde verhaftet und ins Polizeihauptquartier zum Verhör gebracht. Dabei erlitt er eine Herzattacke und starb, ohne das Versteck der gestohlenen Tafel verraten zu haben. Sein Haus wurde vom Keller bis zum Dach durchsucht, der Garten umgegraben, aber ohne Erfolg. Bis heute blieb die Tafel verschwunden. So mußte später für die Kirche eine Replik angefertigt werden.

Da die sechs Altartafeln aus dem Berliner Museum an Gent hatten zurückgegeben werden müssen, beschloß Hitler, sich jetzt, als er Belgien besetzte, den ganzen Altar anzueignen. Graf Wolff Metternich merkte, daß irgendetwas im Gange war, als er hörte, der Direktor der bayerischen Staatsgalerie sei mit einem Sonderauftrag in Paris eingetroffen. Er brachte durch einen seiner Kontaktleute in Erfahrung, daß Hitler den Altar für Linz vorgesehen hatte. Zuerst wies die Vichy-Regierung, die auch im Namen der Belgier auftrat, seine Übergabe ab. Aber Hitlers Emissäre ließen sich nicht abschrecken. Man wandte sich an einen Minister der Pétain-Regierung, Pierre Laval, der prompt dem Abtransport zustimmte. Der Abgesandte aus München verlor keine Zeit, sondern fuhr direkt nach Pau mit einem passenden Transportfahrzeug. Der Altar wurde unter bewaffneter Bewachung verladen und unter größter Geheimhaltung nach Deutschland gebracht. Wolff Metternich und seine Mitarbeiter versuchten zu intervenieren, aber ohne Erfolg.
Trotz alledem ließ Hitler niemals Kunstwerke aus französischen Museen entfernen. Das geschah nicht aus Liebe zu Frankreich, wie mir Graf Wolff Metternich erklärte, sondern aus einem ganz anderen Grund. Hitler hatte entschieden, daß Frankreichs große Kunstschätze als Teil der Entschädigung Frankreichs an Deutschland gelten sollten, was in den Friedensverträgen schriftlich festgehalten werden sollte. In der Zwischenzeit konnte er warten und wußte die Kunstwerke in ihren Verstecken auf dem Land gut aufgehoben. Nur Objekte deutscher Herkunft, wie die früher erwähnten Stücke aus dem Musée de l'Armée, wurden nach Deutschland zurückgebracht.

Nachdem der Einsatzstab Rosenberg erst einmal die Kontrolle über die Beschlagnahmung und Verwendung von Kunstwerken in jüdischem Besitz erlangt hatte und mit der Billigung Hitlers und Görings die häufigen Proteste des Kunstschutzes abweisen konnte, sah sich Graf Wolff Metternich selbst isoliert. Dem Namen nach noch immer Chef des amtlichen Kunstschutzes der Armee, war er nur noch geduldet und mußte stets mit der endgültigen Entlassung rechnen. Trotzdem gelang es ihm manchmal, die Absichten des ERR zu vereiteln. Er brachte in Erfahrung, daß eine bestimmte wertvolle Kunstsammlung aus Privatbesitz durch Vichy-Beamte unter dem Druck des ERR beschlagnahmt werden sollte. Graf Wolff Metternich wußte, daß der Eigentümer sie dem dortigen Museum unter der Bedingung überlassen hatte, daß sie bis zu seinem Lebensende dort verblieb, und warnte ihn persönlich vor der bevorstehenden Beschlagnahmung. Der Besitzer konnte nun die Museumsbeamten beauftragen, sie zu entfernen und an einem sicheren Ort unterzubringen.

Graf Wolff Metternich konnte auch ein geheimes Abkommen mit den Kunstbehörden der französischen Regierung treffen. So gab er ihnen detaillierte Aufstellungen aller Kunstwerke, die durch den ERR nach Deutschland geschickt wurden. Dank dieser Bemühungen war es der Wiedergutmachungs-Kommission der französischen Regierung möglich, nach dem Krieg nahezu alle konfiszierten Stücke ihren rechtmäßigen Besitzern zurückzugeben. Für diese Arbeit im Verborgenen erhielt Metternich später von General de Gaulle das Kreuz der Ehrenlegion. Aber seine Tage in Paris waren inzwischen gezählt. Göring war erbost, daß der

Kunstschutz versucht hatte, seine Absichten zu durchkreuzen, und berichtete Hitler davon. Kurz danach enthob das Oberkommando Graf Wolff Metternich seines Postens und ersetzte ihn durch seinen Assistenten von Tischowitz, der allerdings ebenso wie sein Vorgänger tat, was er konnte, um den ERR zu bekämpfen – wenn auch mit weniger Erfolg.

Graf Wolff Metternich kehrte an seinen alten Posten als Verwalter des Rheinland-Museums zurück. Obwohl er dergleichen erwartet hätte, hatte er weder in seinem Privatleben noch in seiner Arbeit unter Schikanen zu leiden. Er glaubte, den Grund dafür zu kennen: Er wußte zuviel davon, was im ERR direkt passiert war, zudem besaß er einflußreiche Freunde im Deutschen Oberkommando. Ohne Zweifel wollte Hitler nicht, daß gewisse Dinge an die Öffentlichkeit kamen, und hatte erkannt, daß Wolff Metternich alles über die Erwerbungen des Reichsmarschalls bei seinen zahlreichen Paris-Besuchen wußte. ERR-Berichten zufolge »erwarb« Göring bei Auktionen beschlagnahmter Kunstwerke siebenhundert Bilder, darunter von Chardin »Joyeuse de Volant«, Fragonards »Junges Mädchen mit chinesischer Porzellanfigur«, vier Aktstudien von Cranach dem Älteren und Cranach dem Jüngeren, eine »Venus« von Boucher, Teniers »Adam und Eva im Paradies«, ganz zu schweigen von den Wandteppichen von Beauvais und dem Schreibtisch von Kardinal Mazarin. Auch wollte Hitler nicht bekannt werden lassen, daß das geplante Museum in Linz Beutestücke aus jüdischem Besitz enthalten werde.

Dies war die Geschichte, die mir Graf Wolff Metternich 1964 erzählte. Leider ist er heute nicht mehr am Le-

ben, er starb, nach vielen Jahren aktiver Arbeit an der Herziana-Bibliothek, in Rom.
Als ich 1964 in Paris war, erfuhr ich von einer Madame Rose Valland, die ebenfalls in die heimliche Arbeit des ERR verstrickt war. Sie hatte dort im Archiv gearbeitet. Obwohl sie wenig Neigung zeigte, über ihre Tätigkeit während des Krieges zu sprechen, konnte ich sie schließlich doch interviewen. Sie erzählte mir, sie habe vor dem Krieg als Kunsthistorikerin in der Verwaltung des Louvre gearbeitet. Als der Einsatzstab Rosenberg seine Sammelstelle für beschlagnahmte Kunstschätze 1940 im Jeu-de-Paume-Museum einrichtete, ahnte sie, was geschehen würde, und beschloß, die Organisation zu unterwandern. Mit ihren Kenntnissen hatte sie keine Schwierigkeiten, als Angestellte in die Bestandsaufnahme-Abteilung aufgenommen zu werden. Ihre Arbeit, die unter deutscher Überwachung ausgeführt wurde, bestand darin, daß sie sorgfältig detaillierte Informationen über alle Kunstwerke aufzeichnen mußte, die durch die Hände des ERR gingen: ehemalige Eigentümer, wie und wann beschlagnahmt, Wert und Geschichte des Gegenstandes sowie eine Fotografie, die zum Versand nach Deutschland bestimmt war, wurden ebenso festgehalten wie Empfänger und Käufer des Objektes. Nachdem sich Mme. Valland mit früheren Kollegen beraten hatte, entschloß sie sich, alle Akten zu kopieren. In mühsamer und stundenlanger Arbeit gelang ihr dies auch, ohne daß sie jemals entdeckt wurde, und die Informationen, die sie erhielt, erwiesen sich nach dem Krieg von unschätzbarem Wert, um die Eigentümer wieder in ihre Rechte einzusetzen.
Mme. Vallands größter Coup war die Rettung vieler

Schätze aus dem Louvre. Als die Alliierten 1944 auf Paris vorrückten, erhielt der ERR den Befehl, die Stadt zu verlassen; allerdings sollten sie dabei soviel wie möglich mitnehmen. Mme. Valland entdeckte, daß ihr Chef, Oberst von Behr, eine Auswahl der wertvollsten Stücke aus dem Louvre aufstellte, die zum sofortigen Versand nach Deutschland bestimmt waren. Sie machte sorgfältige Abschriften der Stücklisten, die 1 200 Gemälde aus der Kunstabteilung enthielten. Sie konnte in Erfahrung bringen, daß einhundertachtundvierzig davon, zusammen mit anderen Beutestücken aus dem Louvre, auf Lastwagen der Luftwaffe geladen und im Konvoi zum Ostbahnhof gefahren wurden. Sie nahm sofort mit dem Chef der Eisenbahner Kontakt auf, der ebenfalls der Résistance (Widerstandsbewegung) angehörte, berichtete ihm, was geschehen war, und bat ihn, die Holzkisten mit Code-Nummern zu markieren und den Bestimmungsort des Zuges ausfindig zu machen. Einige Stunden später läutete das Telefon in ihrem Büro. »Abbéville« sagte eine Stimme. Nun, da sie wußte, wohin der Zug fahren sollte, rief sie eine andere Widerstandsgruppe an und berichtete über den Inhalt der Kisten. Sie sagte, man müsse alles nur Mögliche tun, um die Abfahrt des Zuges zu verzögern, selbst wenn man die Schienen aufreißen müsse. »Seht zu, daß der Zug in der Nähe von Paris bleibt!« waren ihre letzten Anweisungen.

Inzwischen überwachten Oberst von Behr und seine Mitarbeiter unter militärischem Geleitschutz das Umladen der Kisten in den Zug. Es war Zeit zur Abfahrt, aber das Zugpersonal hatte es nicht eilig. Langsam brachte es den Zug nach Le Bourget, am Stadtrand von

14. August 1944

R - U/Sz

A u f t r a g

Die Haupteinsatzführer Dr. L o h s e und Dr. B o r c h e r s meines Einsatzstabes für die besetzten Gebiete sind beauftragt, die laut Führerbefehl sichergestellten und noch in Paris lagernden Kunstgegenstände aus dem Museum Jeu de Paume und dem Depot des Louvre unverzüglich unter Einsatz aller noch verfügbaren Möglichkeiten abzutransportieren.

Der Herr Reichsmarschall des Grossdeutschen Reiches hat die beiden Obengehannten durch eine persönliche Anweisung vom 13.8.4 dem Einsatzstab neuerdings bis zum Abschluss dieser Aktion zur Verfügung gestellt.

Ich bitte, den beiden Haupteinsatzführern jede nur mögliche Unterstützung zu gewähren.

Im Auftrag
gez. Dr. Leibbrandt.

Beglaubigt:
Stempel gez. Unterschrift
Büroangestellte.

Für richtige Abschrift:
Berlin, 15. Dezember 1943

(Dr. Zeiss)
Stabseinsatzführer

Paris. Aber einige der Schienen waren entfernt worden, und mit der Reparatur vergingen achtundvierzig Stunden. Oberst von Behr wurde ungeduldig. Der Zug fuhr endlich wieder los, wurde aber umgeleitet, da über eine weitere Beschädigung der Gleise in der Nähe von Aulnay berichtet wurde. Dann versagten plötzlich die Druckluftbremsen. Langsam kehrte der Zug zu Reparaturarbeiten nach Paris zurück. Eine Störung folgte der anderen, die Lokomotive blieb stecken, Gleise waren aufgerissen, und nach achtundzwanzig Tagen war der Zug noch immer nicht weitergekommen. Währenddessen rückten die Alliierten immer weiter gegen Paris vor, das von den Deutschen evakuiert wurde. Paris war zur offenen Stadt erklärt worden, hauptsächlich deshalb, weil der Oberbefehlshaber sich weigerte, es mit letztem Einsatz zu zerstören, wie Hitler angeordnet hatte. Mme. Valland wartete ängstlich auf das Eintreffen der Alliierten und versuchte, weitere Gründe für eine Verzögerung der Abfahrt des Zuges zu finden. Die alliierten Streitkräfte hatten Rambouillet, knapp vor Paris, erreicht, blieben aber drei Tage lang dort stehen. Die Kämpfer der französischen Résistance versuchten die Deutschen auf ihrem Rückzug aufzureiben. Von Behr verzweifelte fast schon daran, die Kunstschätze des Louvre nach Deutschland bringen zu können. In einer letzten Anstrengung ließ er alle Eisenbahner, die seine Truppen auftreiben konnten, zum Zug bringen und zwang sie, ihn in Bewegung zu setzen, sonst würden seine Männer das Feuer eröffnen. Er requirierte eine ganz neue Lokomotive und postierte in allen Waggons und neben dem Lokführer Wachen. Persönlich überprüfte er den Zug und gab den Befehl zur Abfahrt.

Beinahe gelang es ihm auch. Aber die Bahnhöfe, die der Zug passieren mußte, waren schon von der französischen Panzerdivision unter General Leclerc eingenommen. Der Zug mit seiner kostbaren Fracht war gerettet. In dem folgenden Durcheinander gelang Oberst von Behr die Flucht nach Deutschland, wo er später gemeinsam mit seiner Frau Selbstmord beging. Er tat es, wie es seiner Lebensweise entsprach: mit einem letzten Trinkspruch leerten sie ein Glas vergifteten Champagners.

Belgien hatte nicht so wie Frankreich zu leiden. Der Kunstschutz beschützte umsichtig historische Gebäude und Museen. Mehr noch, er stellte Arbeiter und Material zur Verfügung, um Schäden, die während der Kampfhandlungen entstanden waren, zu reparieren. Nur als die Deutschen auf dem Rückzug waren, kam es zu Plünderungen und mutwilliger Zerstörung, und das vor allem durch Hitlers eigene, rauhe und rachsüchtige Waffen-SS, eine Elite-Truppe, die als Nachhut einen fanatischen Kampf austrug und jederzeit bereit war, für den Ruhm des Führers zu sterben. Bei ihren Anführern standen militärische Überlegungen an erster Stelle. In Hoogstraeten ließ der Befehlshaber der SS vorsätzlich den historischen und architektonisch wertvollen Kirchturm sprengen, mit der Begründung, er könnte möglicherweise den vorrückenden alliierten Truppen als Beobachtungsposten dienen. Nebenbei, so erklärte er, sei ein altes Haus genauso nutzlos wie ein alter Mann, und das Überleben starker Männer – wie er und seine Truppe – sei wichtiger.
Bevor die Alliierten Brügge erreichen konnten, wur-

den die Kirchen geplündert. Die berühmte Statue von Michelangelo »Madonna und ihr Kind« aus der Kirche Nôtre Dame in Brügge war besonders geschützt im nördlichen Seitenflügel untergebracht, aber knapp vor Eintreffen der alliierten Truppen fuhr ein deutscher Offizier mit Marinesoldaten in einem Lastwagen vor und entfernte die Statue trotz des Protestes der Kirchenvorsteher. Das Triptychon »Anbetung durch die Hirten« von Pourbus, einem flämischen Maler aus dem sechzehnten Jahrhundert, der in Brügge gelebt und gearbeitet hatte, wurde ebenfalls mitgenommen, obwohl aus irgendeinem Grund zwei Bildtafeln mit den Porträts der Stifter dablieben, genauso wie fünfzehn andere wertvolle Gemälde, darunter ein Caravaggio, ein van Dyck und ein Isenbrandt.

Goebbels begründete diese Plünderung kurz danach in einer Rundfunkrede. Er sagte, die Kunstschätze seien nur entfernt worden, um sie vor der Zerstörung oder dem Abtransport in ein Land, das dem Milieu und dem Geist Brügges fremd war, zu schützen. Der Bischof von Brügge erhielt einen Brief, der ihn davon in Kenntnis setzte, daß die Kunstgegenstände auf Wunsch des Oberbefehlshabers entfernt worden waren. Und Brügge war nicht die einzige Stadt, die Verluste erlitt. In der Kirche St. Pierre in Louvain wurden zwei Altartafeln mit der Darstellung des letzten Abendmahles und zwei mit dem Martyrium des Hl. Erasmus weggenommen. Diese Diebstähle wurden erst 1946 in Deutschland aufgedeckt.

Am meisten litt Belgien aber unter dem Verlust vieler seiner Kirchenglocken. Jede Kirche in Belgien durfte nur eine einzige Glocke benützen. Als die deutschen

Soldaten kamen, um die Glocken aus der aus dem fünfzehnten Jahrhundert stammenden Kirche St. Michel in Gent zu entfernen, fanden sie den Priester und die Gemeindemitglieder beim Glockenläuten. Die Soldaten drohten mit bewaffneter Gewalt, um die Auslieferung der Glocken zu erzwingen. Nach diesem Vorfall waren auf der Kirchturmmauer folgende Worte zu lesen: »Wir ließen das Seil nur zurück, damit ihr euch selbst daran aufhängen könnt.«

Genauso wie Belgien litt das kleine Großherzogtum Luxemburg nicht so sehr unter den Beschlagnahmungen. Aber Beschlagnahmungen fanden statt ungeachtet der Tatsache, daß Luxemburg ein deutschsprechendes Land ist. Eine historische Waffensammlung wurde entwendet, aber einige mutige Luxemburger bemächtigten sich auf dem Transport nach Deutschland eines Teiles der Sammlung und verteilten die Stücke auf verschiedene Museen. Der Konservator des Musée Historique widersetzte sich erfolgreich den Beschlagnahmungen. Solange der Kunstschutz die Aufsicht hatte, waren die Museen ausreichend geschützt. Die Hitlerjugend aus Deutschland besetzte jedoch Schlösser in Asembourg und Colmar und zerstörte sie durch Vandalismus. Die Benediktinerabtei von Saint Maurice wurde in eine Hitlerschule umgewandelt.

1944 entschlossen sich die Nazibehörden, die berühmte Pescatore-Sammlung aus Luxemburg vor Luftangriffen der Alliierten »in Sicherheit zu bringen«, und ließen sie in einen Bunker in der Nähe von Echternach an der deutschen Grenze bringen. Der Verwalter bestand darauf, den Lagerraum zu überprüfen, und berichtete den Deutschen, er sei so feucht, daß die Gemälde Schaden erleiden könnten. Bevor die Deutschen Zeit hatten zu überlegen, schaffte er heimlich die Sammlung in sein eigenes Museum, das ohne Wissen der Behörden zu einem Lagerhaus für Wertgegenstände wurde. Dort versteckte der Konservator die Archive der Luxemburger Chambre des Députés (Deputiertenkammer) zusammen mit anderen Dokumenten und Büchern, nach denen die Deutschen suchten. Alles wurde in Holzkisten verpackt und mit »Historische Sammlungen« beschriftet. Durch diesen einfachen Trick wurden wertvolle Aufzeichnungen vor der Zerstörung gerettet.

Als die vereinigten alliierten Armeen in Italien und Frankreich landeten, erließ das SHAEF-Hauptquartier unter dem Kommando von General Eisenhower eine Weisung an alle Truppen, daß, soweit es mit militärischen Interessen vereinbar war, jede Zerstörung von Bauwerken, Gegenständen oder Dokumenten von kulturellem, künstlerischem, archäologischem oder historischem Wert vermieden werden sollte. Alle kommandierenden Generäle erhielten den Befehl, sicherzustellen, daß jede Art von Plünderung, mutwilliger Zerstörung und Frevel durch ihre Truppen unterlassen würde. Aufgrund dieses Befehles trafen die Gruppen der MFA&A-Offiziere (Monuments, Fine Arts and Archaeology – Denkmäler, Bildende Künste und Archäologie) immer unverzüglich ein, sobald eine Stadt eingenommen war. Diese Offiziere aus Großbritannien und den USA waren alle entweder Kunsthistoriker, Museums-Kuratoren oder Archäologen in ihrem Zivilleben. Ihre Aufgabe war es, die Schäden an historischen Gebäuden zu beurteilen, den Schutz von

Kunstschätzen zu veranlassen und bestimmte Orte oder Plätze zu Sperrgebieten zu erklären. Später machten sie sich auf die Suche nach den von den Nazis erbeuteten Kunstwerken.
Den Umfang der Beschlagnahmungen in Frankreich konnte man schon erkennen, noch bevor die Kunstkommission der Alliierten in Paris eintraf. Der verschwundene van-Eyck-Altar aus Pau bekam allererste Priorität. Alle ERR-Mitglieder, die etwas darüber wußten, hatten Paris schon lange verlassen. Jetzt erst wurde die Existenz des »Sonderauftrages Linz« bekannt, und laut Oberstleutnant Professor Webb ließ sein Umfang die MFA&A-Offiziere erkennen, welch ungeheure Aufgabe vor ihnen lag. Professor Webb war sehr zufrieden mit den französischen Museen, die, mit ein oder zwei Ausnahmen, ihre Kunstwerke im ganzen Land verteilt und damit außer Reichweite der Nazis gebracht hatten; diese Maßnahmen waren bereits vor Ausbruch der Kampfhandlungen geplant worden. Er dachte zum Beispiel an einige sehr wertvolle mittelalterliche Glaswaren, von denen er erwartet hätte, daß sie zerstört worden waren. Sie wurden jedoch unversehrt in der Normandie gefunden, wo man sie an verschiedenen unauffälligen Orten gelagert hatte. Die Alliierten mußten nicht erst die Grenze zu Nazi-Deutschland überschreiten, um das Chaos aufzudecken, das Hitler in die Kunstwelt gebracht hatte.

Nach zwanzig Tagen tapferen Widerstandes gegen die deutschen Invasoren mußten sich die holländischen Streitkräfte der überwältigenden Übermacht ergeben. Der unbarmherzige Luftangriff auf Rotterdam, der

RK 16194 A 18 NOV 1942

DER REICHSKOMMISSAR
FÜR DIE BESETZTEN NIEDERLÄNDISCHEN GEBIETE
S-P

DEN HAAG, 14. November 1942

Sehr geehrter Herr Doktor Lammers!

Dr. Mühlmann überreicht mir heute einen Bericht über seine Tätigkeit in den Niederlanden im Zusammenhang mit Erwerbungen für den Führer, den er unter 6. November an Reichskabinettrat von Stutterheim vorgelegt hat.

Ich habe Mühlmann im Zusammenhang mit seiner konsultierenden Tätigkeit angewiesen gehabt, vorkommendenfalls Kunstwerte, die reichswichtig sind, mir zu benennen, damit ich dem Führer hierüber Bericht erstatten kann. Auf diesem Wege wurde auch eine Reihe von Kunstwerten festgestellt und vom Führer dann unter Einschaltung Dr. Posses erworben.

Aus der mir vorgelegten Aufstellung entnehme ich, daß auf diese Weise eine verhältnismäßig große Anzahl wertvoller Bilder sichergestellt wurde, die der Führer zu Preisen erwerben konnte, die nach den Feststellungen, die ich sonst in dem Lande machen konnte, als geradezu außerordentlich billig bezeichnet werden müssen. Ich verweise auch auf das Selbstbildnis Rembrandts aus dem Todesjahr, das einen Marktwert von etwa 1,2 Millionen RM haben dürfte. Dieses Bild war illegal nach Holland gekommen und hier verborgen, wurde durch Dr. Mühlmann festgestellt und daraufhin beschlagnahmt und eingezogen. Ich glaube mit Sicherheit sagen zu können, daß ein Teil dieser Erwerbungen nicht auf diese Weise hätte durchgeführt werden können, wenn nicht Mühlmann hier ein sorgsames Auge gehabt hätte. Dr. Posse hatte ja bekanntlich lange Zeit keinen ständig im Lande weilenden Vertreter, wodurch er mehr oder weniger nur auf die Auskunft von Gewährsmännern oder Händlern angewiesen war. Ich kann auch Einzelheiten anführen, wo derartige Kunstwerte der Erwerbsmöglichkeit durch den Führer bereits entgangen und im Privatbesitz verschwunden wären, wenn nicht Mühl-

Exhibit RF 1344
Filed Feb 1946

Büro 28. 11. 42

102367

mann noch eingegriffen hätte. Außerdem habe ich eine Sammlung im Auge, die sicherlich um 5-600.000 fl billiger zu bekommen gewesen wäre, wenn die Sache Mühlmann durchgeführt hätte. Was die Sammlung Mannheimer betrifft, so unterliegt es keinem Zweifel, daß wir an diese Sache nur schwer herangekommen wären, da sie eigentlich schon im privaten Handel verhandelt war und bei nicht rechtzeitigem Eingriff Mühlmanns diese Sammlung wahrscheinlich um einige Millionen teurer hätte schließlich erstanden werden müssen.

Angesichts dieser Umstände glaube ich, daß vor irgend einer Entscheidung, die eine weitere Tätigkeit Mühlmanns unterbinden würde, doch dieses Material dem Führer persönlich vorgelegt werden sollte, da ich nicht zweifle, daß der Führer, wenn er diese Liste sieht und sich dazu noch den Komplex Mannheimer vergegenwärtigt, die Nützlichkeit der Tätigkeit Mühlmanns durchaus anerkennen wird.

Ich begrüße Sie bestens mit

Heil Hitler!
als Ihr stets ergebener
Seyß-Inquart

den
...rrn Reichsminister und Chef der Reichskanzlei
Obergruppenführer Dr. L a m m e r s
...rlin W 8, Voßstraße 6

102968

zur Zerstörung der ganzen Stadt führte, hatte weiteren Feindseligkeiten ein Ende gesetzt. Die holländischen Museumsdirektoren, vorgewarnt durch die Vorgangsweise der Nazis in Polen, hatten einen derartigen Angriff vorausgesehen und ihre eigenen Vorkehrungen getroffen. Alle wertvollen Kunstschätze wurden aus dem Rijksmuseum in Amsterdam und dem Mauritshuis in Den Haag evakuiert und in eigens eingerichteten unterirdischen Bunkern in den Dünen im Norden des Landes gelagert. Aber abgesehen von der Zerstörung Rotterdams versuchten die Deutschen, die Besetzung der Niederlande möglichst ohne Zwischenfälle durchzuführen. Die Schönheit Amsterdams hatte sie immer schon beeindruckt, und sie wollten auch auf keinen Fall unnötigen Widerstand in der Bevölkerung wachrufen. Der Kunstschutz versicherte, daß kein Ausstellungsstück aus holländischen Museen oder Kunstwerke aus den Lagerräumen der Museen angerührt werden würden.

Als Reichskommissar der Niederlande wurde der Österreicher Arthur Seyss-Inquart eingesetzt. Obwohl er der Regierung des österreichischen Kanzlers Schuschnigg durch einen Eid als Minister verpflichtet war, hatte er das Ultimatum Hitlers an Schuschnigg aufgesetzt, das die Unabhängigkeit Österreichs beendete. Seyss-Inquart war ausschließlich Hitler verantwortlich. Seine erste Tat nach der Machtübernahme in den Niederlanden war ein Befehl, der in krassem Widerspruch zu Artikel 46 der Haager Konvention stand. Das Eigentum all jener Personen, »die feindlichen Handlungen gegen das Dritte Reich Vorschub leisten, ist zu beschlagnahmen«. Obgleich dieser Befehl in erster Linie gegen Juden gerichtet war, war sogar das holländische Königshaus nicht davon ausgenommen. Seine Reichtümer wurden ebenfalls beschlagnahmt, da Königin Wilhelmina und ihre Regierung ins Exil nach England geflüchtet waren, noch bevor die Deutschen in den Niederlanden eindrangen. Kaum hatte er den neuen Befehl erteilt, verlor Seyss-Inquart keine Zeit, sich seinen alten österreichischen Intimus, Dr. Kajetan Mühlmann, zu holen, der schon in Polen skrupellos die Beschlagnahmungen der Kunstschätze durchgeführt hatte. In Holland allerdings mußte er vorsichtiger zu Werke gehen.

Die neugeschaffene »Dienststelle Mühlmann«, die getrennt von der »Sicherstellung« und Beschlagnahmung der Kunstschätze aus jüdischem Eigentum operierte, wurde zur Einkaufsstelle für das Linzer Museum. Hitlers Kunstexperte und Einkäufer für Linz, Dr. Hans Posse, fuhr sofort nach Den Haag, um konfiszierte Kunstwerke auf Auktionen zu erwerben und sich auch bei holländischen Kunsthändlern und privaten Sammlern umzusehen. Immer, wenn er auftauchte, schossen die Preise auf dem Kunstmarkt in die Höhe. Unter der deutschen Besetzung entwickelte sich ein schwunghafter Handel mit Kunstschätzen. Dr. Posse war gezwungen, Mittelsmänner im Kampf um die Kunstwerke einzusetzen.

Die Dienststelle Mühlmann erwies sich für das Linzer Vorhaben als sehr wertvoll. Durch ihre Arbeit konnte Dr. Posse innerhalb eines Jahres achtzig wertvolle Gemälde für Linz erwerben. Darunter befanden sich zwei Porträts von Rubens, »Der Blick auf San Marco« von Canaletto, ein Selbstporträt von Rembrandt und etli-

che andere Werke holländischer und flämischer Künstler aus dem siebzehnten Jahrhundert.
Um sich beim Führer einzuschmeicheln, legte ihm Mühlmann ein Fotoalbum vor, das die meisten seiner Einkäufe enthielt. Er konnte allerdings nicht voraussehen, daß dieses Geschenk eines »ergebenen Dieners an den Führer« dazu beitrug, ihn später zu entlarven; denn das Album wurde von den Kunstexperten der Alliierten in Hitlers Privatbibliothek gefunden. Als Mühlmann behauptete, seine Organisation sei ja nur eine legale Einkaufs-Abteilung gewesen, wurde er mit diesem Album konfrontiert. Es enthielt neben den Fotografien der beschlagnahmten Werke auch noch die Namen ihrer jüdischen Besitzer.
Reichsmarschall Göring, der sich schon in Frankreich die besten Stücke der beschlagnahmten Kunstwerke ausgesucht hatte, wollte nun auch in Holland seinen eigenen Agenten ins Spiel bringen. Aber zu seinem großen Kummer hatte Dr. Posse die bessere Position in Holland, da er in persönlichem Auftrag des Führers handelte. Dr. Posse bereitete es großes Vergnügen, den Reichsmarschall zu überbieten.
Die Einkäufe, die Dr. Posse für das Museum in Linz tätigte, waren beträchtlich. Wäre dieses Museum jemals Wirklichkeit geworden, hätte es eine Sammlung der besten holländischen und flämischen Meister enthalten. Göring, der ebenfalls ein großer Verehrer dieser Künstler war, setzte alles ein, um einen Vermeer in seinen Besitz zu bekommen. Er beauftragte seinen Agenten, ein Bild dieses Künstlers zu erwerben – koste es, was es wolle. Endlich wurde ihm ein Gemälde angeboten, das Vermeer zugeschrieben wurde. Nachdem er

den Rat von Experten eingeholt hatte, erwarb Göring das Bild »Christus und die Ehebrecherin« nach längerem Feilschen um die beträchtliche Summe von 1 600 000 Gulden. Er mußte sogar einige seiner eigenen Gemälde aus Karinhall verkaufen, um diese große Summe aufzubringen. Dieses Kunstwerk wurde sein stolzester Besitz. Obwohl holländische und andere Kunstsachverständige es für einen echten Vermeer hielten, stellte sich nach dem Krieg heraus, daß sie alle getäuscht worden waren.

NEUNTES KAPITEL

Kunst im Fadenkreuz

Mit den Siegen der deutschen Armee in Polen und Westeuropa nahm Hitlers künstlerische Ambition, der große Baumeister seines Landes zu sein, neue Dimensionen an. Ungeachtet der militärischen Operationen und des Aufbaus einer Verteidigungslinie entlang der Kanalküste gegen einen Angriff der Alliierten beschäftigte sich der Führer weiterhin mit dem Linzer Museum. Albert Speer konzentrierte seine ganze Aufmerksamkeit auf die Schutzbauten, für die er als Reichsminister für Rüstung und Kriegsproduktion verantwortlich war. Deshalb mußten noch andere Architekten mit dem Projekt Linz beauftragt werden. Schließlich erhielt Hermann Giesler den entscheidenden Auftrag von Hitler. Giesler hatte schon die Pläne des Führers zur Modernisierung Münchens weiterentwickelt, der Stadt, die als Geburtsort der Nationalsozialistischen Partei galt und als »Hauptstadt der Bewegung« bekannt war. Die Partei-Zentrale war dort im Braunen Haus untergebracht, einer Villa, die die Nazis schon zu Anfang ihres Aufstieges erworben und in Büros umgewandelt hatten. Nun war sie das Symbol ihrer frühen Machtkämpfe geworden. Jetzt plante man ein neues Hauptquartier, in dessen unmittelbarer Nähe ein Mausoleum als Hitlers letzte Ruhestätte entstehen sollte. Hitler hatte die große Idee, fünf sogenannte »Reichsstädte« zu schaffen. Speer hatte schon für die Hauptstadt Berlin genaue Modelle angefertigt und Teile davon bereits gebaut. Nürnberg, mit seinem riesigen und eindrucksvollen Stadion, war die Stadt der Partei-Veranstaltungen. Dann gab es noch Hamburg, die große Hansestadt, und München, in das spätere Generationen pilgern sollten, um dem Grab des Führers Ehre zu erweisen. Die fünfte geplante Reichs-Stadt war Linz, das zum Mittelpunkt der Kunstwelt werden sollte. Hitler war schon immer ein Bewunderer Budapests und seiner historischen Gebäude zu beiden Seiten der Donau gewesen und wollte aus Linz die deutsche Version dieser wundervollen Stadt machen.

Giesler war ein junger und talentierter Architekt, der, wie Speer sagte, Hitlers Ideen verstand und seine Pläne und Skizzen in die Tat umsetzen konnte. Ungeachtet der militärischen Probleme, die durch die Kriegslage entstanden waren, wünschte Hitler jede Woche von den Fortschritten seiner Baupläne unterrichtet zu werden. Entweder besuchte er Giesler persönlich in seinem Münchner Studio, oder er rief ihn zu Gesprächen zu sich auf den Berghof in Berchtesgaden. Er hörte Giesler immer aufmerksam zu und zeigte niemals seine Launen. Diese Planungen wurden zu seiner Lieblingsbeschäftigung, die ihn bis zum letzten Tag im Bunker in Berlin fesselte.

Während Dr. Posse mit Hilfe von Händlern und den ERR-Beschlagnahmungen eine riesige Auswahl an Schätzen für das Linzer Museum ansammelte, kamen die Bauvorhaben in Linz nur langsam voran, Hitler gab den Befehl zum Baubeginn erst 1940. Der ganze

Plan war überaus anspruchsvoll. Speer beschrieb ihn später: Ein großes Gauhaus (Bezirksverwaltung) für die Partei sollte entstehen, mit einem Saal, der 35 000 Leute faßte. Das Gebäude sollte von einem Glockenturm überragt werden, daneben sollte sich eine Krypta und Hitlers Grab befinden. In diesem letzten Punkt irrte Speer, denn tatsächlich war Hitlers Mausoleum in München geplant. Es handelte sich wohl um das Grab für Hitlers Eltern, deren sterbliche Überreste vom Friedhof in Leonding zu dieser letzten Ruhestätte überführt werden sollten. Darüber würde ein eigener Turm errichtet werden. Ein Glockenspiel sollte mehrmals am Tag Bruckner-Musik spielen, im Gedenken an den großen deutschen Komponisten und Sohn der Stadt Linz.

An den Ufern der Donau sollte eine Reihe eindrucksvoller Gebäude entstehen: eine Stadthalle, ein großes Theater, Armeehauptquartiere und ein Denkmal, das an den Anschluß Österreichs 1938 erinnerte. Aus einer anderen Quelle erfuhr ich, daß an der Urfahrer Seite der Donau, wo Hitler in seiner Jugend lebte, ein Bismarck-Denkmal errichtet werden sollte. Laut Hitlers eigenen Worten hatte die Linzer Bevölkerung den preußischen Staatsmann immer als Symbol deutscher Macht betrachtet. Zusätzlich sollten noch eine technische Universität und ein großes modernes Hotel entstehen, beide an den Ufern der Donau gelegen, mit einer Aussicht auf den Fluß und die herrlichen bewaldeten Hügeln, die die Stadt umgeben. Die Konzerthalle und das Bruckner-Zentrum sollten dem großen Komponisten geweiht sein, so wie Bayreuth Richard Wagner. In einer Bibliothek sollten der Linzer Bevölkerung 250 000 Bücher zur Verfügung stehen, einige davon aus Hitlers eigener Sammlung, mit seinen persönlichen Ex-Libris darin. Ein Kino für große Filmpremieren sollte gebaut werden. Hitler war ein großer Film-Fan und sah sich auf seinem Berghof gerne Filme an, auch die, deren Aufführung sonst in Deutschland verboten war. Restaurants und Parkanlagen, ein Theater und ein Opernhaus – für das Hitler sogar schon ein Orchester ausgewählt hatte – und eine eigene Halle für Varieté-Vorstellungen ergänzten den Plan. Wenn all dies verwirklicht worden wäre, wäre es vermutlich beeindruckend gewesen. In Linz hätte sich die alte Bausubstanz mit der von den Nazis inspirierten Architektur der neuen deutschen Kunst vereinigt, obwohl beide Bestandteile wohl nicht immer miteinander harmonisiert hätten. Speer sollte die Kunstgalerie und das Stadion, das eine Aussicht über die ganze Stadt gewähren sollte, bauen. In der Nähe – oben auf dem Freinberg – sollte nach einem Entwurf von Giesler Hitlers Haus für seinen Ruhestand entstehen. Es bestand aus einem rechteckigen Gebäude mit vier Türmchen, von denen aus man die ganze Stadt überblicken konnte.

Der erste Entwurf, der in Linz realisiert wurde, war die Nibelungen-Brücke, die die breite Donau überspannen sollte. Die wuchtige Hängebrücke sollte an die Stelle der alten Brücke treten, die Linz mit dem Vorort Urfahr verbunden hatte und über die der junge Hitler täglich in seine Vorstadtwohnung, in der er mit seiner Mutter lebte, gegangen war. Die neuen Pläne verlangten eine Anhebung des Brückenniveaus, was zur Folge hatte, daß etliche alte Häuser abgerissen werden mußten, damit die Zufahrt verbreitert werden konnte. An

Plettenberg

den Enden der Brücke sollten riesige Statuen stehen, die Graf Plettenburg, der bekannte deutsche Bildhauer, entwarf. Plettenburg war für seine überdimensionalen Statuen kräftiger Männer und gutgebauter Frauen berühmt. Er wurde beauftragt, vier Skulpturen aus der Nibelungen-Sage wie Siegfried und Kriemhild zu schaffen.

1943 war der Bau der Brücke schon beträchtlich fortgeschritten, und Hitler nahm sich die Zeit, um aus seinem Hauptquartier am Kriegsschauplatz nach Linz zu kommen. Albert Speer beschrieb Hitlers Reaktion auf die Gipsmodelle, die an Stelle der Statuen am südlichen Ende zur Besichtigung aufgestellt wurden. Er äußerte sich zu Siegfrieds fabelhafter Haltung und der Art, wie seine Hand das Schwert umfaßte, und bemerkte, daß die halbnackte Kriemhild wohl mehr ein erotisches denn ein künstlerisches Werk wäre. (Ein Witz enthielt die Behauptung, daß ihr Busen wunderbar als Schlafplatz für Tauben geeignet sei.) Er kam zu der Überzeugung, daß diese vier Statuen nach ihrer Vollendung einen Anziehungspunkt im neuen Linz bilden würden. Aber sie wurden niemals fertiggestellt, und heute ist die moderne Brücke das einzige [abgesehen von den beiden Gebäuden rechts und links der Brückenzufahrt, Anm. d. Ü.], das an Hitlers große Pläne für diese Stadt erinnert.

Mittlerweile überließ Hitler nichts dem Zufall, was die Errichtung des neuen Kunstmuseums betraf. Mehrere Experten wurden damit beauftragt: Dr. Posse war für die Gemälde zuständig, Dr. Dworschak aus dem Kunsthistorischen Museum Wien für Münzen verantwortlich; Dr. Rupprecht für Waffen und ein Herr Wollfhardt für die geplante Bibliothek. Es trafen so viele Kunstschätze in den Lagerräumen des Führerbaus in München zur persönlichen Auswahl Hitlers ein, daß es schien, Linz würde ein zweites Museum benötigen, um all das aufzunehmen. Der ERR sandte dicke ledergebundene Kataloge der beschlagnahmten Kunstschätze, aus denen Hitler seine Wahl treffen sollte, um sein geliebtes Deutsches Museum auszustatten und im besonderen sein Linzer Museum anzureichern.

Man darf nicht vergessen, daß das ganze Linzer Vorhaben, die Aufgabe des ERR und die Verteilung der Listen beschlagnahmter Werke streng geheim gehalten wurden. Abgesehen von Hitler, seinen engsten Mitarbeitern und den Kunstexperten, die mit dieser Aufgabe betraut waren, wußte niemand davon – obwohl manche Kunsthändler vielleicht erraten haben mögen, daß hier irgendetwas im Gange war. Aber sie waren nur mit der geschäftlichen Seite befaßt und vermieden es, Fragen zu stellen. Nicht einmal Hitlers engem Freund, dem Fotografen Heinrich Hoffmann, war es erlaubt, darüber ein Wort zu verlieren. Die genauen Einzelheiten kannten nur Dr. Posse und sein Nachfolger Dr. Voss, die für den Einkauf der Kunstwerke zuständig waren.

Bis zu dem Zeitpunkt, da das Linzer Projekt deutlichere Konturen annahm, und der Berufung Dr. Posses kaufte Hitler nur Bilder für seine eigene kleine Sammlung gegen Barzahlung. Er und Heinrich Hoffmann hatten einen ähnlichen Geschmack: Hoffmann kaufte für Hitler durch die Galerie Frau Dietrichs ein (Frau Dietrichs Tochter war eine Freundin von Hitlers Geliebter Eva Braun). Hitler war ein Bewunderer der italienischen Renaissance und des Barock; in seinem Berghof am Obersalzberg hing ein von ihm sehr geschätztes Barock-Gemälde, ein Akt von Bordone, das er von Haberstock gekauft hatte. Er mochte Cranachs magere Gestalten nicht besonders, er bevorzugte eher dralle Nackte. Hitler beauftragte seine Agenten, Maler des neunzehnten Jahrhunderts wie Franz Overbeck, Hans von Marées, Moritz von Schwind, Piloty, seinen geliebten Hans Makart und andere aufzukaufen. Wie schon früher erwähnt, war er von Grützner nahezu besessen. Er liebte naturgetreue Darstellungen in der Malerei, so wie er es in seinen eigenen pedantisch genauen Aquarellen angestrebt hatte. Alle diese Maler sollten nun im Museum in Linz vollständig vertreten sein, das ein Denkmal der »heilen« Kunst für das neue Deutschland werden sollte und aus dem ausländische Künstler nach dem achtzehnten Jahrhundert notwendigerweise ausgeschlossen waren.

Obwohl Hitlers Sonderauftrag Linz an erster Stelle vor den Sammlungen anderer Nazi-Bonzen stand, war es unvermeidbar, daß sich bei der Bereicherung mit Beutestücken eine starke Rivalität entwickelte. Bormann besaß ungeheuer viel Einfluß beim Weiterverkauf der beschlagnahmten Kunstwerke; er war allerdings kein ernsthafter Sammler. Göring sammelte Kunst im großen Stil. Er war sehr stolz auf seine Sammlung in Karinhall, die er schon angelegt hatte, bevor Hitler begann, mittelmäßige deutsche Maler des neunzehnten Jahrhunderts zu sammeln. Görings Interesse an der Kunst stammte noch aus der Zeit des Ersten Weltkrieges, als er Kampfflieger war. Aber erst nach Hitlers Machtergreifung 1933 kam er auf den Gedanken, sein eigenes Museum europäischer Kunst zu gründen, das er einmal dem deutschen Volk hinterlassen konnte. Sowohl Berlin als auch Karinhall kamen dafür in Frage. Sollte das Landgut Karinhall eines Tages als Museum eröffnet werden, würde dort ein touristisches Mekka entstehen, das von Berlin aus durch eine direkte Bahnlinie erreicht werden konnte.

Es war Hitlers Idee, für die Auffindung und Beschlagnahmung besonderer Kunstwerke eine Art Finderlohn auszusetzen. Die Geldmittel dafür sollten vom Staat zur Verfügung gestellt werden. Das war der Anstoß für Göring, sich eine große Sammlung anzulegen, deren Reichweite von Beispielen historischer Baukunst über alte Meister zu modernen Gemälden und bis zu Gobelins, Teppichen und Juwelen ging. Göring wußte seine Erwerbungen zu würdigen und konnte viel Zeit damit verbringen, ein Meisterwerk eingehend zu betrachten. Er nahm jedoch oft lieber den Rat eines Fachmannes an als sich auf seinen eigenen Geschmack zu verlassen. Sein erster Berater war der Kunsthistoriker und Kunsthändler Binder aus Berlin, der aber bald von Walter Andreas Hofer abgelöst wurde. Hofer war ein verhältnismäßig unbedeutender Berliner Händler, der aber ausgezeichnete Verbindungen in die Schweiz hatte.

Hofer traf das erste Mal mit Göring zusammen, als er ihm 1937 ein Gemälde verkaufte. Später wurde er dann nicht nur Görings Berater, sondern auch sein offizieller Einkäufer für Karinhall. Man vereinbarte, daß er ein unabhängiger Händler in Berlin bleiben und für Göring auf Provisionsbasis arbeiten sollte unter der Bedingung, daß er alles, was Göring zurückwies, in seinem eigenen Geschäft verkaufen durfte. Als Göring Hofer zum Kurator von Karinhall ernannte, wollte er ihm ein regelmäßiges Gehalt bezahlen, was aber Hofer abwies. Er war sich der Vorteile bewußt, die er gegenüber den rivalisierenden Händlern hatte. Er besaß nicht nur den Schutz eines der mächtigsten Männer des Dritten Reiches, es waren ihm durch den Namen Görings auch alle Türen geöffnet, wo immer er hinkam auf der Suche nach Kunstwerken. Er konnte auch mehrmals Juden helfen, die ihm als Gegenleistung ein Gemälde anboten, das er haben wollte, oder jüdischen Freunden, die er von früheren Geschäften her kannte. Göring seinerseits war sich Hofers Treue und Integrität gewiß. War ein Gemälde für Göring zu teuer, wurde es nach den Bedingungen des Abkommens zurückgegeben. Hofer war bei den anderen deutschen Händlern und den Mittelsmännern in den besetzten Gebieten sehr unbeliebt, da sie lieber direkt an Göring verkaufen wollten. Er plante seine Geschäftsreisen immer sehr sorgfältig mit Görings Unterstützung und handelte immer die niedrigsten Preise aus. Selbst der ERR konnte ihn nicht aufhalten, Bilder des neunzehnten Jahrhunderts zu erwerben, die er dann für viel Geld auf dem Berliner Kunstmarkt verkaufte. Görings Vorliebe, beschlagnahmte französische Sammlungen zu »erwerben«, war Hofers Idee.

Es kann kein Zweifel darüber bestehen, daß durch das Flair und den Geschmack, den Görings Sammlung verkörperte, Linz im Vergleich daran zweitrangig erschienen wäre. In einem Brief an Rosenberg über seine Erwerbungen der vom ERR beschlagnahmten Bilder beglückwünschte sich Göring, wahrscheinlich die wichtigste private Kunstsammlung in Deutschland, wenn nicht sogar in Europa zu besitzen. Karinhall – das Landhaus, das er in Ostpreußen bauen ließ und nach seiner früh verstorbenen ersten Frau benannte – barg Gemälde früher deutscher Meister, Bilder von Dürer, Cranach, holländischer und flämischer Meister, darunter einige besonders wertvolle aus dem siebzehnten Jahrhundert, eine Auswahl französischer Werke aus dem achtzehnten Jahrhundert, einige wertvolle italienische Meisterwerke, Werke der französischen Gotik und einige der besten Impressionisten.

Zweimal verhalf Göring prominenten jüdischen Kunsthändlern, die ihm Gemälde, die er in seinen Besitz bringen wollte, verschafft hatten, zur Flucht in die Schweiz. Sie konnten sogar ihr ganzes Geld mitnehmen. Das geschah auf Anregung Hofers. Sie erwiesen sich als sehr nützliche Kontaktmänner in weiteren Geschäften. Wenn es um seine eigenen Interessen ging, war es Göring gleich, ob der Händler Jude war oder nicht. Er wollte auch auf niemanden Druck ausüben, ein Kunstwerk, das er besitzen wollte, zu verkaufen – er überließ es anderen, die Leute zu »überzeugen« mit der Anspielung auf die schrecklichen Folgen, die eine Weigerung mit sich brächte. Göring selbst sah sich gerne als Renaissance-Mensch, den schönen Künsten zugetan, und bemühte sich, seine Handlungsweise als offen und ehrlich erscheinen zu lassen.

Göring gründete den sogenannten Kunstfonds, dem General von Bodenschatz vorstand. Seine Aktiva lagen immer zwischen einer und zwei Millionen Reichsmark, mit denen Göring seine Kunsteinkäufe bezahlte. Gewinne aus seinen eigenen Geschäften – dem Verkauf von Gemälden, die er nicht mehr wollte, an Nazi-Gauleiter zu überhöhten Preisen – flossen in diesen Fonds. Die Käufer kümmerten sich nicht um den Preis, denn sie konnten sich damit brüsten, Kunstwerke aus Görings Sammlung in Karinhall zu besitzen. Göring wußte das nur zu gut und unterstützte solche Verkäufe; er prahlte gerne mit den Gewinnen, die er dabei machte. In den Kunstfonds flossen auch Beiträge aus großen Konzernen und von Kriegslieferanten der Luftwaffe, die von der Gunst des Reichsmarschalls abhängig waren.

Manche dieser »Beiträge« waren auch Sachwerte. Die Stadt Berlin schenkte Göring zu seinem Geburtstag 1942 ein Gemälde von Tintoretto aus einem deutschen Museum im Wert von über 200 000 Mark. Das wiederum ärgerte Goebbels, der bemüht war, alle verfügbaren Mittel für die Kriegsaktivitäten einzusetzen. Von da an fielen die Geschenke für Göring weniger üppig aus. Das Sammeln von Wandgobelins gehörte ebenfalls zu Görings speziellen Interessen. Er betrachtete sie gerne an den Wänden in Karinhall. Viele davon kamen aus Beschlagnahmungen in Frankreich. Als Hitler Österreich annektierte, war Göring schnell zur Stelle und »borgte« sich Wandteppiche aus der staatlichen Sammlung in Wien. Sie wurden niemals zurückgegeben und ihre Spur verlor sich in Ostdeutschland.

Hitler und Göring verfolgten ihre rivalisierende Suche nach Kunstschätzen bis zum bitteren Ende. Selbst in den kritischsten Tagen des Krieges fanden beide Zeit, Kunstgegenstände für ihre verschiedenen Projekte zu begutachten und auszuwählen. Hitler hatte dabei eine andere Methode als Göring: er traf seine Wahl nach einem kurzen Blick auf die ausgestellten Werke und ließ alle ausgesuchten Stücke sofort in das Lager, das die Schätze für Linz barg, bringen. Alle beschlagnahmten oder »legal« von Göring oder anderen Nazis erworbenen Gegenstände mußten fotografiert werden. Eine Kopie davon erhielt der Führer. Sollte er später eines dieser Stücke für Linz haben wollen, konnte er auf die Fotografie verweisen und es von seinem Besitzer anfordern. Bormann hatte dieses Verfahren Hitler vorgeschlagen, der unverzüglich den Befehl an Göring weitergab. Das Ergebnis waren dicke Alben mit genauen Informationen über den Verbleib beschlagnahmter Kunstwerke, die der alliierten Kunstkommission die Zurückerstattung nach dem Krieg erheblich erleichterten. Hitler und Göring waren aber nicht die einzigen Kunstsammler im Dritten Reich. Bormann, Ribbentrop, Goebbels, die Gauleiter und Befehlshaber der Wehrmacht, sie alle »erwarben« Kunstwerke. Alle wollten der Kunst-Leidenschaft des Führers nacheifern.

Hinter diesem Treiben rund um die Kunstwerke stand Martin Bormann, Hitlers Schatten, sein unauffälliger und vertrauter Sekretär, von vielen wegen seiner Rücksichtslosigkeit gefürchtet. Er war immer in der Nähe seines Führers; er hatte stets Notizblätter in seiner Tasche, damit Hitler beim Telefonieren darauf herumkritzeln konnte. Er war es auch, der die Befehle zur Verwendung der beschlagnahmten Kunstwerke gab. Er verdrängte Hoffmann aus seiner Position als Hitlers künstlerischer Berater, und auch Ribbentrop fiel seinem Ehrgeiz zum Opfer.

Auf das Betreiben Bormanns wurden auch – mit Hitlers

13.Nov.1940
2906/R/Dt.g

Persönlich!

F

Herrn

Reichsleiter Martin Bormann,

Berlin W. 8

Wilhelmstrasse 64.

Lieber Parteigenosse Bormann!

In dringender Eile beiliegende Meldung an den Führer, die ihn, glaube ich, sehr freuen wird. Der Reichsmarschall Göring wird dem Führer in diesen Tagen ebenfalls über seine Besichtigung Bericht erstatten.

Ich kann dem Führer auch noch mitteilen, dass das von ihm erwähnte Werk Jan Vermeers van Delfts sich ebenfalls unter dem beschlagnahmten Besitz der Rothschilds befindet.

Heil Hitler !

Anlagen (Meldung, Fotokopie Göring-Befehl, Vorschlag Anordnung d. Führers)

P.S. Meinem Brief liegt noch ein Vorschlag eingehenderer Art bei, den ich bitte, auch diesen dem Führer vorzutragen und zu billigen.

Zustimmung – die Kirchen in Deutschland und Österreich verfolgt. Kirchliche Kunstschätze, Altäre und Bibliotheken mit alten Handschriften wurden gelegentlich beschlagnahmt, Klöster wurden aufgelöst. In Österreich erging es unter anderen so der berühmten Abtei von Kremsmünster und den Stiften Göttweig und St. Florian. Hitler hatte in seiner Jugend St. Florian und die dortige Kirche sehr bewundert, als er es einmal besichtigte, aber das konnte jetzt seine Schließung nicht verhindern. Die berühmte Knabenschule des Benediktinerordens in Wien, das Schotten-Gymnasium, wurde ebenfalls geschlossen, der geistliche Lehrkörper hinausgeworfen. Einige der enteigneten Klöster – Kremsmünster und Buxheim in Bayern zum Beispiel – dienten als Lager für Hitlers erbeutete Kunstschätze. Andere wiederum wurden als Schulungs- oder Ferienlager für die Hitlerjugend verwendet, wie Asemburg und Colmar in Luxemburg. Heute ist die schreckliche Wahrheit über die Verfolgung der verschiedenen Religionsgemeinschaften durch Hitler bekannt. Er betrachtete sie alle ohne Ausnahme als Staatsfeinde, nicht vereinbar mit der nationalsozialistischen Erziehung und der Philosophie Rosenbergs.

1941 gründete Hitler eine neue Propaganda-Einheit der Künstler an der Front (Propaganda-Kompanie-Künstler). Er erließ einen Befehl an alle Befehlshaber der kämpfenden Truppen, geeignete Maler zu finden und sie nach Potsdam zu schicken, damit sie dort von Luitpold Adam, einem Kriegsmaler aus dem Ersten Weltkrieg, unterrichtet würden. Danach wurden sie in Uniform drei Monate an die Front geschickt, um Skizzen zu machen, die ihnen dann, zurück in Potsdam, als

Vorlagen für Gemälde dienen konnten. 1942 waren achtzig Künstler damit beschäftigt; sie bildeten ihre eigenen Spezialeinheiten wie z.B. die Kurt-Eggers-Staffel der Waffen-SS. Sie arbeiteten sowohl mit der Marine und der Luftwaffe wie mit der Armee zusammen.

Die PK-Maler waren angewiesen, ihre Bilder detailgetreu und realistisch zu gestalten. Forschungsinstitute experimentierten mit verschiedenen Farben und untersuchten die historischen Maltechniken. Viele von den Bildern, die nach dem Krieg in amerikanischen Archiven landeten, waren einzig und allein dazu da, Propaganda für die Partei und die Truppen der Waffen-SS zu machen. Der Krieg wurde darin heroisiert; genauso wie in den offiziellen deutschen Wochenschauen durfte kein toter deutscher Soldat gezeigt werden, nur tote Feinde. Es war immerhin erlaubt, deutsche Verwundete zu malen oder Kameraden, die ihre toten Helden betrauerten. Auf der anderen Seite mußte die Vernichtung des Feindes gezeigt werden. Eines dieser Bilder zeigte Stukas, die gerade über einer zerstörten Stadt ihre Bomben abwerfen, offensichtlich London. Im Zentrum der Stadt sieht man eine Kuppel mit Säulen, ohne Zweifel die St. Pauls-Kathedrale, darum herum allerdings Gebäudereste, die für London eher untypisch sind – eine reine »Phantasie-Stadt«. Dieses Bild erzielte bei der Ausstellung in München einen Verkaufspreis von 10 000 Reichsmark. Auf einem anderen ist der Führer zu sehen, wie er ähnlich Napoleon auf einem Hügel mit seinen Generälen das Schlachtfeld überblickt.

Hitler eröffnete persönlich jedes Jahr die Münchner Ausstellung deutscher Kunst, und er kritisierte hart, wenn die Ausstellungsstücke nicht seinen Erwartungen entsprachen. Er begutachtete die Bilder für die Biennale in Venedig, die 1942 sehr schlecht ausgefallen waren. Es sei eine unglaubliche Schmiererei, so bemerkte Hitler, und erinnere ihn an die entartete Kunst, die er verbannt hatte. Kunstausstellungen wurden im Dritten Reich sehr gefördert, und für die Künstler standen beträchtliche Geldpreise bereit. Viele mittelmäßige Künstler konnten sich ein angenehmes Leben machen, indem sie Bilder mit deutschem Landleben oder patriotischen Szenen am laufenden Band herstellten. Ein Maler, der sich auf heldische Kriegsszenen für Postkarten spezialisiert hatte, verdiente mit dem Verkauf an die Truppen ein Vermögen. Abgesehen von den PK-Malern wurden Künstler nicht zum Militärdienst eingezogen.

Für das Jahr 1943 plante Baldur von Schirach in Wien eine Ausstellung mit dem Titel »Junge Kunst«. Baldur von Schirach hatte Bürckel als Gauleiter in Österreich abgelöst. Er kam als gebildeter Mann adeliger Herkunft mit den Wienern besser zurecht als der rauhe, germanische Bürckel. Abgesehen von zwei Büsten von Hitler und Mussolini entsprachen die ausgestellten Stücke in keiner Weise den von den Nazis vorgeschriebenen Richtlinien. Unglücklicherweise fiel die Eröffnung mit der Kapitulation der Deutschen bei Stalingrad zusammen, und im letzten Moment mußte die groß angekündigte Eröffnungsfeier im Künstlerhaus abgesagt werden. Trotzdem wurde die Ausstellung geöffnet, lief aber nur eine Woche. Hitler war wütend auf Schirach, der später im Spandauer Gefängnis Albert Speer erzählte, daß von da an Hitler jeden Künstlerischen Rat von ihm ablehnte.

ZEHNTES KAPITEL

Die Rettung von Italiens Kunstwerken

Schon 1939 unterzeichneten Hitler und Mussolini einen Vertrag, der die Rückgabe aller Kunstwerke, die deutschen Ursprungs oder deutscher Herkunft waren, durch den Staat Italien an Deutschland vorsah. In der Hauptsache war davon Südtirol betroffen, das bis zum Ende des Ersten Weltkrieges ein Teil der österreichisch-ungarischen Monarchie war und viele kirchliche Kunstschätze besaß, wie mittelalterliche Altäre berühmter deutscher Künstler. Dieser Vertrag wurde jedoch von den Italienern nie erfüllt.

Als es während des Zweiten Weltkrieges zur Plünderung von Kunstschätzen kam, konnten Hitler und Göring in Italien nicht auf die gleiche Weise vorgehen wie in den eroberten Gebieten. Deutschland und Italien waren Achsen-Partner. Daher mußte alles, was Kunstschätze betraf, offengelegt werden, was bedeutete, daß offizielle Händler die italienischen Kunstwerke auf dem freien Markt kaufen mußten. Folglich mußte Dr. Posse einen offiziellen Einkäufer für das Linzer Museum bestellen. Prinz Philipp von Hessen war für diese Aufgabe der richtige Mann: verwandt mit Königin Viktoria von England und König Friedrich IV. von Preußen, hatte er in Oxford studiert und eine Tochter des italienischen Königs geheiratet. Er lebte und arbeitete lange Zeit in Rom als Architekt. Posse übertrug ihm die Aufsicht über die Einkäufe.

Aber auch Göring war nicht untätig. Um nicht überboten zu werden, benutzte er das Verwaltungsbüro der Luftwaffe in Rom, über das seine Gemäldekäufe bezahlt wurden. Aus den Belegen, die nach dem Krieg entdeckt wurden, geht hervor, daß Göring annähernd 18 Millionen Lire für Gemälde in Italien ausgegeben hat. Um sie ohne Exportgenehmigung außer Landes bringen zu können, bediente er sich der deutschen Diplomatenpost. 1942 sah sich der italienische Kultusminister Bottai durch die immensen Aufkäufe von Kunstschätzen für Linz und für Görings Sammlung gezwungen, ein Gesetz zu verabschieden, das die Ausfuhr von Kunstwerken aus Italien verbot. In der Folge davon unterblieben die Einkäufe fast zur Gänze. Aber Göring ließ sich nicht so leicht einen Strich durch die Rechnung machen. Als er das »Porträt eines Mannes« von Hans Memling gekauft hatte, bat er durch seinen Agenten Hofer den Duce persönlich um die Ausfuhrerlaubnis.

Nach der Landung der Alliierten auf italienischem Boden änderte sich die Haltung der Nazis gegen die Italiener und ihre Kunstschätze. Obwohl die Italiener (Mussolinis »faschistische Republik« in Oberitalien) noch immer ihre Verbündeten waren, hielten die Deutschen sehr wenig von ihren kämpferischen Qualitäten. Als die Truppen von US-Feldmarschall Alexander immer weiter vorrückten, nahm die Waffen-SS keine Rücksicht mehr auf die Gefühle der Italiener in Bezug auf ihr nationales Erbe. Das deutsche Oberkommando in Italien fand, daß es eine eigene Kunstschutz-

Abteilung für Italien benötigte. Sie wurde ordnungsgemäß in Rom gegründet und stand zuerst unter dem Befehl der Wehrmacht und dann unter der Leitung von SS-Oberst Langsdorff, der von Himmler mit dieser Aufgabe betraut wurde. Langsdorff, ein Kunsthistoriker und Professor, der für das preußische Staatsmuseum gearbeitet hatte, war nur Himmler oder seinem Vertreter, SS-General Wolff, dem Chef der deutschen Sicherheitspolizei in Italien, verantwortlich. Auf Betreiben Hitlers, der an das Linzer Museum dachte, unternahm der Kunstschutz unter Oberst Langsdorff wiederum erste Schritte, italienische Kunstwerke zu »beschützen«. Darunter befanden sich zuerst der italienische Kronschatz aus dem königlichen Palast in Cuneo mit seiner wertvollen Sammlung von 50000 antiken Goldmünzen aus dem römischen Reich, die im Besitz von König Viktor Emmanuel III. gewesen war. Die abessinische Krone, die Mussolini bei seiner Besetzung Äthiopiens 1936 geraubt hatte, wurde ebenfalls weggebracht. Die Deutschen entschuldigten ihr Vorgehen damit, daß die Landung der alliierten Truppen und ihr Vorrücken gegen Rom die Sicherheit des Schatzes gefährde.

Ungefähr zur selben Zeit, als die deutsche Armee ihren Kunstschutz im November 1943 gründete, ernannte das Kriegsministerium in London den bekannten Archäologen Sir Leonard Wooley zu ihrem künstlerischen Berater im Rang eines Oberstleutnants. Erst 1944 wurde der anglo-amerikanische Verband der MFA&A (Denkmal, Bildende Künste und Archäologie) den alliierten Armeen zur Befreiung des besetzten Europas angegliedert. Den vorrückenden alliierten Truppen folgten britische und amerikanische Stabsoffiziere, die als befähigte Kunsthistoriker bekannt waren. Ihre Aufgabe war es, Denkmäler und Kunstschätze vor weiterer Zerstörung zu beschützen und sich auf die Suche nach den Kunstwerken zu machen, die die Nazis gestohlen hatten. Zwei Wochen nach der Landung der Alliierten in Sizilien kamen die MFA&A-Offiziere, um die Schäden, die an historischen Gebäuden und Kunstwerken während der Kampfhandlungen entstanden waren, zu begutachten und die Museen und Kunstgalerien unter Zutrittsverbot für militärische Truppen zu stellen. Als sie Neapel erreichten, mußten sie entdecken, was die Nazis unter dem Kommando der SS auf ihrem Rückzug zerstört hatten. Die königliche Bibliothek, die unschätzbare Werte enthielt, war mit Benzin übergossen und angezündet worden. Italienische Wachen, die diese Zerstörung zu verhindern versuchten, wurden erschossen. Aus der Nationalbibliothek wurden achthundert Kisten mit wertvollen Büchern gestohlen. Die Villa Montezone in Livardi in der Nähe von Nola, wohin man das Staatsarchiv von Neapel gebracht hatte, wurde vorsätzlich in Brand gesteckt. Viele wertvolle Urkunden-Sammlungen wurden mutwillig zerstört: Dokumente der Staufer; der Anjous, die Könige von Neapel waren; Aufzeichnungen und Berichte der spanischen und österreichischen Abgesandten aus der Zeit der Bourbonen-Herrschaft von 1239 bis 1811. Etwa siebzig Gemälde gingen verloren, darunter die »Madonna und ihr Kind« von Luini, sowie ein frühes Gemälde von Botticelli. Abziehende deutsche Truppen brannten in Nenni römische Galeeren nieder und plünderten den Palazzo Ruspoli. Sir Leonard Wooley berichtete noch von vielen anderen Zerstörungen. Währenddessen erzählten die Nazis den Italienern und ihren eigenen Landsleuten im Rundfunk, daß die Juden und die Diebe der alliierten Kunstkommissionen Italiens Schätze plünderten. Sie behaupteten, daß ein Schiff, beladen mit Kunstwerken, die für das britische Museum und private Sammlungen bestimmt waren, von Sizilien abgelegt hätte.

In Neapel hatten die Behörden einen großen Teil der Kunstschätze des Nationalmuseums im Benediktiner-Kloster von Monte Cassino untergebracht. Als sich die US-Armee Feldmarschall Alexanders Monte Cassino näherte, einigten sich der deutsche Kunstschutz und die faschistische Regierung in Rom darauf, die Sammlung wegzubringen. Nach vielen Diskussionen wurde sie im Januar 1944 ins Museum des neutralen Vatikan gebracht. Bei ihrem Eintreffen entdeckten die vatikanischen Museumsbeamten, daß etliche Stücke fehlten: Zwei Bilder von Tizian, eines von Claude Lorrain, ein Raffael, ein Tiepolo, ein Palma Vecchio, zwei Kisten mit goldenen Statuen der Römer aus Pompeji und Herculaneum, eine Rüstung Kaiser Karls V. sowie fünf Bronzestatuen. Offenbar waren alle diese Schätze während des Transportes vom kommandierenden Offizier und seinen Leuten beiseite geschafft worden. Später sickerte dann durch, daß sie sorgfältig verpackt und als Geschenk des Hermann-Göring-Regiments an Göring nach Karinhall geschickt wurden. Sehr zur Verlegenheit Görings; er wollte nicht in diese offensichtliche Plünderung hineingezogen werden. Zweifellos bewunderte er diese Gemälde, ließ sie jedoch an Hitler in das Lagerdepot nach München schicken. Sie wurden

später in den Salzminen von Alt-Aussee wiedergefunden.
Monte Cassino wurde im Kampf vollkommen vernichtet, und viele historische Kirchen und Denkmäler wurden beim Vormarsch der Alliierten auf Rom, das mittlerweile zur offenen Stadt erklärt worden war, zerstört. Nachdem sie Rom befreit hatten, rückten die Alliierten nach Florenz vor, wo nun unbezahlbare Kunstwerke, die in Lagerräumen untergebracht waren, in großer Gefahr schwebten. Die Kunstkommission der Alliierten wußte, daß die Italiener hinter den deutschen Linien Organisationen gegründet hatten, um ihre Kunstwerke zu schützen. Sie konnten in Erfahrung bringen, wo diese Kunstwerke gelagert waren, aber was die Deutschen damit vorhatten, konnten sie nur mutmaßen. Die antifaschistische Badoglio-Regierung kontrollierte bereits große Teile Italiens, und die Deutschen hatten weder Zeit noch Lust, sich um ihre italienischen Waffenbrüder zu kümmern.
Was wirklich in diesen ereignisreichen Tagen geschah, konnte ich im nachhinein nur unvollkommen rekonstruieren. Nach längerem Briefwechsel mit offiziellen Behörden in Rom und den Museumsdirektoren lernte ich die Hintergründe der Ereignisse aus den anschaulichen Berichten von Dr. Rudolfo Siviero kennen, der bei Ausbruch des Krieges der Abteilung zum Schutz der Kunstwerke der Galerie der Uffizien in Florenz vorstand. Er ahnte beim Zusammenbruch der Regierung Mussolinis, daß sich die Lage verschlechtern würde, aber es waren nicht die Bomben der Alliierten, die er fürchtete, sondern die Plünderung durch die SS. Er hatte bereits eine geheime Organisation gegründet,

die unter der rätselhaften Abkürzung SAP bekannt war, und die die Aufgabe hatte, italienische Kunstwerke zu beschützen. Ihr gehörten Künstler an, Kunsthistoriker und Museumspersonal. Sie war in Gruppen unterteilt, die in direktem Kontakt zu den italienischen Partisanen in den von den Deutschen beherrschten Gebieten standen. Die Abteilung Florenz, unter der Leitung des Malers Bruno Becchi (der später im Kampf getötet wurde), war heimlich in einem alten Postbüro in der Nähe der Uffizien untergebracht worden, unter dem Vorwand von Restaurierungs-Arbeiten. Der erste inoffizielle Auftrag, der auf den Vorschlag des Leiters der Uffizien, Giovanni Poggi, zurückging, war, das alte bemalte Glasfenster der Kirche von Arezzo vor den Deutschen zu retten. Während die Kirche schon bombardiert wurde, holten die Verschworenen das Fenster, luden es auf einen Lastwagen, während die Granaten um sie herum einschlugen, und brachten ihre wertvolle Fracht über die durch Bäume geschützte Straße von Siena zurück nach Florenz.
Die Ereignisse überschlugen sich. Im September 1943 erhielt Dr. Siviero von einem seiner Kontaktleute bei der italienischen Armee die Kopie einer Meldung des deutschen Oberkommandos in Italien. Diesem streng geheimen Befehl zufolge sollte sich der aufgelöste Geheimdienst der italienischen Armee unter dem Kommando des deutschen SD (Sicherheitsdienstes) neu bilden. Frühere Mitglieder wurden aufgefordert, sich der deutschen Führung anzuschließen, damit es dem SD möglich wurde, an Informationen über anti-faschistische Widerstandsgruppen zu gelangen. Hier war die Gelegenheit, den SD zu unterwandern. Siviero sprach

einen ehemaligen Abwehroffizier des italienischen Geheimdienstes SIM an. Er fragte, ob er noch andere antifaschistische Sympathisanten kenne. Der frühere Offizier, der jetzt Oberst der Carabinieri war, fing Feuer und begann, ehemalige Mitarbeiter von SIM für die neue Sache anzuwerben. Er wurde von Siviero mit genügend Geldmitteln ausgestattet, aber auch gewarnt. Er würde wahrscheinlich erschossen werden, falls man ihn erwischte. Der Oberst hatte dafür nur ein Lachen übrig.

Zwei Wochen später erhielt Siviero vom Oberst eine Liste mit den Namen von achtzehn ehemaligen SIM-Offizieren, die sich von den Deutschen zum Schein anwerben lassen wollten. Der SD nahm sie auch auf. Sivieros Organisation hatte nun ihre Leute in den Abteilungen des SD in Mailand, Florenz und Bologna, ja das Netz der Spione breitete sich noch weiter aus. Diesen Agenten waren verschiedene geheime Aufgaben zugeteilt; zuallererst sollten sie das alliierte Kommando von den Truppenbewegungen der Deutschen unterrichten und die italienischen Partisanen von Aktionen, die der SD gegen sie plante. Man warnte diejenigen, die die Gestapo verhaften wollte, und Juden vor der Deportation. Man berichtete von geplanten Beschlagnahmungen von Kunstwerken. Die Gruppe in Florenz, die unter der Leitung von Becchi stand, benutzte das kleine Café Porcellino als »Briefkasten«. Der Kellner gehörte ebenfalls zu der Organisation und gab die Informationen weiter, die er mündlich von vertrauenswürdigen Informanten erhielt. Man richtete ein »sicheres Haus« in der Wohnung von Professor Giorgio Castelfranco ein. Die Gestapo hat dieses Versteck niemals entdeckt.

Die erste Information, die die Leute Becchis bekamen, betraf das Vorhaben des Kunstschutzes, für Karinhall das Bild »Mariä Verkündigung« von Fra Angelico zu requirieren, das sich im Franziskanerkloster von San Giovanni Valdarno befand. Die Organisation von Siviero trat nun auf den Plan. Zwei Franziskanermönche aus Florenz, die beide für die Organisation arbeiteten, suchten das Kloster auf und brachten das Gemälde weg. Als der Kunstschutz eine Erklärung dafür forderte, erwiderte der Leiter der Galerie der Uffizien, daß kirchliche Meisterwerke unter die Zuständigkeit des Vatikans fielen, der das Eigentum der Kirche in Italien verwaltete. Der Vatikan habe die Entfernung des Bildes angeordnet.

Die deutschen Forderungen nach Überstellung anderer italienischer Meisterwerke in das Reich führten zu einer ernsthaften Belastung der Beziehungen zu den italienischen Behörden. Diesen gelang es jedoch, die ganze Angelegenheit hinauszuzögern. Wie Siviero bemerkte, war »die italienische Verwaltung wie eine alte Straßenbahn, die langsam dahinrattert und oftmals ganz stehenbleibt«. Obwohl der Sicherheitsdienst mit der Gestapo zusammenarbeitete, kam ihnen doch niemals der Verdacht, daß Informationen aus ihren eigenen Reihen durchsickern könnten. Die Deutschen verstanden die italienische Mentalität nie, und nur wenige von ihnen sprachen gut italienisch, so daß sie im geschäftlichen Verkehr mit den Italienern im Nachteil waren.

Der erste wirklich große Coup gelang der Gruppe von Siviero, als drei deutsche Meldungen – Berichte aus dem Büro des Kunstschutzes in Florenz – durch einen der eingeschleusten Männer an Bruno Becchi weitergegeben wurden. Sie besagten, daß im Haus des deutschen Konsuls in Florenz ein Treffen stattgefunden hatte, auf dem eine Entscheidung über die Zukunft der Kunstschätze dieser Stadt herbeigeführt werden sollte. Zwei Männer vom SD waren kurz zuvor aus Deutschland eingetroffen. Es waren Befehle von Hitler und Himmler durchgegeben worden, daß der Abtransport von Kunstwerken, die in nahegelegenen Villen gelagert waren, in die Wege geleitet werden sollte. Siviero und seine Leute wußten, daß die Kunstwerke entfernt, möglicherweise sogar zerstört werden sollten. Der Verbindungsoffizier des alliierten Mittelmeerkommandos, Captain Stanhope Wright, war durch geheime Informationen von den Absichten der Deutschen ins Bild gesetzt worden. Die beiden SD-Männer kamen nach Florenz und bezogen ihr Quartier in der Pension Piccoli in der Via Tornabuoni. Durch einen befreundeten Leutnant, der diese Pension öfters besuchte, gelang es Siviero, sich dort einzumieten und mit einem der SD-Männer, der ein bekannter Kunsthistoriker war, Bekanntschaft zu schließen. Dieser Mann war gekommen, um an Ort und Stelle alle Kunst-Lager zu überprüfen. Mit Hilfe von Kollaborateuren war er bald im Besitz einer Liste mit dem genauen Inhalt der Lager in den Villen von Montegufoni und Montagnana.

Unglücklicherweise hatte Sivieros Gruppe nicht die Möglichkeit, die Deutschen am Abtransport der Kunstwerke zu hindern. Die Deutschen hatten sogar in Erwägung gezogen, die Kunstwerke zu zerstören, wenn ein Transport unmöglich sein sollte. Falls dieser

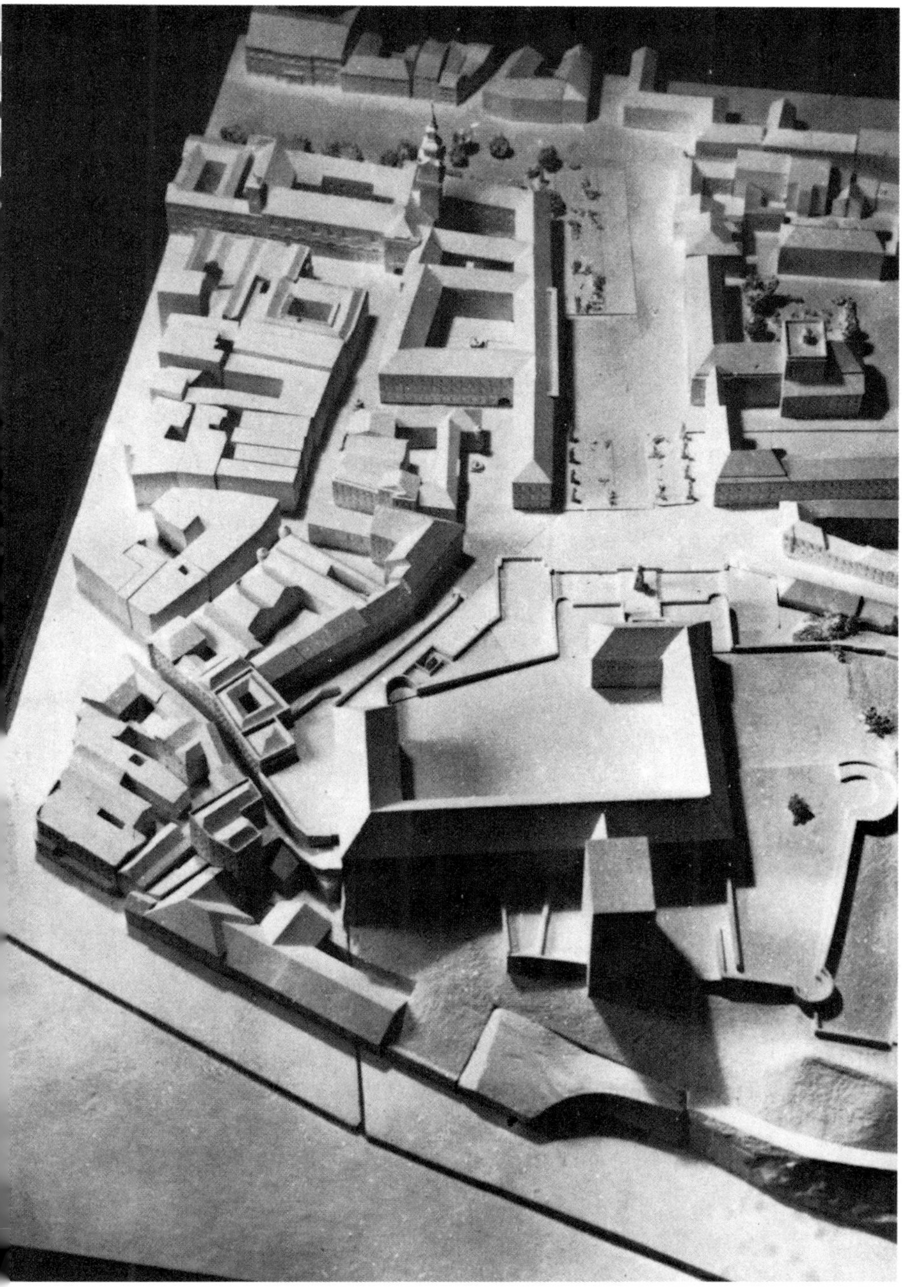

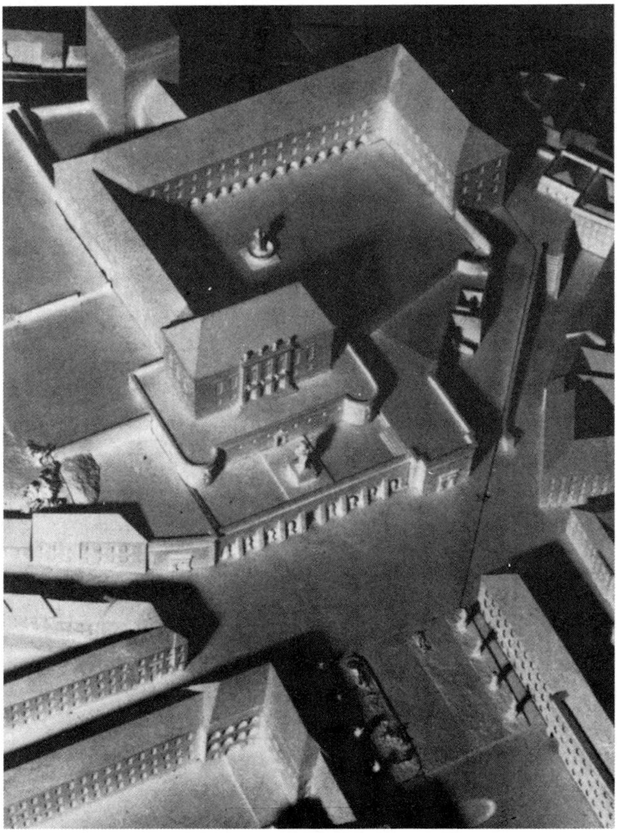

Zwei Modelle des Führermuseums in Linz. (Siehe auch vorhergehende Seite) (29)

»Europäisches Kunstzentrum« in Linz im Entwurf des Architekten Roderich Fick. Im Zentrum das Opernhaus. Links das »Führermuseum« mit der Bibliothek gegenüber. Auf der einen Seite des Opernhauses die Bruckner-Halle, auf der anderen die Operette. (30)

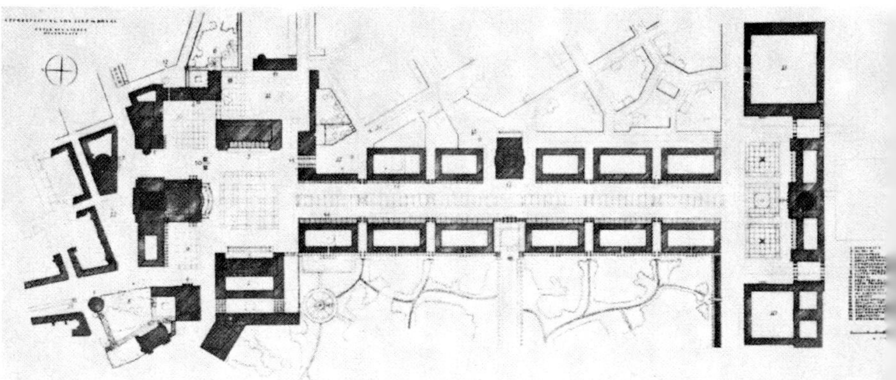

·öring besichtigt eine Sammlung von Kunstgegenständen aus Metall, u.a. die Büsten von
Iitler und Göring selbst. (31)

Aus der Ausstellung »Warschau klagt an«: Überreste des von den Nationalsozialisten niedergebrannten königlichen Schlosses. (32)

Hauptfiguren in dem Drama: (33)

Ernst Kaltenbrunner, Chef des Reichssicherheitshauptamtes, zweiter Mann bei SS und Gestapo.

Alfred Rosenberg, verantwortlic für die Koordination der Requierierung von Kunstwerker besonders aus jüdischen Privatsammlungen, in Frankreic

Gauleiter Josef Bürckel, ab 1938 f Wien und Unterösterreich zuständig. Später wurde er durc Baldur von Schirach ersetzt und beging 1944 Selbstmord.

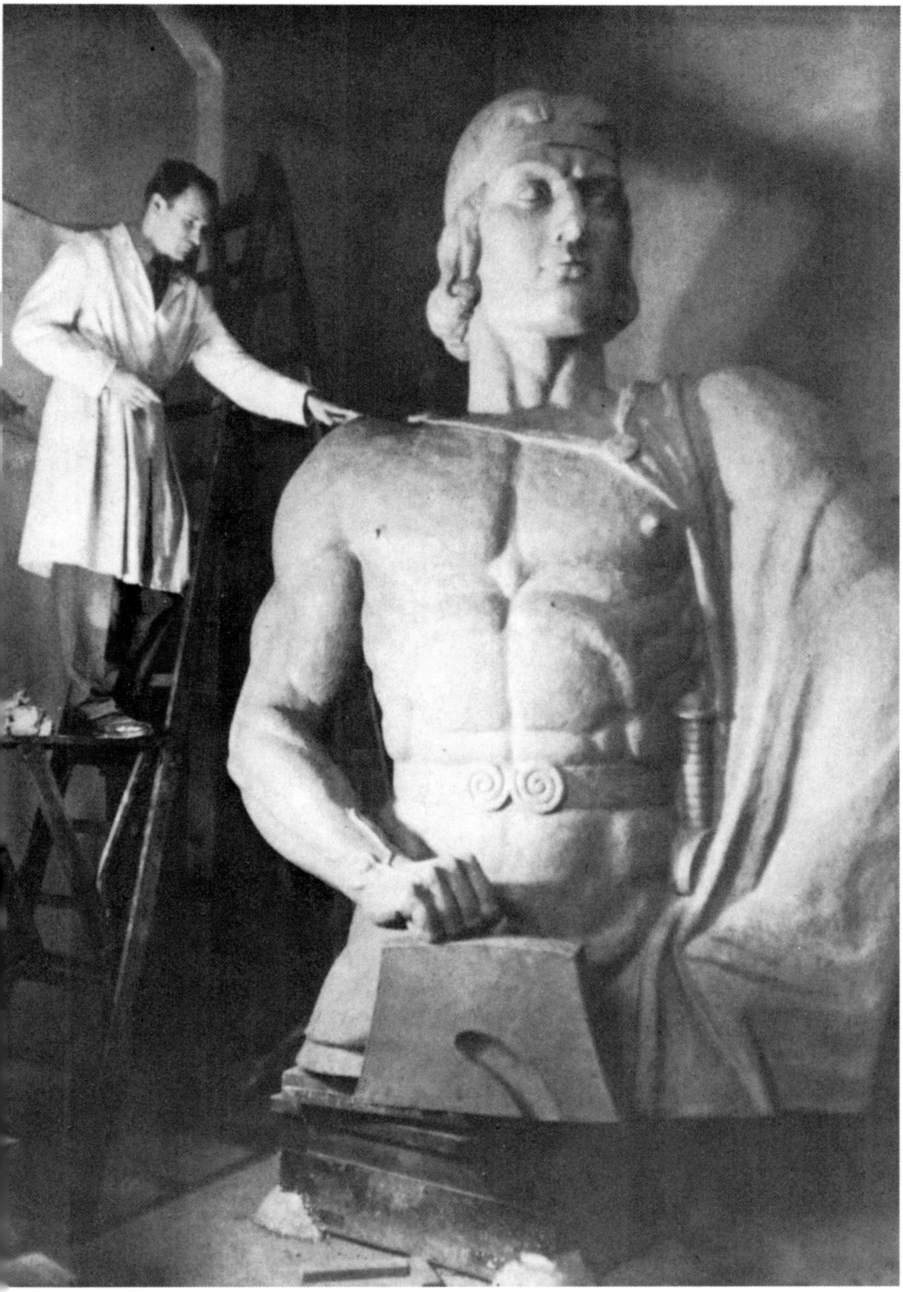

)er Bildhauer Graf Plettenburg bei
ler Arbeit an einer der Statuen für
lie Linzer Brücke. Über den
/erbleib der Statuen ist nichts
ekannt. (34)

Spuren der Zerstörung nach dem Rückzug der Waffen-SS aus Château Chamerolles in Frankreich. (35)

San Leonardo, Italien: Deutsche Soldaten verladen aus den Uffizien geraubte Kunstwerke. Da
auf der Seite liegende Bild ist die »Kreuzigung« von Signorelli. (36)

Montegufoni, Italien: Kunstschätze aus den Uffizien und dem Palazzo Pitti wurden im Schloß Sir George Sitwells gefunden. (37)

Professor Michel (sitzend Mitte) und österreichische Bergleute bei der Sicherstellung eines Riesenschatzes an Kunstwerken in den Salzminen von Alt-Aussee. Professor Michel sitzt auf einer entschärften US-Bombe, die die Nationalsozialisten in der Mine deponiert hatten. (38)

Zwei Fotos vom Inneren der Mine in Alt-Ausee, wo die NationalsozialistenTausende von Kunstwerken versteckt hatten. (39)

Fall eintreten würde, hatte die kleine Gruppe keine Hoffnung, eingreifen zu können. Alles, was Sivieros Leute tun konnten, war, die Schritte der Deutschen genau zu kontrollieren. Glücklicherweise wurde der Abtransport allgemein bekannt, weil die Deutschen beschlossen hatten, ihn für ihre Propaganda auszunutzen. Sie ließen im Radio verlautbaren, daß die deutsche Armee das kulturelle Erbe Europas vor der Zerstörungswut der Alliierten beschützen werde.

Poggi, der Leiter der Uffizien, wurde durch den deutschen Konsul unterrichtet, daß die Werke der Uffizien und der Galerie Pitti nicht aus ihren Lagern weggebracht werden sollten. Einige davon waren in einem Eisenbahntunnel bei Incisa Valdarno untergebracht, ganz in der Nähe der Front. In der Zwischenzeit beobachtete Bruno Becchi das Lager der Villa Pucci Bossi in Montagnana. Auf Befehl von Oberst Langsdorff sollte der Inhalt dieses Lagers durch die 362. Division von General Greiner, die in Montespertoli stationiert war, in mehrere nahegelegene Kunstdepots verlegt werden.

Der erste Lastwagenzug machte sich zu Beginn des Juli 1944 auf den Weg. Zwei Wochen später wurden die restlichen Kunstwerke unter der persönlichen Überwachung von Oberst Langsdorff in Lastwagen weggebracht. Elf ungewöhnlich große Gemälde, die nicht verpackt werden konnten, mußten zurückgelassen werden. Die Fahrt nach Norden in Richtung Grenze war voller Gefahren; die Alliierten griffen mit ihren Flugzeugen aus der Luft an, und einige der Wagen blieben auf der Strecke. Schließlich erreichte der Konvoi Bozen in Südtirol. Die Italiener, die sich schon über den Verbleib des Transportes Sorgen gemacht hatten, verlangten die Lager in Südtirol zu inspizieren, aber die Deutschen verweigerten die Erlaubnis dazu. Mittlerweile verbreitete der römische Rundfunk Berichte über den Diebstahl italienischen Kulturgutes durch die Deutschen.

Zu dieser Zeit fiel einem von Sivieros Kontaktleuten eine streng vertrauliche Nachricht, die an Himmler gerichtet war, in die Hände. Sie besagte, daß es Oberst Langsdorff gelungen sei, den Befehl des Führers auszuführen und die italienischen Kunstwerke vor den alliierten Bombenangriffen zu retten. Der Bericht erwähnte auch den Umstand, daß es noch viele Meisterwerke in den Palästen und Schlössern von Florenz gebe, die man wegen fehlender Transportmittel nicht wegschaffen konnte. Langsdorff hatte schließlich mit Hilfe von Fallschirmjägern trotz Feindbeschusses zwei wertvolle Gemälde aus dem Schloß Orvieto retten können, nämlich »Adam« und »Eva« von Cranach. Der Bericht führte weiter aus, daß der Führer anläßlich seines Besuches in Florenz gerade diese Gemälde sehr bewundert hätte. Sie wurden nach Bergamo in Norditalien gebracht. Ob sie vielleicht an Hitler weitergeschickt werden sollten? Die Nachricht, die von General Wolff unterzeichnet war, endete mit einem Bericht über den Transport von Kunstschätzen nach Südtirol durch Langsdorff.

Dieses Schreiben war eines der Beweisstücke, die im Nürnberger Kriegsverbrecher-Prozeß von der Anklage vorgelegt wurden zum Nachweis des Transportes italienischer Kunstwerke nach Deutschland. Von dem Abtransport der Cranach-Gemälde erfuhr ich aus einer anderen Quelle, die weitere sechs Bilder erwähnte, die Langsdorff überstürzt in einen Rot-Kreuz-Wagen verladen ließ, nur zwischen Matratzen geschlichtet. Langsdorff hatte Poggi, dem Leiter der Uffizien, eine Empfangsbestätigung für die Bilder versprochen, die aber niemals ankam. Poggi sandte einen Brief mit einem Bericht über Langsdorffs Tätigkeit an dessen Gegenspieler bei der britischen Kunstkommission, Sir Leonard Wooley.

Andere deutsche Geheimdokumente, die beim Kriegsverbrecher-Prozeß vorgelegt wurden, zeigten, daß der Kunstschutz schon Anfang 1944 vorhatte, die Kunstwerke aus Florenz auch gegen den Protest der Italiener nach Norditalien zu schaffen. Mussolini forderte ihre Rückgabe an Florenz, wurde aber abgewiesen. Seine eigene Regierung hatte Pläne, den Inhalt der Museen in eigens vorbereitete Lager bei den italienischen Seen zu evakuieren, aber die Deutschen lehnten das kurzerhand ab. Damals war Mussolini schon nur noch eine Marionette der Deutschen, und die gleichwertige Partnerschaft der Achsenmächte gehörte der Vergangenheit an.

Sivieros Mitarbeiter beobachteten heimlich und sehr genau alle diese Tätigkeiten der Deutschen. Oftmals spielten die Deutschen selbst in ihre Hände. Alle schriftlichen, streng vertraulichen Befehle mußten nach Abschluß einer Operation vernichtet werden. Das geschah auch, aber nicht ohne daß die deutschen Kommandos, die an der Ausführung beteiligt waren, Kopien davon erhielten. So konnten sich die von Siviero eingeschleusten Kontaktleute Kenntnis davon verschaffen, wenn die Berichte vom SD bearbeitet wurden.

Andere Mitarbeiter der verborgenen Organisation überwachten alle Transporte, mit denen Kunstwerke weggeschafft wurden – wegen fortwährender Luftangriffe der Alliierten hatte man Schienentransporte aufgegeben. Da die Deutschen keine spezielle Einheit für ihre Konvois benutzten, sondern nahmen, was gerade an Lastwagen und Personal verfügbar war, wurde es überaus schwierig, die Richtung der Transporte festzustellen. Der Kunstschutz war ängstlich bemüht, die ganze Arbeit geheim zu halten. Damals mißtrauten die Deutschen jedem Italiener und wichen allen Fragen aus. Es war jedoch möglich, gewisse Informationen von einzelnen Soldaten zu erhalten, und Siviero bekam durch einen seiner Agenten Wind von einem Befehl Himmlers, daß alle Kunstwerke, die nicht aus den Lagern in Florenz weggebracht werden konnten, zerstört werden sollten. Laut Dr. Siviero plante das alliierte Oberkommando aufgrund dieser Meldung in letzter Minute einen Fallschirmjäger-Angriff, um die Lager in ihre Gewalt zu bekommen. Die Deutschen führten allerdings diesen Befehl Himmlers nie aus. Der schnelle Vorstoß der Alliierten in der Toskana ließ den Deutschen auf ihrem Rückzug keine Zeit, die Lagerräume der Kunstwerke zu zerstören; sie mußten gegen die überwältigende Übermacht um ihr Leben kämpfen.
Bei den alliierten Truppen, die sich ihren Weg in den Norden Italiens erkämpften, waren auch die Kriegsberichterstatter. In Uniform, aber ohne Waffen, mit ihren eigenen Presse Corps-Abzeichen, waren sie den verschiedenen Einheiten zugeteilt. Sie hatten die Aufgabe, Augenzeugenberichte über die Kämpfe an ihre Zeitungen oder Rundfunkstationen zu schicken. Einer

der bekanntesten Rundfunkreporter von der Front war der BBC-Korrespondent Wynford Vaughan-Thomas. Er beschrieb in dem Film »Kunst in Gefahr« die unvermutete Entdeckung von unschätzbaren Kunstwerken in Montegufoni während der Schlacht um Florenz:

»... Ich war zur vordersten Linie hinaufgegangen. Wir waren auf dem Vormarsch in der Toskana, diesem wundervollen Landstrich südlich von Florenz. Es sah aus, als stünden wir mitten in einem dieser herrlichen italienischen Gemälde – Zypressen, blauer Himmel, Bauernhäuser. Aber das ganze Bild änderte sich schlagartig, als die Deutschen das Feuer auf uns eröffneten. Der Lärm der Granaten machte es uns schwer, die Schönheiten der italienischen Landschaft zu würdigen!

Ich war mit Eric Linklater zusammen, und wir flüchteten in unserem Jeep zum nächstgelegenen Gebäude. Es war ein Schloß, direkt vor uns auf einem Hügel gelegen. Wir schauten nicht lange, ob wir dort willkommen waren oder nicht. Wir rannten durch einen Torweg in den Hof und standen plötzlich Mahratta-Truppen gegenüber – indischen und britischen Armee-Meldern. In unserer Besessenheit, uns in Sicherheit zu bringen, platzten wir in die große Halle des Schloßes. Aber was sahen wir da! Auf der einen Seite leuchteten einige wundervolle Ölgemälde im Dunkeln. Ich blieb stehen, um sie genauer zu betrachten. Zu Linklater bemerkte ich: ›Sie sehen wundervoll aus, sind aber sicher nicht echt, das müssen Fälschungen sein.‹ Wir gingen weiter in die Halle hinein, als uns plötzlich ein italienischer Flüchtling entgegentrat. Er fiel vor uns auf die Knie und beschwor uns: ›Rettet sie, rettet die Meisterwerke aus den Uffizien!‹ Dann zog er uns beide mit sich und öffnete eine Tür, die in einen anderen großen Saal führte. Er bat uns, zu warten. Er lief zum nächstgelegenen Fenster und öffnete die Läden. Für mich war dies der dramatischste Augenblick des ganzen Krieges: als er das Fenster öffnete, fiel ein Strahl des hellen italienischen Sonnenlichtes wie ein Scheinwerfer auf die schönsten Bilder der Welt. Das erste, das wir sahen, war Botticellis ›Primavera‹, diese wundervolle Beschwörung des Frühlings, die Mitte des fünfzehnten Jahrhunderts für Lorenzo de Medici in so zarten und doch strahlenden Farben gemalt wurde. Das nächste Fenster wurde geöffnet, und ein Lichtstrahl fiel auf das Bild von Paolo Uccello: »Die Schlacht von San Remo«, eines der besten perspektivischen Gemälde der Welt. Und während der Mann in der großen Halle ein Fenster nach dem anderen öffnete, fiel ein Lichtstrahl nach dem anderen herein, und jeder erleuchtete ein neues Meisterwerk.«

In diesem Augenblick trat Professor Cesare Fassola ein, der Bibliothekar der Uffizien und ein tapferer Mann, der, was Wynford Vaughan-Thomas und Eric Linklater nicht wußten, schon seit Tagen zu Fuß die Runde durch alle Kunstdepots machte und die deutschen Soldaten anflehte, doch nicht die Kunstschätze Florenz' zu zerstören. Einmal fand er SS-Truppen, die ihre Mahlzeit auf einem wertvollen Gemälde, das auf einfachen Holzkisten lag, einnahmen. Er bat sie, das Gemälde doch wegzugeben, aber sie lachten nur, und einer von ihnen stach absichtlich mit einem Messer hinein. Fassola hielt sich ohne Erlaubnis der Deutschen im

Kampfgebiet auf und umging die feindlichen Linien, um sich den Briten im Schloß Montegufoni, das Sir George Sitwell gehörte, anzuschließen.

»... Wir taten, was wir konnten«, so fuhr Wynford Vaughan-Thomas fort. »Wir konnten den britischen Oberst überzeugen, der für die Kämpfe in diesem Gebiet verantwortlich war. Er war nicht gerade glücklich über uns. Ein Tiger-Tank im unteren Teil des Gartens feuerte schon den ganzen Morgen über. Da ließ der Oberst das Feuer einstellen und postierte Wachen bei den Gemälden. Linklater und ich rasten mit unserem Jeep ins Hauptquartier und veranlaßten den kommandierenden General der Briten, den Angriff von der Umgebung des Schloßes abzulenken. Und so konnten einige der größten Kunstwerke Florenz' vor der Zerstörung gerettet werden.«

Die alliierten Streitkräfte näherten sich nun Radicofani, und der Kampf um Florenz stand unmittelbar bevor. Dr. Siviero gelang es, durch die deutschen Linien zu schlüpfen und zu den Einheiten des Allied Intelligence Corps (Nachrichtencorps der Alliierten) in San Casciano durchzukommen, wo man die Besetzung von Florenz vorbereitete. Zuerst erwog man, die Stadt einzukreisen, aber die einzig sinnvolle Lösung war schließlich ein Frontalangriff. Es war eine heiße, schwüle Nacht, als die Alliierten Florenz angriffen. Siviero fuhr mit einem britischen Major in einem Jeep in einer kleinen Kolonne auf der Straße von Siena in die Randbezirke der Stadt. Aber die Deutschen hatten mittlerweile die Brücken und historischen Gebäude entlang des Arno vermint und Sprengtrupps in der Stadt verteilt. Zehn hochexplosive Sprengladungen

waren angebracht worden, die den größten Teil der Stadt in die Luft gejagt hätten. Aber zwei von Sivieros Leuten konnten die Agenten ausheben, die die Minen zur Explosion bringen sollten. Da sich jedoch nun auch die Partisanen an den Kämpfen beteiligten, war es trotz allem nicht mehr möglich, einige der schönsten Plätze der Welt zu retten. Als Sir Leonard Wooley und sein Team in Florenz eintrafen, war es in einem fürchterlichen Zustand. Die Uffizien waren verschont geblieben, aber alle Denkmäler am Nordufer des Arno waren zerstört. Die einzige Brücke, die noch stand, war der Ponte Vecchio – möglicherweise war dies einem Befehl Hitlers zu verdanken, der die Brücke anläßlich seines Staatsbesuches in Italien so sehr bewundert hatte. Die Brücke San Trinità war gesprengt worden, obwohl sie als geschütztes Denkmal nach internationalem Recht galt. Nur die Stützpfeiler waren noch übrig geblieben. Ein junger Bildhauer, Gianetto Manucci, trieb einige Freiwillige auf. Sie tauchten im Arno nach Bruchstücken der berühmten Statuen und Brückenverzierungen. Ein Kran hob später vier Statuen, die heute die neue Brücke schmücken. Sie wurde nach den Plänen der alten Brücke aus dem Archiv des American Councils of Learned Society wieder aufgebaut.
In Siena gelang es den dortigen Partisanen, in letzter Minute den Abtransport von Kunstwerken aus Lagern in der Nähe der Stadt durch deutsche Truppen zu verhindern. Das Gelingen solcher Unternehmungen hing vielfach von dem deutschen Offizier ab, der das Gebiet befehligte. Einer von ihnen, Andreas Schreiber, der im Zivilberuf selbst Maler gewesen war, konnte etliche Schätze vor der Plünderung retten. Andererseits hat-

ten wieder die SS-Elitetruppen an der Front wenig für Kunst übrig; sie kämpften als Nachhut und nahmen ihre Rache an den früheren italienischen Verbündeten. Die Italiener selbst waren zwar bereit, ihr Leben für ihre Kunstschätze einzusetzen, wollten aber nicht länger für den schon untergegangenen Faschismus kämpfen. Sie waren des Krieges überdrüssig.

In vielen Fällen aber konnten die Italiener ihre Museumsschätze erfolgreich verstecken. Einer der britischen Kunstoffiziere wurde zum Golfclub von Lugolino geführt, den die Deutschen benutzt hatten, und fand dort die ganze Sammlung des Museums von Pisa vor, die sorgfältig in den Höhlungen der Zwischenwände untergebracht war. Private Sammlungen hatten nicht so viel Glück. Die Finaly-Landau-Sammlung wurde auf Befehl des Kunstschutzes von der Fallschirm-Division Trettner beschlagnahmt und in den Palazzo Ducale nach Bozen gebracht, wo sich die Südtiroler Residenz von General Wolff befand. Ein ähnliches Schicksal traf auch die Sammlung des Herzogs von Parma, die von einer SS-Panzerdivision gestohlen wurde und in einem Schloß in Meran landete. Himmler hatte von diesen Beschlagnahmungen gehört und wollte einige Stücke davon nach Schloß Wewelsburg bringen lassen, wo er ebenfalls ein Kunst-Museum errichten wollte.

Dank Sivieros eingeschleusten Männern wußte die MFA&A, wohin die Wagenladungen mit florentinischen Kunstschätzen gebracht wurden. Die Konvois, die bis San Leonardo und Campo Tures in Südtirol kamen, wurden hastig entladen und ihr ganzer Inhalt – Gemälde und Skulpturen – in einem Gefängnis und einem Schloß versteckt. Was aber die Offiziere der

MFA&A nicht wußten, war, daß sowohl Hitler als auch Bormann den schnellsten Weitertransport der Kunstwerke nach Deutschland verlangten. General Wolff und Oberst Langsdorff berichteten jedoch Himmler, daß dies ganz unmöglich wäre: es gebe weder Fahrzeuge noch Treibstoff, und die Alliierten bombardierten die Eisenbahnlinien und Straßen über den Brenner-Paß. Himmler verdächtigte schließlich General Wolff. Es war ihm berichtet worden, daß der General in der neutralen Schweiz mit den Alliierten Kontakt aufgenommen hätte. Er beschloß, kein Risiko einzugehen, und ließ die Frau und die Kinder von General Wolff in Haft nehmen. Obwohl die geheimen Kapitulations-Verhandlungen in der Schweiz ebenso wie sein eigenes Leben auf dem Spiel standen, riskierte es Wolff, nach Berlin zu fahren und Himmler und dem stellvertretenden Kommandeur Kaltenbrunner gegenüberzutreten. Er konnte beide Männer und auch Hitler davon überzeugen, daß er nur zur Probe seine Fühler ausgestreckt hatte, um zu ermitteln, was die Alliierten über die Zukunft Deutschlands dachten. Mit Hitlers Zustimmung kehrte er nach Südtirol zurück, nachdem er seine Frau und seine Kinder in Sicherheit gebracht hatte.

Dann kam der 2. Mai 1945. Die deutschen Streitkräfte unter Feldmarschall Kesselring kapitulierten vor Feldmarschall Alexander und seinen alliierten Truppen. Für Italien war der Krieg zu Ende. General Wolff, der keinerlei Sympathien für die Italiener hegte, bestand darauf, die Kunstwerke nur den alliierten Kunstoffizieren, die für diese Region verantwortlich waren, zu übergeben – ein Punkt, den er in seinen Übergabeverhandlungen mit Allen Dulles in der Schweiz festgelegt hatte.

Die letzte offizielle Tat von General Wolff war, Oberst Langsdorff und seinem Assistenten ihre Entlassungspapiere zu übergeben. Sie fielen wieder in ihren zivilen Status als Kunsthistoriker zurück und wurden vom General als Beauftragte eingesetzt, um den Amerikanern die florentinischen Kunstwerke in Campo Tures und San Leonardo zu übergeben.

Als die Amerikaner, die für Dulles arbeiteten, aus der Schweiz kamen, fanden sie die Truppen von General Wolff noch immer in Kampfbereitschaft in Bozen, trotz der Kapitulation der Deutschen. Sie glaubten anscheinend, sie müßten den Krieg gegen Rußland neben der US-Armee fortsetzen. Es war ein Schock für sie, als sie sich plötzlich entwaffnet sahen und in ein Kriegsgefangenenlager zum Verhör geschickt wurden.

Die amerikanischen Kunstoffiziere kamen auf ihrer Suche nach den Meisterwerken aus den Uffizien nach San Leonardo im entlegenen Passeier-Tal und nach Campo Tures in Südtirol. Darunter befanden sich Gemälde wie Botticellis »Judith mit dem Haupt des Holofernes« und Caravaggios berühmter »Junger Bacchus«. Hinter den feuchten Mauern eines alten Gefängnisses waren die Skulpturen von Michelangelo versteckt, und auch »Adam« und »Eva« von Cranach fand man, in eine alte Bettdecke gewickelt. Erstaunlicherweise waren einige Bilder nicht noch mehr beschädigt worden, denn kurz bevor die Offiziere San Leonardo erreichten, war eine junge Frau aus München dagewesen, um sie zu fotografieren. Offenbar um besseres Licht zu haben, hatte sie die Bilder ins Freie gebracht und im Schnee aufgestellt. Die Fotografien waren für ein Geschenkalbum zum Geburtstag des Führers bestimmt, aus dem er eine Auswahl für Linz treffen konnte.

In einem anderen Depot waren zwar die Lagerbedingungen vorteilhafter, aber die Offiziere fanden ein deutsches Panzerregiment vor, das in und um das Schloß stationiert war. Tanks standen herum, und über tausend Benzinkanister waren an den Mauern aufgestapelt worden, so daß durch den Funken einer einzigen Zigarette alles in Flammen aufgehen konnte. Die deutschen Truppen kümmerten sich mehr um ihre eigene Zukunft als um den Inhalt des Schloßes. Unter den Gemälden befanden sich auch das Rubens-Bild »Die Heimkehr der Bauern«, Donatellos »Heiliger Georg« aus der Villa Reale in Florenz und viele Werke aus den Uffizien.

Die aus italienischen, britischen und amerikanischen Offizieren bestehende MFA&A-Kommission hatte die gewaltige Aufgabe, den Zustand der Kunstwerke aus Florenz zu prüfen. Beinahe jedes Stück hatte auf seiner gefahrvollen Reise unter widrigen Umständen Schaden gelitten. Sie waren oft nur lose zwischen Dekken und Stroh gelagert worden, und das Stroh hatte die Oberfläche der Gemälde zerkratzt. Das berühmte Rubens-Bild »Die Heimkehr der Bauern« hatte einen weißen Fleck, wo eigentlich blauer Himmel sein sollte. Die Farbe war auf dem Transport abgerieben worden.

Der Wert aller versteckten Kunstschätze in Italien betrug zu Ende des Krieges amerikanischen Sachverständigen zufolge etwa 500 Millionen $ – was nicht allzu viel

erscheint, wenn man bedenkt, daß sich die größten Meisterwerke von Rubens, Botticelli, Brueghel und Tintoretto, der »Bacchus« von Michelangelo und der »Heilige Georg« von Donatello und viele, viele andere ebenso berühmte Werke darunter befanden. Im Nürnberger Kriegsverbrecher-Prozeß wurde festgestellt, daß die Kunstwerke, die die Deutschen auf ihrem Rückzug aus den italienischen Museen gestohlen hatten, den größten kulturellen Wert unter den Kunstschätzen aller besetzten Länder darstellten. Heute sind noch immer 1 600 meist sehr wertvolle Stücke verschollen, davon 600 allein auf Grund der Tätigkeit des Kunstschutzes.
Die Kunstsachverständigen der Fünften Armee-Division der USA brauchten fast zwei Monate, um die Kunstwerke, die ihnen von den Mitarbeitern General Wolffs übergeben wurden, zu ordnen, zu säubern und ordentlich zu verpacken. Dann, am 20. Juli 1945, traf an der Station Campo di Marte in Florenz ein Zug mit dreizehn Frachtwaggons aus Bozen ein, die mit den Schätzen der Uffizien und der Galerie Pitti beladen waren. Auf der Piazza della Signoria, wo über dreitausend Leute darauf warteten, die Heimkehr ihrer Kunstschätze zu feiern, übergab sie der amerikanische General Hume mit einer kurzen Rede an den Bürgermeister von Florenz. Sechs Lastwagen mit wertvoller Fracht, geschmückt mit den Fahnen Italiens und der Vereinigten Staaten von Amerika, fuhren langsam durch die jubelnde Menge bis an die Stufen vor dem Eingang der Uffizien. Die Schätze Florenz' waren heimgekehrt!

ELFTES KAPITEL

Die Alpenfestung

Die Ereignisse, die zur Entdeckung der größten Kunstschätze der Welt in den Schächten der alten Salzminen von Alt-Aussee in Österreich führten, sind in den Berichten der alliierten Offiziere, die daran beteiligt waren, anschaulich geschildert. Aber es waren nicht diese Offiziere allein, die Europas kulturelles Erbe vor seiner vollständigen Zerstörung bewahrten. Das Gelingen ihres Auftrages hing vom Mut und der Initiative der österreichischen Minenarbeiter ab, die ihnen dabei halfen.

Bei meinen Nachforschungen wurde mir in Wien gesagt, daß ich Bad Aussee besuchen sollte, einen österreichischen Kurort, wo ein ehemaliger sozialistischer Abgeordneter des österreichischen Nationalrates (=Parlament) mir weiterhelfen könnte. Die kleine Stadt, umgeben von hohen Berggipfeln und in der Nähe von zwei herrlichen Bergseen gelegen, hat noch den Charme der guten alten Zeit. Ich fuhr aus Salzburg kommend über den Pötschen-Paß und mietete mich in einem kleinen Hotel ein. Der Hotelier war über einen Gast außerhalb der Reisesaison recht erstaunt und das umso mehr, als ich ihn bat, am Telefon mit Herrn Nationalrat Gaiswinkler verbunden zu werden. Erst später lernte ich den Grund für sein Erstaunen kennen.

1965 gab es noch immer Leute, die für die Nazis Sympathien hegten. Was wollte ein Engländer, der fließend deutsch mit wienerischem Akzent sprach, von einem Parteimitglied der Sozialisten? Unter dem Schein der Stille an diesem friedlichen Ort herrschte eine eigenartige Atmosphäre, und ich hatte das Gefühl, ein ungebetener Gast zu sein, der nur die Vergangenheit aufrühren wollte.
Die wichtigsten Details der Geschichte kannte ich bereits von Dr. Dworschak vom Kunsthistorischen Museum in Wien. 1942 inspizierte man einige Schächte der stillgelegten Salzmine in Alt-Aussee im Hinblick auf ihre Benützung als Lagerraum für Kunstwerke. Es wurde während der Inspektion vermerkt, daß in einer kleinen Kapelle, die in eine Höhle der Felswand gehauen war, der Holz-Altar und die Dekoration aus grünen Tannenzweigen in einem so ausgezeichneten Zustand waren, daß man sie durch Jahre hindurch nicht erneuern mußte. Die gleichbleibende Temperatur und der richtige Feuchtigkeitsgrad machten die Mine zu einem idealen Lagerraum. In der Folge leitete man elektrisches Licht ein und errichtete Holzregale für die Bilder. Sobald die Lagerräume fertig eingerichtet waren, wurden die wertvollsten Gemälde aus den Wiener Museen dorthin gebracht, wo man sie vor den Bombenangriffen der Alliierten sicher wußte. Als die Luftangriffe immer mehr zunahmen, benötigte Hitler auch ein sicheres Lager für seine Linzer Sammlung, die noch in München war, und beanspruchte die Alt-Ausseer Minen für seinen eigenen Zweck. 1944 war Alt-Aussee zum Hauptlager der aus Europa erbeuteten Kunstwerke geworden. Hofrat Professor Michel,

ein älterer Museumskurator aus Wien, war für die Konservierung der Stücke verantwortlich.
Ich traf Herrn Nationalrat Albrecht Gaiswinkler das erste Mal im Garten eines Dorfgasthauses. Ich war überrascht, von einem großen, kräftigen, gutaussehenden Mann mit grauen Haaren, der etwa Ende fünfzig war, begrüßt zu werden. Sein gebräuntes Gesicht kennzeichnete ihn als begeisterten Bergsteiger. Im folgenden erzähle ich die Geschichte von Alt-Aussee, so wie sie mir von Gaiswinkler berichtet wurde.
Herr Gaiswinkler arbeitete als Angestellter der staatlichen Krankenversicherung, als er in anti-nationalsozialistische Umtriebe verwickelt wurde. Die Behörden begannen ihn zu verdächtigen, und um der drohenden Gefangennahme zu entgehen, meldete er sich zur Luftwaffe. Er wurde in die Normandie versetzt, wo er bald mit dem dortigen Maquis (Widerstandsgruppe) Kontakt aufnahm. Aus den Briefen, die er in dieser Zeit von zu Hause erhielt, erfuhr er, daß dort Woche für Woche Lastwagenzüge mit Holzkisten gesehen wurden, die in der Nacht durch das Dorf in die Richtung der Salzminen fuhren. Den Dorfbewohnern war es streng verboten, dieses Gebiet zu betreten, das von schwer bewaffneten SS-Männern bewacht wurde. Wie Herr Gaiswinkler erklärte, waren die Salzminen bereits seit der Römerzeit in Betrieb. Ein anderes unerklärliches Geheimnis waren die lauten Explosionen, die die Bewohner aus der Richtung des nahegelegenen Toplitzsees hörten.
Als die Alliierten in Südfrankreich landeten, sah sich Gaiswinkler an der Spitze von fünfundzwanzig Mann zurückgelassen; die Truppen waren an der Front, um

die Invasoren zu bekämpfen. Er nutzte die Chance und floh zum Maquis. Als er dort untergetaucht war, erhielt London einen Bericht, daß er Informationen hätte, die für den Fortgang des Krieges von Bedeutung sein könnten. Man schmuggelte ihn durch die Linien der Alliierten und brachte ihn nach England, wo er unter strengster Geheimhaltung in einem Haus bei Reading verhört wurde. Er erzählte den Vernehmungsbeamten, er habe von befreundeten Bergarbeitern zuhause erfahren, daß große Mengen an Kunstschätzen in den Alt-Ausseer Minen in eigens dafür konstruierten Regalen aufgestapelt würden. Viele Werke aus den Wiener Museen seien schon dort gelagert und neue Stücke während der letzten Zeit heimlich dorthin gebracht worden. Er erzählte ihnen auch von seinem Verdacht, daß Hitlers Armeen in diesem Winkel der österreichischen Alpen ihre letzte Stellung beziehen könnten; eine Bestätigung dafür konnte das Oberkommando der alliierten Streitkräfte in Europa jedoch nicht erhalten.
Gaiswinkler wurde gefragt, ob er nicht ein Agenten-Spezialtraining mitmachen wolle, um dann in seinen Heimatgebiet abgesetzt zu werden. Seine Aufgabe wäre es, den Widerstand im Ort zu organisieren, von den deutschen Truppenbewegungen in diesem Gebiet zu berichten und festzustellen, was in den Salzminen und am Toplitzsee vor sich ging. Gaiswinkler stimmte dem Vorschlag zu. Nach sechs Monaten intensiven Trainings, während dessen er kein Wort Deutsch sprechen durfte, wurde er unter dem Namen Major Thomas zum britischen Luftstützpunkt in Brindisi an der Adriaküste geflogen. Hier machte er die Bekanntschaft von

drei anderen Österreichern, von denen einer Funker war. Die Alliierten hatten jetzt schon weite Teile Italiens eingenommen, und sie rückten immer weiter gegen Deutschland vor. Gerüchte über Hitlers letzte Zuflucht in der Alpenfestung in den Bergen tauchten auf. Die amerikanischen Kunstoffiziere erfuhren von einem gefangenen deutschen Kunsthistoriker, der beim ERR in Paris gearbeitet hatte, daß in den Schlössern Bayerns und Österreichs erbeutete Kunstschätze lagerten und daß einige davon in die Salzminen von Alt-Aussee gebracht worden seien.
Es war keine Zeit mehr zu verlieren. Man flog Gaiswinklers Gruppe zweimal zur Absprungstelle, aber wegen zu schlechter Sicht mußten sie wieder nach Italien zurückkehren. Beim dritten Versuch waren die Wetterbedingungen für einen Fallschirmabsprung günstig, aber unglücklicherweise verfehlte das Flugzeug die Stelle, wo die Mitglieder der Widerstandsgruppe warteten, und die vier Agenten fanden sich auf einem schneebedeckten Hang des Höllengebirges, am Rande eines Abgrundes wieder. Obwohl sie bis zum Hals im Schnee steckten, erkannte Gaiswinkler, wo sie sich befanden – kilometerweit von ihrem Zielpunkt entfernt, oberhalb des berüchtigten Konzentrationslagers Ebensee.
Die Gestapo hatte erfahren, daß Agenten in den Bergen abgesprungen waren, und sandte Suchtrupps aus. Nach einer abenteuerlichen Flucht erreichten die vier schließlich mit der Ebenseer Lokalbahn Bad Aussee und sprangen ab, bevor der Zug in die Station einlief. Anfang 1945 war das ganze Gebiet mit flüchtenden Nazis überschwemmt, die bei den Ortsbewohnern ein-

quartiert waren. Das deutsche Außenministerium war dorthin verlegt worden, ebenso wie die Marionettenregierungen von Serbien, Kroatien, Ungarn und Bulgarien mit ihren ganzen Beständen an Gold und Devisen. Die Überreste der deutschen Balkan-Armee unter General Fabianku hatten den Befehl erhalten, sich in diesen Schlupfwinkel in den Bergen zurückzuziehen und ihn zu verteidigen. Die Gestapo und die SS hielten Ausschau nach Spionen und Saboteuren, und motorisierte Kriegsgerichte beschlossen in Schnellverfahren die Exekution aller Nazi-Gegner.

Der Funkapparat von Gaiswinklers Gruppe war bei der Landung beschädigt worden und irreparabel. Aber Gaiswinkler erfuhr von seinen Freunden aus der Widerstandsgruppe, daß in Bad Aussee ein Doppelagent mit den Amerikanern zusammenarbeitete. Es stellte sich heraus, daß dieser Mann ein Mitarbeiter von Kaltenbrunner war, dem stellvertretenden Kommandeur der SS und Gestapo und bekannt unter dem Spitznamen »Kleiner Himmler«. Gaiswinkler konnte das fast nicht glauben, aber es war die Wahrheit. Dieser Mann gab ihm ein Ersatzfunkgerät und ermöglichte ihm so, den Kontakt zu seinem britischen Stützpunkt aufzunehmen. Die Widerstandsbewegung in diesem Ort war in viele kleine Gruppen zersplittert und ohne jede Organisation. Mit Hilfe seiner drei Kameraden verwandelte sie Gaiswinkler in eine wirksame Einheit unter seinem Kommando als Major T.

Die Arbeiter aus den Salzminen berichteten von der Ankunft weiterer Lastwagenzüge, die mit Kunstwerken beladen waren. Hofrat Professor Michel und Karl Sieber, die für die Lagerräume verantwortlich waren,

hatten sich jetzt schon der Widerstandsgruppe angeschlossen und konnten ihr wertvolle Informationen liefern.
Ein Bub brachte Gaiswinkler von den Bergarbeitern die Nachricht von einem geheimnisvollen Konvoi, der von schwer bewaffneten SS-Männern zur Mine gebracht worden war. Die Ladung bestand aus sechs großen Holzkisten mit der Aufschrift MARMOR NICHT STÜRZEN! Unter der Überwachung des NS-Ortsgruppenleiters und dessen unmittelbarem Vorgesetzten, dem Gaubeauftragten von Oberösterreich, Glinz, mußten die Arbeiter die Kisten auf die Förderwagen laden. Da die Kisten außergewöhnlich schwer waren, waren viele Knappen zu dieser Arbeit abkommandiert. Was die Männer jedoch irritierte, war, daß der Sprengmeister, Minendirektor Kain, dabei anwesend war und daß SS-Männer den Eingang zur Mine bewachten. Die beladenen Förderwagen wurden vorsichtig auf den schmalen Schienen zum Schachteingang geschoben. Selbst den Angestellten der Salzmine war nicht bekannt, was die geheimnisvollen Kisten enthielten.
Gaiswinkler erteilte den Minenarbeitern den Auftrag, den Inhalt der Kisten festzustellen. Während der Nachtschicht gelang es zwei Arbeitern, eine der Kisten aufzubrechen. Darin fanden sie eine intakte 500 Pfund-US-Fliegerbombe, einen Blindgänger. Sie berichteten sofort Professor Michel von ihrer Entdeckung, dem nun die schrecklichen Absichten der SS klar wurden. Sechs dieser Bomben reichten völlig aus, um die ganze Mine samt ihrem Inhalt in die Luft zu sprengen.
Das Wichtigste war jetzt, nicht den Verdacht der SS-Wachen zu erregen. Gaiswinklers Leute beobachte-

ten – in den umliegenden Wäldern versteckt – das Gelände; die Bergarbeiter rüsteten sich mit Waffen aus und kontrollierten ständig die Mine. Professor Michel erfuhr auf Umwegen, daß die vorgesehene Zerstörung von ganz oben angeordnet worden war, konnte aber nicht dahinterkommen, ob es der Führer persönlich war.

Im Innern der Mine, in einer großen Höhle, befand sich die Kapelle, die dem Schutzheiligen der Bergleute, dem heiligen Leonhard, gewidmet war. Da dort die klimatischen Bedingungen für eine Lagerung ideal waren, beschloß Professor Michel, die wertvollsten Kunstwerke in die Kapelle zu verlegen. Unterstützt von zwei Helfern und seiner Assistentin – die auch die offiziellen Fotos der Kunstwerke machte – begann er in der Nacht beim Schein von zwei Grubenlampen mit dieser Arbeit. Als erstes trug man den Genter Altar über die glitschigen Stufen, die aus dem Salzstein gehauen waren. Die kleine Gruppe arbeitete die ganze Nacht hindurch an der Bergung der Kunstschätze. Sie wußte allerdings nichts von der Existenz eines stillen Sees, der sich mitten im Berg oberhalb der Kapelle befand. Wenn es nun tatsächlich zu einer Explosion gekommen wäre, hätte der Druck des Wassers die Decke der Kapelle zum Einsturz gebracht, und alles wäre zerstört worden.

In der Zwischenzeit hatte sich auch die Gendarmerie der Widerstandsgruppe angeschlossen und sie mit Waffen und Munition versorgt. Gaiswinklers Leute – mit deutschen Offiziersuniformen getarnt – übernahmen den Befehl über die sich zurückziehenden Truppen, die zu ihrem Erstaunen von den Widerstands-

männern gefangen und entwaffnet wurden. Die Gruppe Gaiswinklers sorgte sich nur wegen der großen Zahl kriegsmüder deutscher Soldaten, die sie entwaffneten; das Auftreten eines einzigen starken Nazi-Offiziers würde ausreichen, um den Spieß umzudrehen.
Das wäre auch tatsächlich fast passiert. Die Gruppe brachte in Erfahrung, daß der Nazi-Kommandant Otto Skorzeny, der in einer waghalsigen Luftrettungs-Aktion Mussolini aus seinem Gefängnis in den italienischen Bergen befreit hatte, mit 800 SS-Leuten gegen sie vorrückte, um jeden Widerstand zu unterdrücken. Nur Gaiswinklers schnelles Handeln konnte das Schlimmste verhindern. Man streute das Gerücht aus, daß Titos Partisanen einen Fallschirmabsprung wagen wollten. Panzerwagen, die von den sich zurückziehenden Truppen der 6. deutschen Armee requiriert worden waren, wurden mit den rot-weißen Farben der Österreicher getarnt. Als sich Skorzeny und seine Truppen plötzlich dieser vermeintlichen Übermacht gegenübersahen, wichen sie schnell zurück.
Währenddessen wandte sich Gauleiter Eigruber, der für Oberösterreich zuständig war und in dessen Verantwortung auch dieses Gebiet fiel, an Kaltenbrunner, den Chef der Sicherheitspolizei (SD), in dessen Villa in Alt-Aussee. Mit Hilfe der Frau eines ortsansässigen Arztes gelangte Gaiswinkler in den Besitz eines offiziellen Gestapo-Stempels, ohne den kein Dokument gültig war. Durch einen cleveren Trick verleitete er Eigrubers persönlichen Assistenten und drei weitere führende Gestapo-Beamte zu einem nächtlichen Treffen, wo sie von der Widerstandsgruppe verhaftet und in ihrem eigenen Auto zu einem ge-

heimen Versteck gebracht wurden. Dort sprach ein Scheingericht sofort das Todesurteil über sie aus. Als die Gefangenen merkten, wie nahe das Ende des Krieges für sie war, boten sie im Austausch gegen ihr Leben die Zusammenarbeit mit dem Widerstand an.

Gaiswinkler mußte sich nun entscheiden, wie weit er ihnen vertrauen konnte. Wie leicht konnten sie ihn an Kaltenbrunner verraten, der dann sofortige Maßnahmen gegen die Widerstandsgruppe unternehmen würde. Aber Gaiswinkler beschloß, das Risiko zu wagen. Diese Leute waren Österreicher, keine Deutschen, und außerdem wußten sie sehr wohl, was für sie auf dem Spiel stand. Sie hielten Gaiswinkler für einen echten britischen Offizier.

Und wie er vorausgesehen hatte, zahlte sich das Risiko aus. Die Gestapo-Beamten, die an ihre Arbeitsplätze zurückgekehrt waren, leiteten an Gaiswinkler nicht nur die geheimen Nachrichten in und aus dem Büro Kaltenbrunners weiter, sondern versorgten ihn auch mit Kopien aller von Eigruber herausgegebenen Befehle. Eigruber hatte die Anordnung erhalten, die Bomben in den Salzminen aufzustellen, und er besaß auch die Zünder, um die Explosionen auszulösen. Von wem der Befehl zur Zerstörung letztendlich ausging – Hitler, Bormann oder möglicherweise Himmler –, konnte ich aus den mir zur Verfügung stehenden Dokumenten nicht feststellen. Wer immer es war, Eigruber hatte jedenfalls dafür zu sorgen, daß die Kunstschätze nicht in »jüdische oder bolschewistische Hände« fallen konnten.

Gaiswinkler wohnte in einer kleinen Hütte im Wald; er selbst durfte sich nicht im Ort zeigen, ohne sofort erkannt zu werden. Offiziell galt er noch immer als Kriegsgefangener der Briten. Nur in der Nacht wagte er sich in sein Elternhaus, wo er sich mit den anderen Mitgliedern der Widerstandsgruppe traf. Sein Sohn, der wie viele seiner Schulkameraden von ihren antinationalsozialistisch eingestellten Eltern zu Botendiensten eingesetzt wurde, brachte das Essen in sein Versteck. Andere Mitglieder seiner Gruppe und desertierte Soldaten versteckten sich ebenfalls in den Bergen. Es war April 1945, und Deutschland stand knapp vor der Niederlage. Das ganze Gebiet rund um Aussee war in Aufruhr. Kaltenbrunner und andere führende Nazis waren hierher vor den alliierten Truppen, die überall auf dem Vormarsch waren, geflohen. Die Nazi-Propaganda verbreitete weiterhin die Absicht zur Errichtung einer Alpenfestung. Jedermann fing an, an diesen letzten Zufluchtsort des Nationalsozialismus zu glauben. Aber in Wahrheit gab es in den Alpen nicht eine einzige befestigte Stellung.

Deutsche Truppen strömten zu Hunderten über den Pötschenpaß Richtung Deutschland. Gaiswinkler und seine Leute, nur unzulänglich bewaffnet, waren ihnen zahlenmäßig weit unterlegen. Ihre einzige Chance zu überleben war ihr dreistes Auftreten. Sie streuten das Gerücht aus, daß die Truppen Titos, die wegen ihrer Grausamkeit gefürchtet waren, in die umliegenden Berge eingedrungen waren. Gaiswinkler ließ seine Leute auf den Berggipfeln Feuer anzünden, um Signale vorzutäuschen. Der Befehl in diesen Tagen war, Verwirrung zu stiften. Tatsächlich herrschte auch ein furchtbares Durcheinander. Die Amerikaner hatten Salzburg erreicht, und die Russen standen in Linz, das durch die Donau bereits in eine sowjetische und eine amerikanische Zone geteilt war. Hitlers Heimatstadt hatte keinen Widerstand geleistet. Ein freier österreichischer Rundfunk wurde eingerichtet. In der nahegelegenen Burg Teisch strahlte eine starke Sendeanlage, die österreichische Widerstandsgruppen von den Nazis erbeutet hatten, Berichte über die Befreiung des Landes aus.

In der Mine war die Zeit knapp geworden, und die Bergarbeiter beschlossen, die Sache nun selbst in die Hand zu nehmen. Sie wußten, daß die Zündkapseln für die Bomben ebenfalls in der Mine untergebracht waren. Sie schlugen Professor Michel vor, alles außer dem Haupteingang der Mine mit kleinen Sprengladungen zu sprengen, so daß der Durchgang versperrt wäre. Das Innere der Mine sollte dabei aber unbeschädigt bleiben. In seiner Verzweiflung stimmte Michel ihrem Vorschlag zu. Gaiswinkler hatte jedoch von seinen Agenten gehört, daß Eigruber und Kaltenbrunner Befehle erteilt hätten, die Mine in die Luft zu jagen, und daß ein Spezial-Sprengkommando mit vertrauenswürdigen SS-Männern zu dieser Aufgabe abkommandiert war. Er beschloß, sofort zu handeln. In einem Telefongespräch forderte er Kaltenbrunner auf, den Befehl rückgängig zu machen. Wenn Kaltenbrunner dies verweigerte, würde ihn einer seiner Adjutanten – der jetzt dem Widerstand angehörte – »überzeugen«, seine Meinung zu ändern. Kaltenbrunner nahm den Befehl sofort zurück.

Die Bergleute brachten die Bomben sofort aus der Mine auf ein nahes Feld. Aber weder sie noch Gaiswinkler trauten den Nazis. Eigruber wußte jetzt von Kalten-

brunners Verrat. Die chaotischen Umstände machten es damals unmöglich, von Hitler aus dem Berliner Bunker Befehle zu erhalten, und so forderte Eigruber ein SS-Sprengkommando aus Innsbruck an. In der Zwischenzeit wurde vieles in der Ausseer Gegend zerstört. Die Villa Castiglioni am nahegelegenen Grundlsee war besonders gefährdet. Dieses Haus diente Nazi-Größen wie Goebbels und seiner Familie als Sommerresidenz. Ein Großteil von Hitlers Linzer Bibliothek war dort untergebracht. Die SS hatte den Befehl, sie zu zerstören, aber in letzter Minute konnten bewaffnete Widerstandskämpfer sie vor der Vernichtung retten.
Die deutsche 6. Armee, noch immer in Kampfbereitschaft, aber ohne Führerbefehl, war unter dem Kommando General Fabiankus in dieses Gebiet gekommen. Gaiswinklers Gruppe wurde immer verwegener und kühner, und der General befahl einen Sturm auf ihre Hauptquartiere. Aber gegen die entschlossen kämpfenden Widerständler versagte der Angriff der bereits demoralisierten Deutschen. Sie nahmen schließlich einen von Gaiswinklers Kurieren fest und brachten ihn nach Mittendorf zu Fabianku, um dort das Todesurteil an ihm zu vollstrecken. In einem verwegenen Überfall am hellichten Tag wurde General Fabianku selbst entführt und in Gaiswinklers Hauptquartier gebracht. Man drohte ihn zu erschießen, falls er den Mann nicht freilasse. Fabianku befahl die sofortige Freilassung des Gefangenen.
Zu dieser Zeit hörte man auch eine weitere Serie lauter Detonationen aus der Gegend um den Toplitzsee. Dieses Mal konnte Gaiswinklers Gruppe ihre Ursache ausfindig machen. Ein Forschungslabor zur Entwicklung

von Schallminen und Torpedos war dort stationiert, das jetzt nach seiner Evakuierung gesprengt wurde.
Zwei Männer der Ausseer Widerstandsgruppe gelang es, mit gefälschten Ausweisen auf Gestapopapier und mit Gestapostempeln zum amerikanischen Kommando nach Vöcklabruck durchzukommen, wo sie von der gefährlichen Lage der Kunstwerke in den Salzminen berichteten. Als die Amerikaner in dieses Gebiet vorrückten, fuhren Gaiswinkler und seine Leute in einem Tank und in Panzerwagen auf den Pötschenpaß, um sie zu begrüßen. Die Amerikaner waren davon beeindruckt, und als sie sahen, daß das Gebiet bereits so gut wie befreit war, hatten sie keine Eile, dort einzumarschieren. Die drei Tage, bis sie es endlich taten, wurden für die Widerstandsgruppe zum Alptraum. Was sollten sie tun, falls plötzlich ein starkes SS-Regiment auftauchte? Deutsche Soldaten hielten sich noch immer in diesem Gebiet auf – Gaiswinklers Berichten zufolge etwa 6 000, von denen viele jedoch nur auf der Flucht nach Hause waren und Angst hatten, russischen Soldaten oder jugoslawischen Partisanen zu begegnen, die sie dort vermuteten.
Im ganzen Land trieben sich Verschleppte herum, die an den Deutschen Rache für die jahrelange Zwangsarbeit nehmen wollten oder einfach plünderten, was ihnen in die Hände fiel. In den Bergen hielten sich noch bewaffnete SS-Männer auf. Die Mine selbst wurde jetzt von Soldaten der 80. US-Infanterie-Division bewacht, und als die Kunstoffiziere, Captain Posey und sein Assistent Kirstein, eintrafen, begann man mit der Evakuierung der Kunstschätze.
Professor Michel hatte, unterstützt von Sieber, immer

sorgfältig die Lagerbedingungen und die Unterbringung der Kunstwerke registriert, und dank dieser beiden Männer war auch nur wenig Schaden entstanden. Für Captain Posey bedeutete die Entdeckung des van-Eyck-Altares und der Madonna von Brügge das Ende einer langen und intensiven Suche nach diesen Schätzen. Versteckt in der Mine fand man auch die Kaiserkrone und die Reichsinsignien der österreichischen Monarchie und in einer anderen, nahegelegenen Salzmine Stahlkassetten mit 4,5 Millionen Reichsmark aus der Armeekasse. Doch das war noch nicht alles. Im Garten der Villa Kerry, Kaltenbrunners Hauptquartier, grub man 75 Kilogramm Goldmünzen in verschiedenen Währungen und etliche Goldbarren aus; riesige Mengen Armeebestände fanden sich – 80 000 Kilogramm Zucker, 75 000 Dosen Ölsardinen und Büchsenfleisch, Unmengen an Tabak und Zigaretten sowie mehr als 80 000 Kilogramm Schuhleder. Zuguterletzt fand man noch den Schriftverkehr zwischen Seyss-Inquart und Bormann, der dann von der Anklage im Nürnberger Kriegsverbrecher-Prozeß vorgelegt wurde. Die Zahl der gehorteten Kunstschätze war überwältigend: Es gab mehr als 6 500 Gemälde, die für das Führermuseum in Linz erworben worden waren, hauptsächlich wertvolle Alte Meister; Skulpturen, antike Münzsammlungen und Wandteppiche, unzählige Stiche und Graphiken, Waffen, die aus dem Museum in Neapel erbeutet worden waren, und die Gordon-Craig-Theatersammlungen, die die Nazis in Frankreich beschlagnahmt hatten. All das war dort neben den ordnungsgemäß gelagerten Kunstwerken aus Wiener Museen untergebracht.

Was noch blieb, war das Geheimnis der Geschehnisse während des Krieges rund um den Toplitzsee, in der Nähe von Bad Aussee. Dieser kleine Bergsee mit seinem tiefgrünen, fast schwarzen Wasser ist von steilen Abhängen umgeben, die mit Kieferwäldern überwachsen sind. Auf einer Rundfahrt in einem kleinen Motorboot wurde mir erklärt, daß im Laufe der Jahrhunderte die Baumstämme, die in den See fielen, sich mit Wasser vollgesogen und in der Tiefe des Sees einen schwimmenden Wald gebildet hätten. Am anderen Ende des Sees befanden sich große Betonblocks, die etwas windschief aus dem Wasser ragten, die Reste der Forschungsstation für Unterwasserraketen, die von den Deutschen auf dem Rückzug gesprengt worden war.

Das Rätsel des Toplitzsees, das in späteren Jahren die Ursache für einen Mord und zwei Tote werden sollte, entstand in den letzten Tagen des Zweiten Weltkrieges. Mitten in der Nacht – so erzählte mir Gaiswinkler – wurden zwei Bauern, die seiner Widerstandsgruppe angehörten, von SS-Leuten aus ihren Betten geholt. Es wurde ihnen befohlen, Pferd und Wagen zu holen. Sie fuhren den Karren zu einem Armeelastwagen, der mit Holzkisten in verschiedenen Größen beladen war, und luden einen Teil von dessen Fracht auf ihren Wagen. Dann nahmen sie auf Anweisung der Deutschen einen Weg zum Toplitzsee, der für Lastwagen zu schmal war. Als sie ankamen, wartete bereits ein kleines Boot auf sie. Die Bauern luden die Kisten auf das Boot um. So fuhren sie die ganze Nacht hindurch, bis sie alle Holzkisten zum See gebracht hatten. Im blaßen Licht der Morgendämmerung beobachteten sie dann, wie die

Kisten vom Boot aus in die Tiefe des Sees gekippt wurden. Sie hatten schon zuviel gesehen. Also entschlossen sie sich auf der Stelle, ihre Bauernhöfe zu verlassen und sich mit den anderen Widerstandskämpfern in den Wäldern zu verstecken, bevor sie von der SS als unliebsame Zeugen erschossen wurden.
Es lag mir viel daran, den Hintergrund dieses Transport-Unternehmens kennenzulernen, und Gaiswinkler schlug mir vor, Dr. Wilhelm Höttl zu treffen, der in der Nähe eine kleine Privatschule leitete. Höttl hatte engen Kontakt zu Heydrich und Kaltenbrunner gehabt, und möglicherweise konnte ich mehr von ihm erfahren. Zufälligerweise war der Sohn eines österreichischen Freundes von mir in Höttls Schule und ich bekam eine Empfehlung von ihm. Ich telefonierte mit Dr. Höttl und trug ihm meinen Wunsch vor. Er stimmte einem Treffen zu.
Seine Schule ist in einiger Entfernung von Bad Aussee in einem Landhaus untergebracht und wird von einem scharfen Wolfshund bewacht. Dort erzählte mir Dr. Höttl mehr über die Angelegenheit.
Höttl gehörte der Auslandsabteilung des SD an, den Heydrich unter Himmlers Kommando aufgebaut hatte. Der SD war ein riesiges Netz von Spionen innerhalb der Partei selbst, und sein Zweck war, Himmler Informationen zuzutragen. In Deutschland arbeiteten Tausende Informanten aus allen Bereichen des öffentlichen und privaten Lebens ebenso wie professionelle Agenten für den SD. Der SD arbeitete Hand in Hand mit der Gestapo, und keine Organisation oder Einzelperson war vor Bespitzelung sicher. Jede aufkeimende Gegnerschaft gegen das Regime wurde sofort gemeldet und führte zum Verlust des Arbeitsplatzes.

Höttl wurde von Heydrich in einen Prozeß verstrickt. Zur Strafe versetzte man ihn 1941 an die russische Front. Nach Heydrichs Ermordung in Prag durch ein tschechisches Kommando, das von England geschickt worden war, wurde Höttl unter dem neuen Chef, Walter Schellenberg (Chef des Amtes VI im Reichssicherheitshauptamt) wieder eingestellt. Sein Arbeitsbereich war Südost-Europa und Italien. 1944, als er in Budapest arbeitete, erkannte Höttl, daß der Krieg so gut wie verloren war. Die täglichen Berichte, die im ungarischen Kriegsministerium und den SS-Hauptquartieren eintrafen sowie eine private Unterredung mit Eichmann bestätigten Höttl die ausweglose Situation. Ohne Wissen der Nazis nahm er zu Allen Dulles' geheimem Hauptquartier in Bern – dem OSS, Office of Strategic Service (amerikanischer Geheimdienst im Zweiten Weltkrieg) – Kontakt auf, das ausländische Agenten rekrutierte und Informationen an das Oberkommando der alliierten Streitkräfte weiterleitete.
Höttl erzählte mir, daß er im März 1945 seine Familie nach Bad Aussee gebracht habe. Durch die Nachrichtenverbindung mit Dulles in der Schweiz wußte er, daß Österreich bei Kriegsende in vier Sektoren aufgeteilt werden sollte, und es war ihm klar, daß er oder seine Familie, wenn sie in Wien bleiben würden, in die russische Zone geraten würden. Was er jedoch nicht ahnte, war, daß er sich in Aussee im Brennpunkt des Geschehens befinden würde.
Kurz nach seiner Ankunft wurde er von Gaiswinkler angesprochen, der seine Einstellung kannte. Er traf Gaiswinkler in seinem Versteck und wurde von ihm gebeten, die Amerikaner aufzufordern, dieses Gebiet mit

Bomben zu verschonen, obwohl man es für den letzten Zufluchtsort des Nazi-Oberkommandos hielt. Unter der Nazi-Herrschaft war Aussee Oberösterreich angegliedert worden, das Gauleiter Eigruber unterstellt war, anstatt Teil der Steiermark zu bleiben. Durch diesen günstigen Umstand kam es bei Kriegsende unter amerikanische Besatzung. Höttl führte aus, daß Eigruber ein fanatischer Nationalsozialist gewesen sei, der sich durch nichts aufhalten ließ. Er wollte um jeden Preis verhindern, daß die Kunstschätze in den Salzminen in die Hände der Amerikaner fielen, lieber sollten sie zerstört werden. Andererseits bedeutete es Hitler viel, sie für sein Linzer Museum zu bewahren. Das war auch der Grund – so vermutete Höttl – warum Hitler trotz seines kompromißlosen Entschlusses sich niemals zu ergeben, nie ihre Zerstörung befahl.
Wie verzweifelt Hitler an seinen Plänen für Linz festhielt, zeigt eine Geschichte, die Kaltenbrunner Höttl berichtete. Überzeugt, daß der Krieg verloren war, suchte Kaltenbrunner Hitler Anfang 1945 im Berliner Bunker auf, um ihm zu raten, sich zu ergeben und einen Waffenstillstand anzustreben. Hitler spürte, daß einer seiner treuesten Anhänger unsicher geworden war. Er bat Kaltenbrunner, die nächste Einsatzbesprechung zu Mittag abzuwarten und ihn nachher wiederzusehen. Als Kaltenbrunner kam, führte Hitler ihn in einen kleinen Raum. Bevor er begann, über die militärische Lage zu sprechen, erzählte er von seinen Plänen für Linz, wo auch Kaltenbrunner geboren wurde. Er fragte Kaltenbrunner, wo man die Brücken über die Donau und die Fabrikanlagen der Schwerindustrie bauen sollte. Dann rief er plötzlich aus: »Mein lieber

Kaltenbrunner, wenn wir beide nicht überzeugt wären, daß wir nach dem Endsieg dieses Linz gemeinsam bauen werden, würde ich mich heute noch erschießen!« Kaltenbrunner war sprachlos. Er ließ den Führer im Bunker mit seinen Träumen zurück und sah ihn nie wieder lebend. Einige Wochen später beging Hitler Selbstmord durch Erschießen.
Was war die Wahrheit hinter dem seltsamen Treiben am Toplitzsee?, fragte ich Höttl. 1945 war die Geschichte von den Kisten, die im tiefen grünen Wasser des Sees versanken, noch unbekannt. Einige Jahre nach dem Krieg entdeckten Fischer auf dem See Banknoten, die auf der Oberfläche trieben. Bei genauer Untersuchung erkannte man Fünf-, Zehn- und Zwanzig-Pfund-Noten. Man benachrichtigte die Polizei. Bankbeamte wurden hinzugezogen. Nach sorgfältiger Untersuchung stellten sich die Geldscheine als Fälschungen heraus. Höttl sah sich plötzlich wieder mit seiner Kriegszeit konfrontiert und konnte einiges Licht in die Sache bringen.
Heydrich hatte Hitler vorgeschlagen, die nicht kriegführenden Länder mit gefälschten englischen Banknoten zu überschwemmen und so den Ruin der britischen Auslandswirtschaft herbeizuführen. Hitler gefiel diese Idee, und Höttl wurde, wie andere auch, in diese Aktion verwickelt. Die besten Fälscher, von denen viele in deutschen Gefängnissen und Konzentrationslagern saßen, wurden ermittelt und unter strenger Bewachung in einem Lager in Ebensee untergebracht. Man kümmerte sich gut um sie und gab ihnen jede nur mögliche Unterstützung für ihre Arbeit. Höttl beschrieb in seinem aufregenden Buch »Hitlers Papier-

Krieg« (1955) (die deutsche Version erschien 1950 unter dem Pseudonym Walter Hagen als »Die geheime Front« im Nibelungen-Verlag, Anm. d. Ü.), wie es den Fälschern gelang, beinahe fehlerlose Banknoten herzustellen, die nur die Bank von England als Fälschungen entlarven konnte. Als die amerikanischen Streitkräfte in diesem Gebiet vorrückten, mußten alle Druckplatten und Beweismittel schnell vernichtet werden, und der nächstgelegene See, der dafür tief genug war, war der Toplitzsee. Durch die Jahre hindurch drang das Wasser in die Holzkisten ein, die Banknoten quollen auf, und die Kisten platzten.

Die Geschichte vom Geheimnis des Toplitzsees ging durch die Schlagzeilen in der ganzen Welt. Taucher haben damals den See abgesucht und brachten Material herauf, das aber sofort von der österreichischen Polizei beschlagnahmt wurde. Viele Gerüchte kursierten. Manche Zeitungen behaupteten, die Taucher hätten geheime Akten über führende österreichische Nazis gefunden, andere wiederum sprachen von gefälschten Dollar-Scheinen. Die volle Wahrheit kam niemals ans Licht.

Das Gerücht, daß noch immer wertvolle Beute in diesem abgelegenen Winkel verborgen sei, hielt sich hartnäckig. Zahlreiche Versuche von Amateurtauchern schlugen fehl. Einer von ihnen blieb in den Baumstämmen, die unter Wasser trieben, hängen und ertrank. Später geschahen noch zwei Morde in den umliegenden Wäldern, die nie aufgeklärt wurden.

Durch die Vermittlung Herrn Gaiswinklers traf ich einen der noch lebenden Bergleute von Alt-Aussee. Das Treffen fand in einem Gastgarten in Eselsbach statt, wo Gaiswinkler lebte. Als sie mit uns am Tisch saßen, gaben die heute alten Männer zu, daß sie bei der Rettung der Kunstschätze nicht so sehr an Heldentum gedacht hätten, sondern nur an ihr eigenes Leben. Seit Generationen hatte ihnen die Salzmine Arbeit gegeben, denn die Nachfrage nach Steinsalz war groß. Wenn die Salzminen von Alt-Aussee zerstört worden wären, hätte das auch das Ende der Industrie in dieser Gegend bedeutet.

Was war mit den anderen, die an der Rettung des Ausseer Schatzes beteiligt waren? Professor Michel ist inzwischen verstorben. Ich erhielt von seiner Witwe einige Fotografien vom Inneren der Salzmine, die den wertvollen Inhalt in den hölzernen Regalen zeigen. Das Schicksal seines Assistenten, des Bilder-Restaurators Sieber, ist unbekannt. Nationalrat Gaiswinkler, der mit seiner Tat in letzter Minute dazu beigetragen hat, die größten Kunstschätze Europas vor ihrer Zerstörung zu bewahren, starb vor einigen Jahren.

ZWÖLFTES KAPITEL

Die Folgen

Als der Krieg zu Ende war, begann die amerikanische Kunstraub-Sucheinheit (American art-looting investigation unit) des Geheimdienstes OSS in Alt-Aussee mit den Vernehmungen. Dorthin brachte man alle Haupttäter, die in den Sonderauftrag Linz involviert waren, aus ihrer Haft zum Verhör. Darunter befanden sich Haberstock, Einkäufer für Hitler und Göring, Walter Andreas Hofer, Kajetan Mühlmann, Heinrich Hoffmann und Görings Privatsekretärin, Fräulein Limberger. Die deutschen Kunsthändler aus München und anderen Städten, die in das Projekt verwickelt waren, wurden ebenfalls befragt, keiner von ihnen jedoch gerichtlich verfolgt.

Eine genaue Kartei aller Kunstwerke, die für Linz bestimmt waren, existierte in Schloß Weesenstein bei Dresden, das aber jetzt unglücklicherweise in der sowjetischen Zone lag. Die Russen verweigerten die Herausgabe. Als sie Dresden besetzten, brachten sie die gesamte noch verbliebene Kollektion des Stadtmuseums nach Leningrad, und ohne Zweifel landeten die Kartei und die Kunstschätze aus Weesenstein ebenfalls dort. Aber Untersuchungsbeamte entdeckten, daß im Führerbau in München ein Verzeichnis aller Stücke erhalten war, das von Dr. Reger sorgfältig aufbewahrt und durch den Münchner Pöbel nicht zerstört worden war, der plündernd und raubend umherzog, nachdem die Wachen der Nazis geflohen waren.

Eine ungeheure Aufgabe erwartete die MFA&A-Offiziere zum Ende des Krieges; sie mußten unzählige Kunstwerke aus ganz Europa aufspüren und registrieren. Alle Kunst-Abteilungen sahen sich chaotischen Umständen gegenüber, und je schneller die alliierten Streitkräfte in Deutschland vorgerückt waren, umso größer war das Chaos. Die »fine arts boys«, die »Jungs von der Kunst«, wie sie von den Amerikanern genannt wurden, standen einer großen Aufgabe gegenüber. Sie waren jetzt nicht mehr den kämpfenden Einheiten angegliedert, sondern wurden zu einer höchst wichtigen Friedenstruppe. Die Tatsache, daß die Deutschen die Evakuierung ihrer eigenen Kunstschätze bis zum Ende des Krieges nicht ernst genommen hatten, beeinträchtigte ihre Arbeit. Die Deutschen hatten einige Kunstwerke in ihren Flak-Türmen untergebracht, hatten aber die dringende Bitte der Museumsverwaltungen nach einer vollständigen Evakuierung abgelehnt aus Angst, die Moral der Bevölkerung zu untergraben. Als die alliierten Truppen immer näherrückten, packten die Deutschen schließlich doch noch alles zusammen und lagerten einen Großteil ihrer Sammlungen an völlig unzulänglichen Orten. Es ist fast nicht zu glauben, daß die Stücke aus dem bedeutenden Berliner Museum nur wenige Wochen vor der Kapitulation in die Flaktürme rund um die Stadt gebracht worden waren. Professor Webb von der Macmillan-Kunstkommission wurden mehr und mehr Gerüchte von versteckten Kunstwerken zugetragen. Man fand etliche Bauernhö-

fe und Landhäuser, die mit Bildern vollgestopft waren; so wurde in einem kleinen Haus in Westfalen ein wertvolles gotisches Gemälde entdeckt.
Die MFA&A richtete zentrale Sammelstellen ein; die beiden wichtigsten in der amerikanischen Besatzungszone befanden sich in Wiesbaden und in München. Jedes Land hatte Offiziere ernannt, die für Kunstwerke zuständig waren, und sie halfen dem amerikanischen Team, die Herkunft jedes einzelnen Stückes festzustellen. In München wurde der Führerbau als Sammelstelle benutzt, denn mit seinen Kellern und den vielen geräumigen Zimmern war er für diesen Zweck bestens geeignet. Alle dort arbeitenden Deutschen wurden auf Herz und Nieren überprüft und die ankommenden Transporte mit Kunstwerken streng bewacht.
Die Suche nach den Standorten der einzelnen Verstekke, von denen viele nur den Nazi-Angestellten bekannt waren, war sehr schwierig und mühevoll. Viele Nazi-Beamte waren mit ihren Vorgesetzten untergetaucht. Auch bereitete es große Sorge, daß ehemalige Kriegsgefangene und Verschleppte aus den Arbeitslagern plündernd und raubend umherzogen. Sie nahmen alles mit, was sie in verlassenen Häusern finden konnten, ungeachtet seines Wertes, und warfen es später wieder weg, wenn der Transport zu schwierig wurde.
Der verheerendste Zwischenfall trug sich im Flakturm Friedrichshain in Berlin zu: Die Sammlungen aus dem Berliner Museum waren dort, mitten in der Stadt, gelagert worden, und als die MFA&A-Leute nach der Kapitulation Berlins eintrafen, fanden sie das Gebäude unbewacht. Aber Versprenge hatten dort einen Unterschlupf gesucht und offensichtlich ein Feuer angezün-

det, das sich in einem Stockwerk des Gebäudes ausgebreitet und dabei über vierhundert Gemälde der italienischen Schule, Bilder Van Dycks, wertvolle Skulpturen, antike Stoffe, Möbel und Porzellan zerstört hatte. In einem anderen Teil des Gebäudes fand man jedoch die Kunstwerke unbeschädigt. Aber der Turm befand sich in der von den Sowjets besetzten Zone, und russische Truppen brachten alles, was noch da war, in ihr Land. Während des Abtransportes brach neuerlich Feuer aus, das noch mehr Kunstschätze zerstörte. Soweit es die bildenden Künste betraf, war dies die größte Katastrophe seit der Zerstörung des Palastes und der Burg von Madrid im Jahre 1734.

Erst 1944 war die Evakuierung der noch im Kaiser-Friedrich-Museum in Berlin verbliebenen Stücke in Gang gesetzt worden. In dieser Zeit war die Lage Deutschlands bereits hoffnungslos und schwierig, aber dank der Anstrengungen und Bemühungen des Museumspersonals und von Kunststudenten gelangten die Kunstwerke in eine Salzmine in Westfalen. Als Professor Webbs Untersuchungsoffiziere dort ankamen, fanden sie zunächst Unmengen von Pelzmänteln, die – ursprünglich für die Soldaten an der russischen Front bestimmt – von Versprengten und freigelassenen russischen Kriegsgefangenen geraubt worden waren. Nachdem sie alle unerwünschten Besucher aus der Mine entfernt hatten, entdeckten die MFA&A-Offiziere unter den Pelzhaufen versteckt Goldbarren aus der Reichsbank von Berlin, große Mengen deutschen Weißweins und die Sammlung des Kaiser-Friedrich-Museums.

In einem Bauernhaus in Westfalen, unweit der aus

dem zwölften Jahrhundert stammenden Wewelsburg, in der ein Trainingslager für zukünftige Nazi-Führer untergebracht war, fand man die Kriegsbeute Himmlers. Sie bestand aus Sammlungen antiker Eßbestecke, russischer Bilder und wertvoller historischer Waffen, die in Holland und Frankreich gekauft worden waren und denen Himmlers besondere Sammelleidenschaft galt. Man fand auch noch einen etwa fünfzig Zentimeter großen silbernen Kelch mit dem Wappen des dritten Barons Foley. Unterhalb des Randes befand sich eine Gravur von 1816 und die Inschrift »Chelmsford Races«. Wie Himmler an dieses Stück gekommen war, blieb ein Geheimnis. Seine Gemäldesammlung war, abgesehen von den russischen Bildern und einem Gemälde von David Teniers, nur mittelmäßige Nazi-Kunst. Eines dieser Werke zeigt Himmler, wie er eine Gruppe deutscher Bauern als die neuen Siedler Polens begrüßt. Unter anderen Kuriositäten fand man in dem Bauernhaus auch alte Folterinstrumente, historische Dokumente der Stadt Münster und ein komplettes Set moderner Zahnarztinstrumente.

Nicht weit von Schloß Wewelsburg befand sich auch ein Konzentrationslager, aus dem nach dem Zusammenbruch des Nazi-Regimes die Insassen im Land auf der Suche nach Nahrung, Kleidern und mit Rachegelüsten umherstreiften. Viele von ihnen kehrten mit Beute beladen aus den umliegenden Schlössern und Landhäusern zurück; flämischen Gobelins, Teppichen und Gemälden der holländischen Alten Meister. Unter den Gefangenen waren auch 250 Theologiestudenten gewesen, von denen fünfundzwanzig noch am Leben waren; diesen wenigen gelang es, den ungestümen Pöbel zu überreden, ihre Beute in dem einzig verfügbaren Lagerraum unterzubringen: dem Waschraum. So fanden die MFA&A-Offiziere bei ihrem Eintreffen den Raum vollgepackt mit geraubten Kunstwerken. Diesen Studenten war es auch zu verdanken, daß Himmlers Schatz nicht angerührt wurde. Sie retteten alle Aufzeichnungen aus der SS-Schule, nachdem Teile des Schlosses von einem abziehenden SS-Sprengkommando gesprengt worden waren.

In den Minen von Bernterode in Westfalen wurde eine makabre Entdeckung gemacht. Diese Minen wurden von 1936 an als Lager für Explosivstoffe einer nahegelegenen Munitionsfabrik benützt und bestanden aus dreiundzwanzig miteinander verbundenen Korridoren in 500 Meter Tiefe. Sie waren mit Leuten vom Arbeitsdienst besetzt gewesen. Vierzigtausend Tonnen Munition und große Mengen Dynamit wurden von den alliierten Streitkräften gefunden, als sie den Ort einnahmen. Als die MFA&A die anderen Tunnels untersuchten, entdeckten sie, daß ein Teil abgemauert war. Sie brachen durch und kamen in eine große Höhle. An den Wänden rundherum waren Gemälde aufgestapelt, versiegelte Kisten und Armeestandarten. In der Mitte des Raumes standen vier Särge. Sie waren mit Kränzen und roten Seidenbändern geschmückt, Hakenkreuze und Hitlers Name waren eingeprägt. An jedem hing ein Zettel, mit roter Tinte beschrieben. Folgende Namen standen darauf: Friedrich Wilhelm I., Friedrich (II.) der Große, Feldmarschall von Hindenburg und Frau von Hindenburg. Die zweihundert Fahnen, die in der Höhle aufgestellt waren, stammten von Regimentern aus den Anfängen des preußischen

Königreiches bis zum Krieg 1914–1918. In drei Nischen der Höhle standen Porträts, die aus dem Schloß Sans-Souci in Potsdam gestohlen worden waren, gemeinsam mit Gobelins und den preußischen Kronjuwelen, darunter ein juwelenbesetztes Zepter und der Reichsapfel, zwei Kronen und zwei Schwerter mit feingearbeiteten Scheiden in Gold und Silber. Augenzeugenberichten zufolge waren diese Staatsschätze von Militärangehörigen unter strengster Geheimhaltung in die Mine gebracht worden. Die Aufgabe der MFA&A war hier sehr gefährlich, denn bevor man irgendetwas anrühren konnte, mußten erst große Mengen hochexplosiver Sprengstoffe entfernt werden. Ich konnte nie feststellen, ob Hitler vorhatte, alles in die Luft zu sprengen, wie jemand behauptete, oder ob es vielleicht Himmlers Vorschlag war, hier einen geheimen Schrein anzulegen, dessen Existenz nur ganz wenigen der Nazi-Hierarchie bekannt war und der erst bei der Wiedererweckung eines Vierten Reiches ausgegraben werden sollte.

Ein weiterer wichtiger Fund waren die Insignien des Heiligen Römischen Reiches. Sie waren von den Nazis 1938 von Wien nach Nürnberg gebracht worden. Als die Amerikaner gegen Nürnberg vorrückten und die dortigen Nazi-Leiter verhörten, wurde ihnen erzählt, daß die Reichsinsignien von einem unbekannten hochrangigen SS-Offizier abgeholt und im Zeller See in Österreich versenkt worden seien. Die Untersuchungsoffiziere befriedigte diese Geschichte nicht. Nach einigen ergebnislosen Versuchen entschlossen sie sich zu drastischeren Methoden. Sie nahmen den Bürgermeister von Nürnberg in Haft und drohten, ihn einem Beamten des Sicherheitsdienstes gegenüberzustellen, der ihn mit der Angelegenheit in Zusammenhang gebracht hatte. Unter diesem Druck gestand der Bürgermeister, daß er die Reichsinsignien in eigens angefertigten Kupferbehältern verstaut und sie in Anwesenheit von drei weiteren Nazi-Beamten in einem unterirdischen Gang im Bunker am Paniersplatz in Nürnberg eingemauert hatte. Nachdem die Offiziere in einem Raum in 25 Meter Tiefe durch den Betonboden hatten bohren lassen, fanden sie in einem Hohlraum die unbeschädigten Behälter. Die Reichsinsignien kamen nach Wien zurück. Anscheinend hatte Himmler den Befehl zum Einmauern gegeben und Kaltenbrunner angewiesen, das Gerücht zu verbreiten, sie seien im See versenkt worden. Dank der Nachforschungen der Amerikaner können heute die Besucher der Schatzkammer in der Wiener Hofburg diese historischen Zeugnisse besichtigen.

Aus den amerikanischen Untersuchungsberichten geht hervor, daß die obersten Nazis Bayern für den sichersten Platz hielten, an dem sie ihre Beute verstekken konnten. In Ehrenbreitstein in Bayern wurden die Gemälde und Handschriftensammlungen der holländischen Königsfamilie aufgefunden. In Neuhaus versteckte der ehemalige Generalgouverneur von Polen, Hans Frank, seine erbeuteten Schätze. Darunter war auch die berühmte »Dame mit Hermelin«, die Dr. Posse ursprünglich für Linz erworben hatte, die dann aber aus einem unbekannten Grund abgelehnt worden war. Als man sie nach Warschau zurückschickte, nahm sie Frank zu sich in seine Residenz in Krakau.

Beim Auftauchen der amerikanischen Kunstoffiziere

unternahm Frank einen mißglückten Selbstmordversuch. Er war dann einer der überlebenden führenden Nazis auf der Anklagebank im Nürnberger Prozeß, und unter den Beweismitteln des amerikanischen Anklägers befand sich auch ein Verzeichnis der von ihm gestohlenden Kunstwerke. Frank behauptete, daß er die »Dame mit Hermelin«, obwohl sie ursprünglich gestohlen war, als persönliches Geschenk des Führers erhalten habe. Hans Frank endete am Galgen.

Hitlers sicheres Lager für die aus Frankreich erbeuteten Kunstschätze war das romantische Schloß Neuschwanstein bei Füssen in den bayerischen Alpen gewesen. Umgeben von hohen Bergen war dieses Traumschloß vom »geisteskranken« König Ludwig II. von Bayern erbaut worden, der im neunzehnten Jahrhundert ein großer Kunstmäzen und enger Freund Richard Wagners war. Es war als Denkmal dem Komponisten gewidmet, und die weite Schloßhalle ist mit Bildern aus Wagner-Opern geschmückt. Für die Aufführungen seiner Musik entstand ein eigener Konzertsaal. König Ludwigs Gedanken von einem großen vereinigten Deutschland und seine Bewunderung für Wagner fanden Hitlers ganze Zustimmung. Nach mehreren Besuchen in Neuschwanstein war Hitler überzeugt, keinen besseren Platz für seine Schätze finden zu können. Versteckt in einem Tal zwischen hohen Bergen gelegen, war es vor feindlichen Bombenangriffen sicher. In Neuschwanstein fand die Kunstkommission fast 6 000 Gemälde, Skulpturen, Silber und eine Sammlung seltener Bücher – insgesamt über 21 000 Stücke. Alles wurde sorgfältig registriert und im Verzeichnis als vom ERR in Paris bei der Familie Rothschild und anderen jüdischen Kunstsammlern beschlagnahmt vermerkt. Es dauerte mehr als vier Monate, bis alles sortiert war und die erste Lieferung in achtzehn vollbeladenen Waggons an die über zweihundert ursprünglichen Besitzer in Paris geschickt werden konnte.

In den Gebäuden des alten Klosters in Buxheim in Bayern fand die Kommission einen Hort zurückgelassener Kunstwerke in feuchten, ungeheizten Räumen. Ein Raum enthielt beschädigte Kunstwerke und zerbrochene Holzschnitzereien, Silberwaren und Gläser. Es war die Reparaturwerkstatt für Gegenstände, die beim Transport aus Frankreich beschädigt worden waren. Die Restaurateure waren geflohen und hatten alles liegengelassen. In einem anderen Zimmer befanden sich zweihundert Gemälde, die aus russischen Museen gestohlen waren, Seite an Seite mit der königlich-bayerischen Sammlung aus München, die eilig evakuiert wurde, als die Alliierten die Bombenangriffe auf die Stadt eröffneten.

Als die 101. US-Panzerdivision und die französische Panzerdivision in Berchtesgaden einfielen, wo Hitler und Göring ihre Landhäuser besaßen – Hitlers Haus war der berühmte »Berghof« – stießen sie zufällig im Büro eines ortsansässigen Nazi-Beamten und Kaufmannes auf wertvolle Kunstschätze, die stapelweise zwischen Waschbecken geschichtet waren. Auf einem Rangiergleis, zur Hälfte in einem Tunnel versteckt, fanden sie einen verlassenen Zug. In einige der Güterwaggons, in denen sich Kunstwerke befanden, war bereits eingebrochen worden. Die eilig herbeigerufenen Kunstoffiziere stellten sofort Wachen auf. Erst als sich

Andreas Hofer, Görings Kunstberater, freiwillig stellte, erfuhren sie, daß all diese Schätze aus der berühmten Sammlung des Reichsmarschalls in Karinhall stammten. Hofer erklärte, daß beim Vormarsch der Sowjets durch Ostpreußen Göring die Evakuierung großer Teile der Karinhall-Sammlung angeordnet hatte. Zuerst wurden sie nach Berlin gebracht, wegen der Luftangriffe dann weiter in sein Landhaus in Veldenstein und schließlich nach Berchtesgaden. Göring selbst wurde bei der Rückkehr nach Berchtesgaden nach seinem letzten Besuch bei Hitler Ende April 1945 von einem Sonderkommando der SS verhaftet. Der Führer hatte ihn des Verrates bezichtigt, all seiner Titel und Ämter enthoben und Admiral Dönitz auf seinen Posten bestellt. Zusammen mit einigen seiner Gobelins und Gemälde wurde Göring nach Mauterndorf gebracht, wo ihn die Amerikaner schließlich aufgriffen. Hofer berichtete, daß 600 bis 1 000 Gemälde und etwa 80 Skulpturen im Zug waren. Einige Frachtwaggons wurden auf der Strecke zur kleinen Station Unterstein gefahren, wo die amerikanischen Kunstoffiziere unter der Leitung von Captain Anderson ihre Suche fortsetzten. Ein großer Güterwaggon, den man fand, war mit Büchern und Papieren vollgeladen. Auf einem anderen Abstellgleis fand man Güterwagen, in die von den Ortsbewohnern eingebrochen worden war, aber glücklicherweise konnten viele der gestohlenen Stücke später in Privathäusern wieder aufgefunden werden. Die Gestapo hatte sich ebenfalls daraus bedient. In einem anderen Teil des Zuges entdeckten die Amerikaner die besten Flaschen von Görings privatem Weinkeller aus Karinhall; einige der Kisten waren bereits aufgebrochen.

Als ich 1965 die Gegend besichtigte, erzählte mir ein alter Dienstmann, er könne sich noch daran erinnern, daß die Soldaten, die den Zug bewachten, ein Saufgelage veranstalteten, als sie hörten, Göring sei verhaftet worden. Und als dann die ersten amerikanischen Truppen eintrafen, schliefen sie gerade ihren Rausch aus.

Eine Folge dieses Zwischenfalles ist in einem amerikanischen Untersuchungsbericht erwähnt. Zu Beginn des Verhörs wurde Göring von den alliierten Generälen bevorzugt behandelt, da sie hofften, wichtige Informationen von ihm zu erhalten.

Göring stimmte in einem ersten Verhör zu, alle Kunstwerke anzugeben, die er durch die Beschlagnahmung des ERR in Paris erworben hatte, so daß sie ihren Eigentümern zurückgegeben werden konnten. Seine ganze Sammlung wurde zur amerikanischen Sammelstelle nach München gebracht, um dort geordnet zu werden. In der Zwischenzeit verhörte man auch seine Frau Emmy in Zell am See. Sie besaß selbst eine große Anzahl Bilder, darunter den berühmten Vermeer »Christus und die Ehebrecherin«, für den Göring in Holland 1 600 000 Gulden bezahlt hatte. Die Entdekkung, daß dieses Gemälde eine Fälschung war, verdient eine nähere Erklärung.

Nach der Befreiung der Niederlande überprüften die Untersuchungsbehörden der holländischen Regierung die Kunstverkäufe während der Besetzung und stießen dabei auf Rechnungen der Goudstikker Kunstgalerie. Darunter fanden sich Empfangsbestätigungen für einen Vermeer, der von einem von Görings Einkäufern erworben worden war. Als Verkäufer war ein

Han Van Meegeren angeführt. Da es während des Krieges den Holländern verboten war, wertvolle nationale Kunstwerke zu verkaufen, hielt man das für einen Fall von Kollaboration mit dem Feind und verhaftete Han Van Meegeren. Nach anfänglichem Leugnen und Widersprüchen gestand er, einen »Vermeer« an Görings Agenten verkauft zu haben, behauptete aber, ihn selbst gemalt zu haben. Man glaubte ihm nicht. Aber ein anderes Gemälde, das er ebenfalls selbst gemalt hatte, »Christus und seine Jünger in Emmaus«, war sogar vom Boyman-Museum in Rotterdam erworben worden. Sachverständige für Kunst des siebzehnten Jahrhunderts und zwei Restaurateure des Rijksmuseums hatten das Bild sorgfältig geprüft und seine Echtheit bestätigt. In dem Versuch, die Experten zu überzeugen, erzählte ihnen Van Meegeren, wie er jahrelang Vermeers Techniken studiert hätte und hinter die Geheimnisse seines Malstils gekommen sei. Aber noch immer glaubte man ihm nicht. Die Behörden unterzogen nun sein »Emmaus«-Bild ausführlichen Tests und erklärten es zu einem echten Vermeer. Schließlich erlaubte man ihm, unmittelbar sein Können zu zeigen. Er wählte das Thema »Christus mit den Schriftgelehrten«, und die Sachverständigen sahen nun, wie vor ihren eigenen erstaunten Augen unter dem Pinsel Van Meegerens ein echter Vermeer entstand.

Das Gerichtsverfahren wurde für zwei Jahre ausgesetzt. Van Meegeren durfte das Land nicht verlassen, aber er konnte seine Arbeit in seinem Studio in Laren frei fortsetzen. Als das Verfahren im Oktober 1947 wieder aufgenommen wurde, stellte das Gericht eine Liste seiner Fälschungen, die er zwischen 1937 und

1943 gemalt hatte, zusammen – sieben Vermeers, darunter »Christus und seine Jünger in Emmaus«, das er in seinem Studio in Nizza fertiggestellt hatte. Dieses Bild war von einem holländischen Händler erworben und für fünf Millionen Gulden an das Boyman-Museum verkauft worden, das es als eines seiner wertvollsten Stücke ausstellte. Nach seiner Rückkehr nach Holland stellte Van Meegeren noch zwei Gemälde nach Pieter de Hoock her. Keines davon war die Kopie eines bereits existierenden Bildes.

Van Meegeren wurde nur zu einem Jahr Gefängnis verurteilt, da er ein Geständnis abgelegt hatte und vielleicht auch, weil die Experten ihm gegenüber befangen waren. Auf Grund seiner schlechten Gesundheit gab man ihn der Valerius-Klinik in Pflege, wo er kurz nach seiner Einlieferung an einer Herzkrankheit im Alter von nur achtundfünfzig Jahren starb.

Van Meegerens Tochter, Mrs. Inez Randall, erläuterte mir das Motiv ihres Vaters, Vermeers Stil zu kopieren. Es war der Unmut über Kritiker gewesen, die über Kunstwerke richteten, ohne selbst künstlerisches Talent zu besitzen. Seine eigenen Gemälde hatte man als wertlos abgewiesen. Auf meine Frage, warum er gerade Vermeer gewählt hatte, erklärte mir Mrs. Randall, daß Vermeer nur zweiundfünfzig bekannte Gemälde geschaffen und einige Jahre, offensichtlich ohne zu schaffen, in Italien verbracht habe. Diesen Umstand wollte ihr Vater ausnützen. Mrs. Randall betonte, daß ihr Vater niemals ein existierendes Gemälde kopiert, sondern nur den Stil des Künstlers nachgeahmt und die Unterschrift kopiert habe. Zufälligerweise waren die Initialen von Van Meegeren und Vermeer gleich, abgesehen von dem H für »Han« und dem J für »Jan« Vermeer. Kunsthistoriker wußten, daß Vermeer seine Signatur öfters geändert habe. Deshalb wären die Fälschungen nie entdeckt worden, hätte man nicht nach dem Krieg die Verkaufsbestätigungen von Goudstikker gefunden.

Das weitere Schicksal von Görings falschem Vermeer konnte ich leider nicht in Erfahrung bringen. Vielleicht liegt er irgendwo vergessen in einem Münchner Depot, wo die wertlosen, nicht abgeholten Gemälde lagern.

Einen Hinweis auf die Anzahl der Kunstwerke, die durch die Münchner Hauptsammelstelle, den Führerbau (von den Amerikanern einfach »Galerie« genannt), gingen, gibt die Tatsache, daß in den ersten vier Monaten der Existenz dieser Stelle insgesamt 13 619 Kisten und unverpackte Kunstwerke aus achtunddreißig verschiedenen Lagern in ganz Deutschland verzeichnet wurden. Drei Viertel dieses Schatzes kamen aus Alt-Aussee, Berchtesgaden und einem Kloster bei Hohenfurt.

Die britische MFA&A-Einheit war in Celle stationiert, die der Amerikaner in Wiesbaden und München. Diese Fachleute, unterstützt von sorgfältig ausgewähltem deutschen Personal und Beauftragten der alliierten Regierungen, benötigten über drei Jahre, um die zahlreichen Stücke zu ordnen und sie ihren rechtmäßigen Eigentümern zurückzugeben. Als der Großteil der geraubten Objekte in die Länder ihrer Herkunft zurückgeschickt war, wurde der Rest den Deutschen übergeben.

Bücher fielen genauso wie Kunstwerke in die Zuständigkeit der Abteilungen der Kunstrettung. Da das Linzer Museum eine große Bibliothek beinhalten sollte, war der ERR eifrig bemüht gewesen, Sammlungen wertvoller Bücher und Handschriften in den besetzten Ländern zu beschlagnahmen. Sammlungen aus jüdischem Besitz und Klosterbibliotheken wurden zusammengetragen und in den Klostergebäuden von Tanzenberg in Kärnten, im Süden Österreichs, gesammelt. Hier fanden die MFA&A-Abteilungen der Briten in Zimmern, Korridoren und Bogengängen hoch aufgestapelte Kisten mit wertvollen Büchern aus Holland, Belgien, Frankreich, Griechenland und sogar von den Kanalinseln. Hier waren auch die Sammlung Jacques de Rothschilds aus dem Château de Ferriers in Frankreich gelagert sowie der Stadtbibliotheken von Kiew und Woronesch in der Sowjetunion und die kaiserliche Bibliothek der russischen Zaren. Es war eine ungeheure Aufgabe, die Bücher zu ordnen, insgesamt etwa 500 000 Bände, und sie ihren rechtmäßigen Besitzern zurückzugeben. Bücher, deren Herkunft nicht mehr festgestellt werden konnte, erhielt das österreichische Nationalarchiv.

Die Wiedergutmachungsforderungen für Kunstgegenstände aus jüdischem oder anderem Privatbesitz zogen sich über Jahre hin. Erst 1963 wurden offizielle Aufstellungen nicht zurückgeforderter Kunstwerke im österreichischen Amtsblatt veröffentlicht. Und erst 1964 erfuhr die Weltpresse die ganze Wahrheit über Hitlers Kunstraub und sein Projekt Linz. Zur selben Zeit wurden auch Listen der noch vermißten Kunstwerke aufgelegt. Ein dicker Band mit dem Titel »Verlorene Werke der Malerei« wurde vom Ackermann-

Verlag in München herausgegeben, der in allen Einzelheiten über das Schicksal der zwischen 1939 und 1945 in Deutschland verlorengegangenen oder zerstörten Gemälde berichtete. Und im Jahre 1973 veröffentlichte die deutsche Regierung einen illustrierten Katalog vermißter Kunstwerke, die in Italien während der Nazizeit verschwunden waren. Herausgegeben in Zusammenarbeit mit dem italienischen Amt zur Wiederentdeckung der Kunstwerke zählt er viele wertvolle Kunstwerke aus Florenz auf. Bei meinen Nachforschungen in den verschiedenen internationalen Polizeipräsidien erfuhr ich, daß bis heute (1981) keines dieser wertvollen Stücke gefunden wurde. Dr. Siviero, der für die Wiederauffindung der Kunstwerke in Italien verantwortlich war, erzählte mir, daß noch immer 1 500 Stücke gesucht werden, von denen etwa 1 300 einen immensen künstlerischen Wert darstellen. Ob sie zerstört wurden oder irgendwo auf einem Dachboden versteckt sind, wo keiner der Hausbewohner sie vermutet, oder ob sie durch gewissenlose Händler an private Sammler in Amerika verkauft wurden? Erst neulich erzählte mir ein Kunstexperte in London, eines der erbeuteten Gemälde sei heute in einem amerikanischen Museum ausgestellt, das es ganz legal erworben hatte. Unglücklicherweise sind die Gesetze über Wiedergutmachung und Rückerstattung von Staat zu Staat verschieden und erschweren die Herausgabe.

Die Kunstwerke, die in den deutschen Museen vor Ausbruch des Krieges beschlagnahmt und 1939 in Luzern versteigert wurden, konnten von den Museen nur zurückgekauft werden. Die Nazis hatten in diesem Fall ganz legal nationales Eigentum des Staates versteigert. Die Museen konnten keine Wiedergutmachung fordern. Die Nazis hatten sich durch ein Dekret, das künftige Forderungen ausschloß, doppelt abgesichert. Dieser Beschluß wurde, wie schon erwähnt, von den Alliierten nach dem Krieg nicht wieder aufgehoben. So mußten nun – auf Grund von Hitlers Vorkriegspolitik – die deutschen Museen und Galerien größte Verluste an moderner Kunst hinnehmen.

Dennoch tauchen verlorene Kunstwerke gelegentlich wieder auf. 1966 berichtete die Presse über die Auffindung von zwei Dürer-Gemälden, die nach dem Krieg aus einem deutschen Schloß verschwunden waren. Ein New Yorker Rechtsanwalt hatte sie für $ 500 gekauft. Ein Freund von ihm sah im Buch »Verlorene Werke der Malerei« nach und erkannte darin die Bilder wieder. Auch jetzt noch, nach nahezu fünfzig Jahren, könnten Kunstwerke auf seltsame Art und Weise wieder auftauchen.

Die Geschichte eines weiteren Fundes erfuhr ich von einem deutschen Museumsdirektor. Bei einem Besuch in New York schlenderte er durch die Buchläden und Antiquitätengeschäfte in Greenwich Village, als ihm eine kleine Statue des Paris, einer Figur aus der griechischen Mythologie, auffiel. Er erkannte sofort, daß sie aus seinem Museum stammte und von dort während des Krieges verschwunden war. Er fragte nach dem Preis und zahlte die verlangten $ 100 sofort – der echte Wert dieser Figur lag bei mehreren tausend Dollar.

Knapp bevor die amerikanischen Streitkräfte München besetzten, hatten sich Bewohner der Stadt selbst von den unbewachten Kunstschätzen und Gemälden aus dem Führerdepot in der heutigen Meiserstraße genommen, was ihnen gefiel. Obwohl keine Meisterwerke verschwanden, wurde doch eine ganze Menge Bilder auf Handkarren und in Kinderwagen weggebracht, und so manche Münchner Wohnung war mit geraubten Kunstwerken ausgestattet, die dann später auf dem Schwarzmarkt gegen Essen oder Kleidung eingetauscht wurden. Die Soldaten der Besatzungsmächte, die von Kunst nichts verstanden, tauschten amerikanische Zigaretten und Nahrungsmittel gegen ein Bild, das sie als Souvenir nach Hause nehmen wollten.

1964 entdeckte ein Tourist in einem deutschen Bauernhaus ein Gemälde von Monet; der Bauer hatte es im Tausch gegen ein Pfund Butter erhalten. Bei einem Besuch im alliierten Pressezentrum in Düsseldorf erzählte man mir die Geschichte eines ausländischen Korrespondenten, dem der Fahrer seines Dienstwagens vier Ölgemälde zeigte, die alle in einer Ecke ein Schußloch aufwiesen. Der Mann war Fahrer bei der deutschen Wehrmacht in Italien gewesen und fuhr mit dem Konvoi, der die Kunstschätze aus Florenz evakuierte, nach Norden, als sie von den Alliierten aus der Luft angegriffen wurden. Er ging in Deckung. Als er wieder weiterfahren konnte, merkte er, daß der Lastwagen hinter ihm von Kugeln durchlöchert war und der Fahrer tot. Auf dem Beifahrersitz lagen vier zusammengerollte Ölgemälde, die von einer Kugel getroffen waren. Der Armeefahrer brachte sie mit nach Deutschland und behielt sie auch nach seiner Entlassung aus der Armee. Der Korrespondent, der viel von

Kunst verstand, erkannte unter der Schmutzschicht wertvolle Kirchengemälde aus der Toskana.
Ein Zufall führte auch zur Entdeckung zweier vermißter Gemälde von Pollaiuolo aus den Florenzer Uffizien in einem Bauernhaus im weit entfernten Kalifornien. Der Farmer und sein Freund waren beide bei der deutschen Wehrmacht gewesen und an dem Transport der Kunstwerke aus den Uffizien nach Südtirol beteiligt. Beim Beladen der Lastwagen fanden sie Gefallen an diesen zwei kleinen Bildern und beschlossen, sie sich anzueignen. Einige Jahre später emigrierten beide Männer nach Pasadena und wurden Farmer; die Bilder nahmen sie als Erinnerung an den Krieg mit sich. Durch Zufall erkannte ein Besucher der Farm die Gemälde. Er wußte, daß sie auf der Liste der vermißten Kunstwerke standen. Heute befinden sie sich wieder im Museum der Uffizien.
Einem Bericht der New York Times von 1964 zufolge wurden zwischen dem Ende des Zweiten Weltkrieges und 1962 annähernd 4 000 erbeutete Kunstwerke in den USA wiederentdeckt. Sie wurden vierzehn verschiedenen Staaten, aus denen sie gestohlen worden waren, zurückerstattet. Eine Kuriosität darunter war die Sammlung von 22 660 Zinnsoldaten, die ein amerikanischer Offizier aus einem deutschen Museum mitgenommen hatte.
Aus den von den Sowjets besetzten Zonen Deutschlands und Österreichs brachte die russische Armee viele Wertgegenstände in die UdSSR. Kunstwerke wurden üblicherweise nach Leningrad gebracht, wo russische Kunsthandwerker alle Beschädigungen sorgfältig restaurierten. Stalin hatte diese deutschen Kunstschät-

ze für sein Land beansprucht, um die sowjetischen Museen für ihre Verluste, die sie durch die Nazis erlitten hatten, zu entschädigen. Als Chruschtschow an die Macht kam und mit ihm ein neuer politischer Kurs eingeschlagen wurde, erhielten die deutschen Museen ihr Eigentum zurück.

1963 veröffentlichte die Dresdner Galerie einen detaillierten illustrierten Katalog ihrer vermißten Kunstschätze. Herausgegeben durch den Vizedirektor der Galerie, Hans Ebert, zählte er über 400 Gemälde auf, die nachweislich während der Kämpfe und der alliierten Bombenangriffe nicht zerstört worden waren. Viele dieser Bilder waren leihweise mehreren Nazi-Bonzen und Verwaltungsbüros in Sachsen überlassen worden. 1937 besaß die Dresdner Galerie fast 3 000 wertvolle Gemälde, von denen etwa nur die Hälfte ausgestellt war. Im Mai 1942 stimmte die nationalsozialistische Verwaltung zu, die Sammlung von unschätzbarem Wert auf zweiundvierzig verschiedene Lager in Burgen und Schlössern in Sachsen zu verteilen, wo sie vor den alliierten Bomben sicher waren, die sich ihre Ziele immer mehr in deutschen Industriezentren suchten. Bei dem furchtbaren Luftangriff auf Dresden im Februar 1945 wurden zweihundert Gemälde vernichtet, als das Schloß getroffen wurde.

Einem Artikel der ostdeutschen Zeitung »Sächsische Heimatblätter« von Mai 1980 zufolge soll der Katalog, der an alle Verwaltungen der wichtigsten Museen in der ganzen Welt verteilt wurde, zur Auffindung und Rückgabe von fünfundzwanzig Gemälden geführt haben. Darunter befanden sich Gemälde von Cranach dem Älteren, Pourbus d. Ä., Jan van Goyen und Böcklin. Andere Bilder aus dem Besitz der Dresdner Galerie wurden in Westdeutschland, in der Schweiz und den Vereinigten Staaten gefunden. Viele rechtliche Probleme erschwerten jedoch ihre Rückgabe. So sträubten sich z. B. die ostdeutschen Behörden dagegen, österreichische Kunstschätze, die in ihre Hände gefallen waren, wieder herauszugeben. Die Verhandlungen über ein Austauschabkommen, das allen Beteiligten gerecht wurde, zogen sich endlos hin.

Drei Monate nach der Besetzung Ostdeutschlands brachten sowjetische Armeen 1 240 Gemälde in das Puschkin-Museum in Moskau. Unter der Aufsicht einer Kunsthistorikerin im Range eines Majors, Natalja Sokolowa, wurden die Schäden, die an den Bildern durch grobe Behandlung und unsachgemäße Lagerung infolge der Kampfhandlungen entstanden waren, restauriert. Erst zehn Jahre später, als Chruschtschow an Stalins Stelle trat, wurden diese Bilder an die Dresdner Galerie zurückgegeben. 1958 erreichte eine weitere Lieferung aus Rußland mit Gemälden, Skulpturen, Zeichnungen und Münzen die Dresdner Galerie.

Heute ist die Dresdner Galerie wieder im Besitz von 2 300 ihrer ursprünglich 3 000 Gemälde. Was wurde aus den restlichen siebenhundert, inklusive der vierhundert aufgelisteten Bilder? Ein Fingerzeig ist vielleicht die Entdeckung eines wertvollen Gemäldes im Besitz eines Trödlers, der 1974 in Dresden starb. Zweifellos befinden sich noch mehr Kunstwerke aus der Galerie in ostdeutschen Wohnungen und Dachböden. So wie Dresden alle Kunstwerke zurückerhielt, die nicht durch die zahlreichen alliierten Luftangriffe zerstört wurden, so auch die Berliner Museen im Ostsektor. Objekte jedoch, die sich in Privatbesitz befanden, wurden von der Sowjetunion nicht aufgespürt. In allgemein zugänglichen Dokumenten des öffentlichen Archivs in Kew (Stadtteil von Richmond, westlich Londons) werden Kunstgegenstände aus britischem Besitz erwähnt, die von den Russen, die Niederösterreich und Teile Wiens besetzt hatten, niemals zurückgegeben worden sind. Die Russen hatten ihren Truppen keine Kunstkommissionen angegliedert; die Entscheidung über Kunstwerke war der Einsicht der jeweiligen Kommandeure überlassen. Russischen Truppen war der Zutritt zu Museen verboten, aber Privateigentum galt für gewöhnlich als Beute, die den Soldaten zustand. Da ihr eigenes Land wie von Vandalen zerstört worden war, überrascht es nicht, daß russische Soldaten in Deutschland und Österreich vorsätzlich raubten und plünderten.

Die Suche nach Europas geraubten Kunstschätzen geht weiter. Wiedergefundene Kunstwerke werden noch immer ihren rechtmäßigen Eigentümern oder Hütern zurückgegeben. Erst vor kurzem entdeckte man in einem Hamburger Museum bei einer Bestandsaufnahme im Lager eine archäologische Sammlung, die Truppen der Nazis aus einem ganz zerstörten Museum auf der Krim während der Invasion in Rußland geplündert hatten. Jetzt endlich, 1980, wurde die Sammlung an Moskau zurückgegeben. Und Österreich berichtete von Kunstwerken aus Privatbesitz, die nicht zurückgefordert worden waren. Sie waren von nur geringem Wert und wurden jetzt öffentlich versteigert. Der Gewinn floß in einen Ankaufsfonds der

Museen. Auch heute noch existiert die Möglichkeit für einen Kunstkenner, auf einer Auktion oder in einem Antiquitätenladen, vielleicht sogar versteckt auf einem Dachboden, eines der Kunstwerke zu erspähen, die aus einem Museum in Europa geraubt wurden.

DREIZEHNTES KAPITEL

Hitlers Malerei

Auf der Suche nach unbekannten Bildern Adolf Hitlers stieß ich durch eine Bemerkung in einem Buch auf die Sammlung des Marquis of Bath und so kam es, daß ich ihn auf seinem Landsitz Longleat besuchte. Das Haus, im elisabethanischen Stil erbaut, liegt zwischen Wiesen und Feldern in Wiltshire. Man führte mich durch den öffentlich zugänglichen Teil des Hauses durch eine Reihe sehenswerter Räume in ein kleines Studio. An den Wänden dieses Raumes hing die Hitler-Sammlung, etwa sechzig Bilder, die der Diktator selbst gemalt hatte, von den ersten Versuchen 1906 bis zum Ende des Ersten Weltkrieges.

Lord Bath erzählte mir, wie er zu der Sammlung kam. Es fing mit einer Auktion bei Sotheby's an, bei der zwei Aquarelle Hitlers zum Verkauf angeboten wurden. Juden versuchten gegen diesen Verkauf zu protestieren, und ein jüdischer Händler, der mitbot, erklärte, daß er das Bild nach dem Kauf auf der Stelle zerstören werde. Nachdem die Demonstranten aus dem Saal gewiesen waren, machte Lord Bath sein Angebot und erwarb die Gemälde. Die Verkäuferin, eine deutsche Kunsthändlerin, übergab das Geld aus dem Verkauf einer jüdischen Wohlfahrts-Organisation.

Das Interesse von Lord Bath an den Gemälden ist

leicht zu erklären. Er hatte bereits begonnen, eine Churchill-Sammlung anzulegen, und so dachte Lord Bath, warum nicht auch eine Hitler-Sammlung? Jeder der beiden Männer war, auf seine Art, ein Stück Geschichte.

Neben den Aquarellen Hitlers hängen in Longleat auch drei Ölgemälde: eine Vase mit Rosen, ein Bild der alten Ruprechtskirche in Wien (die älteste Kirche in der Wiener Innenstadt) und eines von einem niederösterreichischen Dorf, gemalt auf Karton. Dieses letzte dürfte wahrscheinlich um 1912 entstanden sein, denn es ist technisch und künstlerisch ausgereifter als die früheren Bilder. Diese drei Bilder scheinen die einzigen Ölgemälde zu sein, die Hitler während seines Wien-Aufenthaltes gemalt hat.

Auf der Rückseite jedes Bildes befindet sich ein deutsch geschriebener Brief, der die authentische Herkunft und das Entstehungsdatum des Bildes bestätigt. In einem dieser Briefe steht, daß das Gemälde während Hitlers Aufenthalt in einem Wohnheim in der Wurlitzergasse entstanden sei, einer Straße in einem der äußeren Vororte Wiens, und daß es von einem Rahmenhändler in der Nähe gekauft wurde. Bei allen meinen Nachforschungen stieß ich nie zuvor auf diese Adresse, noch wird sie in einer von Hitlers Biografien erwähnt. In manchen von ihnen wird behauptet, daß er sich eine Zeitlang kümmerlich durchschlug, aber alle stimmen darin überein, daß das einzige Wohnheim, in dem er lebte, jenes in der Meldemannstraße war, das 1906 auf Anregung Kaiser Franz Josephs als Unterkunft für Junggesellen mit geringem Einkommen erbaut wurde. In Beantwortung meiner

Anfrage bestätigte mir die Wiener Stadtverwaltung, daß in der Wurlitzergasse ein Männerwohnheim existierte, das vor ein paar Jahren geschlossen wurde. (Das Gebäude existiert heute noch als Jugendherberge für Schulen, Anm. d. Ü.) Es gäbe jedoch keinen Beweis für Hitlers Aufenthalt in diesem Heim. Bei meinem letzten Besuch in Wien konnte ich dann den Verfasser der Beglaubigungsschreiben an den Bildern aufsuchen, Herrn Peter Jahn, einen Kunsthändler, der der einzige heute noch lebende Experte für Hitlers Bilder ist. Er empfing mich in seiner geschmackvoll eingerichteten Wohnung in einem Wiener Nobelbezirk und erzählte mir alles über die Hitler-Bilder, mit denen er seit Jahren handelt.
1937, vor dem Anschluß Österreichs an Deutschland, wurde Herr Jahn von einem deutschen Kunstfachmann namens Schulte-Stratthaus angesprochen, der der deutschen Botschaft in Wien angehörte. Stratthaus war von Hitler beauftragt worden, alle seine Bilder, die sich in Privatbesitz in Österreich befanden und die er auftreiben konnte, aufzukaufen. Jahn war ausgewählt worden, weil er als Berater bei der Ausstattung der Botschaft tätig gewesen war und ausgezeichnete Beziehungen zu anderen Kunsthändlern hatte. Jahn war damit beschäftigt, Hitlers Gemälde zurückzukaufen, bis er im Krieg von der Wehrmacht eingezogen wurde.
Als Hitler an die Macht kam, wurden viele seiner Bilder in Deutschland zum Verkauf angeboten, denn die Nazi-Führer waren erpicht darauf, ein Gemälde des Führers zu besitzen. In der Folge tauchten zahlreiche Fälschungen auf den Kunstmärkten vieler Länder auf. Hanisch, ein ehemaliger Freund Hitlers aus der Zeit, in

der er in der Meldemannstraße lebte, und der mit Hitlers Bildern in der Stadt hausieren ging, beschloß, aus dieser Bekanntschaft Nutzen zu ziehen. Wie früher schon erwähnt, bestand zwischen ihm und Hitler in Wien eine Freundschaft (1909), bis ihn dieser beschuldigte, aus dem Verkauf einer Zeichnung des Reichsrats-Gebäudes Geld unterschlagen zu haben. Das Ergebnis war, daß Hanisch einige Tage im Gefängnis verbrachte. Hanisch hatte selbst ein wenig künstlerisches Talent, und fünfundzwanzig Jahre nach diesem Zwischenfall beschloß er, aus seiner Kenntnis von Hitlers Stil Nutzen zu ziehen und Rache an ihm zu üben. Es bereitete ihm keinerlei Schwierigkeiten, Wiener Ansichten im einfachen Stil Hitlers herzustellen. Um ihnen ein älteres Aussehen zu geben, steckte er sie in einen warmen Ofen, damit das Papier einen braunen Farbton annahm. Er verlangte keine überhöhten Preise und verkaufte die Bilder ins Ausland. Das Geschäft blühte, bis Hitler in Österreich einmarschierte. Jetzt beschäftigte sich die Gestapo mit Hanisch, verhaftete ihn und kurze Zeit später starb er unter mysteriösen Umständen in einem Wiener Gefängnis, wie Jahn bestätigte. Er wußte einfach zu viel. Hanisch hatte auch ein Buch über seine Zeit mit Hitler veröffentlicht, aber vieles darin wird von seriösen Biografen als unglaubwürdig angesehen.

Um die echten Hitler-Bilder von den Fälschungen unterscheiden zu können, benötigte Jahn mehr und genauere Informationen. Er traf Hitler zweimal zu privaten Gesprächen im Braunen Haus, dem Hauptquartier der nationalsozialistischen Partei in München. Hitler bestätigte, daß er im Wohnheim in der Wurlitzergasse gelebt hatte, bevor er in die Meldemannstraße zog, wo er viele Aquarelle nach Postkarten und alten Drucken von Wien reproduzierte. Er schätzte, daß er während der sechs Jahre als Künstler in Wien und München, von 1908 bis 1914, etwa eintausend Bilder hergestellt hatte, darunter auch einige in Öl. Hitler erzählte Herrn Jahn auch, daß er nur malte, um sich seinen Lebensunterhalt zu verdienen. Er habe sich selbst nie als Künstler der Malerei gesehen; seine natürliche Neigung galt der Architektur. Das ist auch aus den genauen architektonischen Einzelheiten erkennbar, die Hitler an den Gebäuden in seinen Bildern ausführte – ganz besonders tritt das in einer Zeichnung der Gloriette im Garten von Schloß Schönbrunn, der Sommerresidenz der österreichischen Kaiser, hervor. Hitler malte dieses Bild, als er in der Wurlitzergasse wohnte, und verkaufte es an einen Rahmenhändler in einer nahegelegenen Straße. Es war damals üblich, Rahmen, die im Schaufenster zum Verkauf ausgestellt waren, mit einem hübschen Landschaftsbild zu versehen, das man immer wieder verwendete. Dieses Bild blieb im Besitz der Familie des Rahmenhändlers, bis Jahn es dort entdeckte.

Ich befragte Herrn Jahn über ein bestimmtes Aquarell aus der Sammlung von Lord Bath, das ein Haus in einer ländlichen Umgebung zeigt, umrahmt von Blumen. Auf der Rückseite des Bildes befindet sich die Widmung für einen Gastwirt, Herrn Jägerhofer und dessen Frau. Herr Jahn bestätigte mir, daß dieser Mann ein kleines Gasthaus besaß, in dem Hitler manchmal aß, als er in der Stumpergasse wohnte.

In der Longleat-Sammlung fiel mir ein Bild auf, das et-

Die Wiederauffindung der Teilstücke des Van-Eyck-Altars aus Gent in den Salzminen von Alt-Aussee. (40)

Der Genter Altar nach seinem Transport aus dem Minenschacht. (41)

Soldaten der 7. US-Army mit Bildern, die in Schloß Neuschwanstein bei Füssen aufgefunden wurden. (42)

)ffiziere der MFA & A bei der 3esichtigung von Kunstschätzen aus)olnischen Kirchen, aufgefunden in len Salzminen von Grasleben. (43)

Teil der Göringschen Sammlung, in einem Berchtesgadener Haus untergebracht. Unter den Gemälden befinden sich drei Rembrandts und drei Cranachs. Links eine Statue der Eva aus dem 15. Jahrhundert. (44)

Kunstoffiziere der US-Army mit Vermeers »Der Künstler im Atelier«. Hitler hatte das Bild kurz nach der Annexion Österreichs von Graf Czernin erworben. Wie viele andere für das Linzer Museum bestimmte Kunstwerke wurde auch dieses in den Salzminen von Alt-Aussee aufgefunden. (45)

Der Künstler im Atelier« von Vermeer. Es hängt jetzt im Kunsthistorischen Museum zu Wien.
:6)

»Jan Wildens« von Van Dyck. Dieses Bild gehörte einst dem Kunsthistorischen Museum, ist aber vermißt. Man weiß, daß es nicht zerstört worden ist. (47)

Ecce Homo« von Antonello da Messina,
uch ein vermißtes Gemälde aus dem
unsthistorischen Museum. (48)

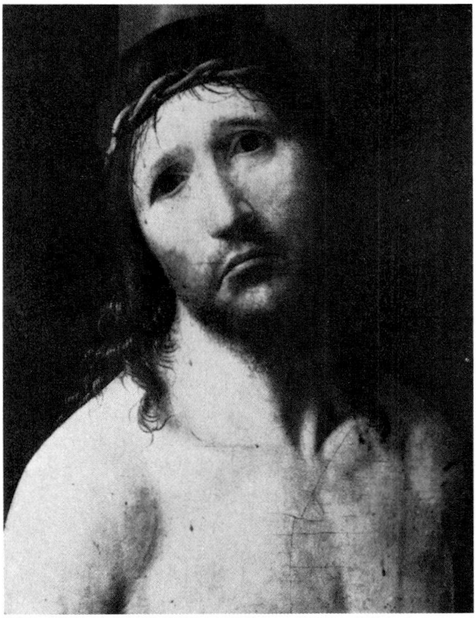

ündel von gefälschten englischen Pfundnoten wurden 1959 im Toplitzsee an die
Vasseroberfläche gebracht. Millionen von englischen Pfund in Falschgeld wurden während
er letzten Kriegstage in hölzernen Kisten im See versenkt. (49)

Der Linzer Hauptbahnhof heute. (50)

Hitler bei der Inspektion seines Modells zur Neugestaltung von Linz. Dieses Foto wurde in seinem Berliner Bunker aufgenommen, kurz vor seinem Selbstmord. (51)

was besser als die anderen zu sein scheint: der Blick auf die Karlskirche, einen berühmten Kuppelbau in Wien. Jahn erzählte mir, daß Hitler gerne solche Kirchenansichten malte, da sie für gewöhnlich leicht zu verkaufen waren. Hitler wechselte öfter seine Maltechnik, manchesmal arbeitete er im Stil von Miniaturen, aber niemals vernachlässigte er architektonische Genauigkeit. Hätte er in seiner Jugend den Rat des Rektors der Akademie der Bildenden Künste angenommen und Architektur studiert, hätte er vermutlich Erfolg gehabt. Einmal hatte er sogar den Auftrag erhalten, Pläne für eine Villa in Wien auszuarbeiten, die jedoch nie gebaut wurde. Nach dem Ersten Weltkrieg konzentrierte er sich besonders auf architektonische Entwürfe, und 1925 entstanden die Skizzen für das neue Linz – das er sich damals aber noch nicht als neues Kunstzentrum vorstellte.

Hitler gestand Jahn ein, daß er keine menschlichen Figuren zeichnen konnte. Auf einem einzigen Aquarell »Innenhof eines Wiener Biedermeierhauses«, das er von einem alten Druck kopiert hatte, sind drei stümperhaft gezeichnete Menschen zu sehen. Anscheinend handelt es sich um einen seiner frühen Versuche. Herr Jahn sagte, er habe nie zuvor auf einem Gemälde so verdrehte Figuren gesehen. Hitlers erster Versuch, mit einem Gemälde Geld zu verdienen, datiert aus dem Jahr 1906. Das Bild hängt heute in Longleat. Es zeigt ein kleines Dorf mit einer Kirche. Auf der Rückseite steht eine Widmung in Hitlers eigener Handschrift »Zum Andenken. Ihr Adolf Hitler«. Wer der Empfänger war, ist unbekannt. Es muß eines der Bilder sein, die Hitler seinem Freund August Kubizek zeigte und die dieser leblos und uninteressant fand. Das Motiv der Kirchturmspitze taucht nicht nur wegen der besseren Verkäuflichkeit immer wieder in seinen Bildern auf. Wie Herr Jahn ausführte, war Hitler von diesem Motiv fasziniert und malte auf vielen seiner Bilder einen Kirchturm.

Von dem Augenblick an, als Jahn 1937 seine Suche nach Hitlers Gemälden begann, bis zu unserem Gespräch, hatte er – wie er selbst sagte – fast alle noch lebenden Rahmenhändler in Wien aufgesucht, an die Hitler verkauft hatte. Einer von ihnen mit dem jüdischen Namen Morgenstern, der viele Juden unter seinen Kunden hatte, erinnerte sich sehr gut an den schäbig gekleideten jungen Mann, der pünktlich jede Woche die bestellten Landschaftsbilder vorbeibrachte. Sechs davon entdeckte Jahn erst 1968. Eine Frau hatte sie von ihrer Schwiegermutter geerbt, die sie ursprünglich bei Morgenstern gekauft hatte.

Hitler muß bei seiner Malerei Beträchtliches geleistet haben. Wenn er, wie Jahn sagte, wirklich über tausend Bilder zwischen 1908 und 1914 hergestellt hat, mußte er etwa drei Stück pro Woche malen, was im Gegensatz zur Behauptung einiger Biografen steht, er sei als junger Mann zu faul zum Arbeiten gewesen. Man kann seine Bilder in zwei Gruppen einteilen: die in großen Mengen hergestellten Ansichten, die er als Andenken gut verkaufen konnte, und die Gemälde, für die er mehr Zeit und Mühe aufwandte. Ein gutes Beispiel dafür ist das bekannte Ölgemälde mit der Blumenvase.

Offensichtlich beschenkte Hitler in einer überschwenglichen und großzügigen Laune gerne seine Freunde mit Bildern, die er nicht verkauft hatte. Göring, Himmler und sogar Mussolini wurden auf diese Weise ausgezeichnet. Ein Geheimnis umgibt noch immer zwanzig von Hitlers Gemälden, die man in Mussolinis Besitz glaubte. Sie tauchten nach dem Zweiten Weltkrieg in Rom auf, um gleich wieder zu verschwinden. Möglicherweise wurden sie gestohlen.

Zu Lebzeiten Hitlers erreichten von ihm signierte Bilder hohe Preise, bis die Nachfrage in Deutschland plötzlich stark zurückging und ihr Wert fiel. Wie Herr Jahn erzählte, wohnte Hitler einem Empfang ihm zu Ehren im Hause eines reichen Industriellen bei, als ihm die Gastgeberin stolz eines seiner Bilder zeigte, das sie erworben hatte. Als sie berichtete, sie habe einige tausend Reichsmark dafür bezahlt, wurde er wütend. Er rief aus, diese Summe hätte ihm früher sein Architekturstudium ermöglicht. Der Gedanke ekelte ihn an, daß jetzt Leute aus seiner Arbeit Profit schlugen, für die er seinerzeit nur einen Hungerlohn erhalten hatte. Dieser Vorfall wurde publik, und die prominenten Nazis, die seine Bilder als gute Investition betrachtet hatten, kauften keine mehr.

Das mag auch der Grund dafür gewesen sein, warum Hitler Schulte-Stratthaus und andere beauftragte, alle auffindbaren Bilder aufzukaufen und im Archiv des Braunen Hauses zu lagern. Diese Leute waren ganz besonders bestrebt, jene drei Bilder aufzutreiben, die Hitler zur Aufnahmeprüfung an der Akademie vorgelegt hatte. Man fand sie, aber der Besitzer weigerte sich, sie zu verkaufen. Immerhin überließ er sie leihweise dem Wiener Gauhaus der nationalsozialistischen Partei. In den Wirren der Nachkriegszeit verschwanden sie von dort, und erst in den sechziger Jahren ge-

lang es Herrn Jahn, sie bei Verwandten des ehemaligen Eigentümers zu entdecken. Er verkaufte sie an Lord Bath und heute hängen die Bilder in Longleat.
Ich erfuhr auch, daß Hitlers jüdischer Hausarzt, Dr. Bloch, einige von Hitlers Gemälden besaß. Hitler gab sie ihm in seiner Jugend als Dank für die Pflege seiner kranken Mutter. An dem Tag, als Hitler mit seinen Truppen in Linz einmarschierte, machte sich die Gestapo auf die intensive Suche nach den Dokumenten von Hitlers Gestellungsbefehl von 1913, dem er zu entgehen versucht hatte. Dabei kamen sie in die Ordination von Dr. Bloch. Sie sahen sich auch nach den Jugendbildern Hitlers um, die Bloch in der Hoffnung aufbewahrt hatte, daß sie ihn eines Tages vor der Verfolgung schützen könnten. Die Gestapo-Schläger fanden sie, nahmen sie mit und versiegelten Dr. Blochs Wohnung. Die Tochter Blochs suchte dann die Gestapo-Dienststelle auf, um zu erfahren, was noch gegen sie unternommen werden solle. Nichts, versicherte man ihr; sie hätten gefunden, was sie suchten. Dr. Bloch könne seine Praxis fortsetzen, dürfe aber nur jüdische Patienten behandeln. Wenn er wünsche, könne er auch emigrieren; er habe die Wahl. Seine Tochter und ihr Ehemann nahmen dieses Angebot an und gingen nach Amerika. Dr. Bloch selbst blieb, von den Nazi-Behörden unbehelligt, noch eine Zeitlang in Linz; einige Jahre später folgte er seiner Tochter nach New York. Der Bericht über seine Verbindung zum jungen Adolf Hitler und dessen Familie wurde in amerikanischen Zeitungen veröffentlicht. Dr. Bloch starb in den Vereinigten Staaten.
Eine Verbesserung der architektonischen Entwürfe in

den Bildern Hitlers zeigt sich um die Zeit, als er 1913 nach München ging. Er konzentrierte sich wieder auf beliebte Ansichten wie die des alten Rathauses, wo die standesamtlichen Trauungen stattfanden. Diese Bilder waren als Andenken leicht verkäuflich, und Hitler malte sie so oft, daß er dazu keine Vorlage mehr benötigte. Er malte ebenso das Bürgerbräu, den berühmten Münchner Bierkeller, ohne zu wissen, daß er einmal zu einem Treffpunkt und zur politischen Plattform der nationalsozialistischen Partei werden sollte und daß dort auch ein Anschlag auf sein Leben verübt würde. 1913 servierten dort Kellnerinnen das starke, schäumende Bier in großen Krügen, und Hitler wird damals wie jeder andere Münchner oder Tourist in der Menge gesessen haben. In der Zeit in München erhielt er eine Menge Aufträge und malte Landschaften und Stadtansichten. Eines seiner beliebtesten Motive war der Königssee in Bayern.

Der Krieg 1914-1918 lieferte Hitler einen ganz anderen Hintergrund für seine Bilder. Als er in der Armee war, zeichnete er nur mehr nach der Natur. Herr Jahn erklärte mir, daß sich seine Bilder dadurch wesentlich verbesserten. Eine Tusche-Zeichnung aus dem Jahr 1914, mit dem Titel »Schützengraben in Douaumont« ist der Beweis für diese Verbesserung. Hitler muß dieses Bild nach dem Krieg aufbewahrt haben, denn auf der Rückseite steht eine Widmung aus dem Jahr 1926 an einen Herrn Tschammer Osten (Hans von Tschammer und Osten, Staatssekretär im Reichsministerium für Inneres und Reichssportführer ?, Anm. d. Ü.). Das Bild kam dann in den Besitz des ehemaligen österreichischen Botschafters in Rom, Rintelen, der nach der

Annektierung seines Landes zu einem der führenden Nazis aufstieg. Seine Witwe verkaufte das Bild später an einen Wiener Kunsthändler. Dann wurde es von einem privaten Sammler erworben. Herr Jahn kaufte es 1966, und schließlich kam es nach Longleat. In diesen frühen Jahren an der Front stellte Hitler zahlreiche Wasserfarben-Zeichnungen her. Er entwarf auch Speisekarten für die Offiziersmesse.

Gemälde des Führers werden noch immer zum Verkauf angeboten, und Sammler in den Vereinigten Staaten zahlen Höchstpreise dafür. Einige seiner Bilder befinden sich sogar in Museen.

Als ich Herrn Jahn ein zweites Mal besuchte, zeigte er mir drei Aquarelle, die ihm zur Begutachtung überlassen worden waren. Eines davon war ungewöhnlich – es zeigte das Innere einer Kirche, aber ohne eine menschliche Gestalt. Die beiden anderen zeigten zerstörte Gebäude an der Front des Ersten Weltkrieges. Die Signatur selbst – A. H. oder A. Hitler – ist leicht zu fälschen, aber oftmals gibt das Papier oder der Karton Herrn Jahn einen Hinweis auf die Echtheit des Bildes. Jahn erklärte mir, daß der junge Hitler, wenn er knapp bei Kasse war, oft auf die Rückseite eines ausrangierten Zeichenpapiers malte, das er irgendwo aufgetrieben hatte. Ein Beispiel dafür ist das Bild der Kirche von Pötzleinsdorf, einem Villenvorort am Fuße des Wienerwaldes. Auf der Rückseite stehen technische Skizzen von einem Kurt Mayer – ohne Zweifel ein Student, der Hitler das Papier schenkte, das er selber nicht mehr brauchte.

1980 wurde ein Bild Hitlers – in der Beschreibung als düster und schwunglos bezeichnet – in einer Auktion in Cornwall um 320 englische Pfund an einen italienischen Händler verkauft. Es war von einem Sammler aus Lancashire unter einem Stapel von Militärbildern entdeckt worden, die er auf einem Flohmarkt in England gekauft hatte. So ein Bild hätte – seine Echtheit vorausgesetzt – in den Vereinigten Staaten einige tausend Dollar erzielt, denn es besteht, wie Herr Jahn ausführte, dort eine große Nachfrage. Aber viele der stolzen Eigentümer besitzen wahrscheinlich nur eine Fälschung. Daher ist es nicht überraschend, daß Jahn immer wieder von Sammlern nach Amerika gerufen wird und für seine Expertisen hochbezahlt wird – obwohl auch er nicht unfehlbar ist.

Über Hitlers wirkliches Talent herrschen unterschiedliche Meinungen. Sicherlich hatte er ein ausgeprägtes architektonisches Verständnis, wie Speer und andere feststellten, als sie seine Pläne für Linz und andere Städte sahen. Einige seiner Entwürfe wurden auch verwirklicht und überlebten den Zweiten Weltkrieg. Aber in Wien erzählte man mir, daß vor einigen Jahren ein Professor der Wiener Akademie der Bildenden Künste gebeten wurde, seine Meinung über ein unsigniertes Aquarell abzugeben. Er sagte, wenn es ein Jugendlicher unter fünfzehn Jahren gemalt hätte, würde es etwas Talent zeigen, aber jeder ältere Maler wäre nur ein Amateur und schlechter Dilettant. Das Bild war von Hitler 1910 im Alter von einundzwanzig Jahren gemalt worden. Auf der anderen Seite aber schrieb Professor Werner Maser, der bedeutende deutsche Historiker und Fachmann für die Hitlerzeit, daß uns viele Künstler weitaus schlechtere Bilder aus ihren Anfängen hinterlassen hätten als Hitler.

VIERZEHNTES KAPITEL

Das Linzer Modell

Über fünfzig Jahre sind vergangen, seit Hitler die ersten Pläne für sein großartiges Führermuseum in Linz gemacht hat. Warum kam aber Hitler, trotz aller Mittel, die ihm zur Verfügung standen, nicht weiter als bis zum Bau der Nibelungenbrücke, die heute die alte Stadt mit dem Vorort Urfahr verbindet?

Als ich Linz noch einmal besuchte, war es mir möglich, den heute pensionierten Chef-Ingenieur aufzusuchen, der von Hitler den Auftrag erhalten hatte, den Bau der Brücke zu überwachen. Er erzählte mir, daß Hitler ursprünglich die Idee hatte, eine sehr hohe Hängebrücke zu errichten, daß es aber 1940 keinem Stahlwerk in Deutschland möglich war, so starke gußeiserne Ketten zu schmieden, daß sie das vorgesehene Gewicht tragen konnten. Neue Pläne wurden entworfen, und Hitler mußte schließlich der schlichten und einfachen Konstruktion zustimmen, die bis heute erhalten blieb. Wie vorgesehen, wurde sie innerhalb von zwei Jahren fertiggestellt. Als man dann die vier übergroßen symbolischen Statuen der Nibelungensage an ihre vorgesehenen Plätze stellte und man den Gesamteindruck der Brücke begutachten konnte, sahen die Ingenieure, wie falsch die Perspektive der Brücke im Blick auf die alte Stadt wirkte.

Warum wurden keine anderen Entwürfe Hitlers jemals realisiert? Auf diese Frage antwortete man mir, daß Albert Speer, der anfangs das ganze Projekt leitete, von seinen anderen Verpflichtungen so in Anspruch genommen wurde, daß kaum noch Zeit für Linz blieb. Also ernannte Hitler Roderich Fick zum Reichsrat (ein Ehrentitel, der vom Führer verliehen wurde), einen ehemaligen Bootsbauer, der Architekt geworden und ein großer Bewunderer des Führers war. Fick sollte das Führermuseum in Linz entwerfen und bauen. Hitler fand Gefallen an den Plänen, die Fick nach seinen Skizzen gemacht hatte; aber offenbar war Fick ein sehr eingebildeter Mann, der nicht mit Kollegen zusammenarbeiten konnte. Schließlich sah Hitler ein, daß er für diese Arbeit nicht der richtige war, und Fick durfte nur noch Wohnblocks in den Linzer Außenbezirken errichten. Der Auftrag für das Führermuseum wurde an Professor Hermann Giesler gegeben. Er hatte schon an der Neugestaltung Münchens mitgearbeitet und unter anderem die Parteizentrale der Nazis und das angrenzende Grabmal Hitlers entworfen.
Den ganzen Krieg hindurch besuchte Hitler immer wieder das Münchner Studio Gieslers, wo man ein großes Modell des neuen Bauvorhabens in Linz aufgebaut hatte. Er sprach mit Giesler über neue Ideen und schlug eventuelle Verbesserungen vor. Im Februar 1945 wurde das Modell von Giesler fertiggestellt und in einem Kellerraum der Berliner Reichskanzlei aufgestellt, neben Hitlers Hauptquartier im Bunker. Täglich saß Hitler nun vor dem Modell von Linz. Ein eigens eingerichtetes Beleuchtungssystem machte es ihm

möglich, mit Scheinwerfern die Lichteffekte der Sonne zu verschiedenen Tages- und Jahreszeiten zu simulieren und festzustellen, wohin die Schatten fielen. Oftmals führte er seine Stabsoffiziere nach den Besprechungen über den letzten Stand des Krieges zu dem Modell und erzählte ihnen von seinen großartigen Plänen für diese Stadt. Als Kaltenbrunner ihm dabei zuhörte (wir haben es schon erwähnt), während ringsherum die russischen Granaten in die zerstörte Stadt einschlugen, kam es ihm plötzlich vor, als sei er in Gesellschaft eines Verrückten, der von seinem Spielzeugmodell besessen war. Bis zum Ende, als das Dritte Reich um ihn herum zusammenbrach, hockte Hitler jeden Tag grübelnd vor seinem Modell.

In den Archiven des Linzer Landesmuseums entdeckte ich 1965 Fotografien des Modells, konnte aber nicht in Erfahrung bringen, was aus dem Modell selbst geworden war. Erst 1980 erfuhr ich aus der Korrespondenz mit Professor Giesler, der damals im Ruhestand in Deutschland lebte, daß es im März 1945 aus dem Berliner Bunker in ein Lager nach Bayern gebracht wurde. Hier muß es nach dem Krieg zerstört worden sein. Der einzige Teil des Modells, der jemals realisiert wurde, ist die Brücke, die heute noch existiert.

Einer kleinen Broschüre, die mir Dr. Kugler, Vorstand der Bibliothek des Kunsthistorischen Museums Wien, zeigte, konnte ich entnehmen, welche Kunstschätze das Linzer Museum enthalten sollte. Diese Druckschrift war zu Ehren von Hitlers Geburtstag am 20. April 1945 von Heinrich Hoffmann veröffentlicht worden und sollte an die Streitkräfte verteilt werden. Auf der Titelseite befand sich eine Farbreproduktion

des bekannten Gemäldes von Vermeer »Der Künstler in seinem Atelier«, das 1938 unter Druck aus der Sammlung des Grafen Czernin in Wien erworben wurde. Der anonym gebliebene Autor der Broschüre beschrieb die Pläne für die Galerie. Sie sollte eine begrenzte Auswahl europäischer Kunst enthalten, aber dank der Erwerbungen des Führers hauptsächlich ein Zentrum deutscher Kunst werden. Der Autor fuhr fort: Wozu andere Jahrhunderte gebraucht hätten, hätte jetzt ein einziger Mann, der der Kunst ergeben sei, ohne sich entmutigen zu lassen, in eigener Initiative in kürzester Zeit geschaffen. In den dreißiger Jahren seien viele nationale Kunstschätze durch Auslandsverkäufe verlorengegangen, bis der Führer diesem schamlosen Ausverkauf der Kunst einen Riegel vorgeschoben habe. Als Beispiel führte der Autor Vermeers »Künstler in seinem Atelier« an, das beinahe an die Vereinigten Staaten um sechs Millionen Dollar verkauft worden wäre.
Die Broschüre zählte verschiedene Gemälde auf, die in der neuen Linzer Galerie ausgestellt werden sollten. Eine Farbreproduktion zeigte das Bild des österreichischen Malers Hans Makart »Die Pest in Florenz«, das Mussolini Hitler geschenkt hatte. Ich entdeckte in dieser Liste auch das Bild »Die Heuernte« von Pieter Brueghel dem Älteren, das aus dem Eigentum der Fürstenfamilie Lobkowitz stammte und aus ihrem Schloß Raudnitz in der Tschechoslowakei beschlagnahmt wurde. Es ist als »Neuerwerbung« angeführt. Jeder Raum der Galerie sollte im Stil der Zeit der Gemälde dekoriert und eingerichtet werden. Es würde eine kleine Galerie für Makart geben und eine für Rudolf von

Alt, die mit ausgewählten Möbelstücken aus seiner Zeit eingerichtet war. Das Führermuseum in Linz sollte das Zentrum der Kunst der vergangenen Jahrhunderte werden, so wie das Haus der Deutschen Kunst in München, das ebenfalls von Hitler gegründet wurde, das Zentrum zeitgenössischer deutscher Kunst war. Der Verfasser dieser Broschüre beschrieb in lyrischen Worten Hitlers Geburtsort Braunau am Inn und das Dorf Lambach, wo der Führer zur Schule gegangen war und illustrierte sie mit Aquarellen. Es ist zweifelhaft, ob diese Huldigung an Hitlers Beitrag zur Kunst eine große Verbreitung erreichte, da sie nur wenige Wochen vor der Kapitulation der Deutschen erschien. Die Publikation hatte sicher Hitlers Zustimmung, aber wer gab sie in Auftrag? War es ein letzter Versuch von Propagandaminister Goebbels, die Moral der geschlagenen Armee aufzurichten? Nur der Herausgeber Hoffmann könnte diese Frage beantworten, aber er lebt nicht mehr.

Heute sind sich die Linzer Bürger nicht mehr der Pläne bewußt, die Hitler zur Neugestaltung ihrer Stadt hatte. Im Grunde genommen war es ein Glück, daß sie niemals verwirklicht wurden, denn sie hätten nur die Atmosphäre der alten Stadt zerstört. Stadtplaner nach dem Krieg haben Fußgängerzonen und Einkaufszentren geschaffen, und in den Parkanlagen am Ufer der Donau entstand Österreichs modernster Konzertsaal, das Bruckner-Zentrum, das dem großen Komponisten der Stadt Linz gewidmet ist. Auf dem Freinberg, wo der junge Hitler einst seine Vision eines neuen Linz hatte, liegt heute ein großes Sportstadion, das die ganze Stadt überblickt. Moderne Wohntürme schossen auf der Urfahrer Seite aus dem Boden, da, wo Hitler mit seiner Mutter lebte. Der Innenraum des Theaters mit seinen Logen und den vergoldeten Säulen, wo Hitler jener schicksalsschweren Vorstellung des »Rienzi« beiwohnte, existiert nicht mehr. Die verstaubte Atmosphäre, die ich noch aus dem Jahr 1965 kannte, wurde durch einen modernen Zuschauerraum mit bequemen Sitzen ersetzt. In den letzten zwei Jahrzehnten hat Linz eine beeindruckende Veränderung durchgemacht, die es zu einer lebendigen und geschäftigen Stadt und einem Musikzentrum werden ließ. Vor kurzem wollte der Direktor des Linzer Museums die Fotografien und Pläne von Hitlers Bauvorhaben ausstellen, das die alte historische Stadt vollkommen verändert hätte, aber der Gemeinderat verweigerte seine Zustimmung. Auch heute noch, so erzählte mir der Fremdenverkehrsdirektor der Stadt, kommen viele ausländische Touristen, vor allem Amerikaner, nach Linz, um den Ort zu sehen, an dem Hitler seine Jugend verbrachte. Daß Hitlers Versagen als Architekt und Künstler ein treibendes Motiv für sein Machtstreben gewesen sein könnte, wurde mir von einem deutschen Arzt ebenso bestätigt wie von Robert Waite, Professor für Geschichte am Williams College in Williamstown, Massachusetts, dem Autor des Buches »The Psychopathic God: Adolf Hitler«. In diesem Buch entwickelte Waite eine genaue Analyse von Hitlers dämonischer Persönlichkeit. Es ist für mich die Bestätigung, daß es eine direkte Verbindung gibt zwischen Hitlers Wunsch, Künstler zu sein, und seiner Neigung, ein schöpferischer und erneuernder Politiker zu werden. Der Zwang zur Zerstörung, aber auch zum Wiederaufbau war tief in Hit-

ler verwurzelt – obwohl er offensichtlich in der Zerstörung ein weit größerer Meister war. Noch an seinem sechsundfünfzigsten – und letzten – Geburtstag im April 1945 arbeitete er wie ein Besessener bis in die frühen Morgenstunden an seinen Plänen für Linz. Er lebte in einer phantastischen Welt voller Visionen, aber auch Haß und Leidenschaft. Er selbst verglich sich gerne mit Napoleon, lernte aber nichts aus den militärischen Fehlschlägen Napoleon Bonapartes. Speer behauptete, seine Gebäude-Entwürfe deuteten auf Kälte und Gefühllosigkeit hin, sie seien wahrer Ausdruck des Despotismus. Hitler dachte im Laufe seines Lebens oft an Selbstmord. Dann bemerkte er zu seiner Umgebung, daß die Welt in ihm einen großen Künstler verlieren würde.
Hätte Europas Geschichte einen anderen Verlauf genommen, wenn Hitler von der Akademie der Bildenden Künste in Wien nicht zurückgewiesen worden wäre? Oder wäre, auch ohne Hitler, ein anderer politischer Agitator an die Macht gelangt und hätte die deutsche Nation in den politischen Wahnsinn geführt? Wir können keine Antworten auf diese Fragen geben.

ANHANG

Informationsquellen über vermißte Kunstwerke

Eine detaillierte Liste aller wertvollen Gemälde aus den deutschen Museen und Kunstgalerien, die zwischen 1939 und 1945, beziehungsweise in den Wirren der Nachkriegszeit, entweder zerstört oder gestohlen wurden, ist in dem Buch »Verlorene Werke der Malerei«, das im Friedrich Adolf Ackermann Kunstverlag 1965 in München erschienen ist, veröffentlicht. Dieses Buch ist von den Museumsverwaltungen als Standardwerk für vermißte Gemälde anerkannt, von denen man glaubt, daß sie noch existieren, deren Verbleib aber unbekannt ist. Im folgenden eine Auswahl der Gemälde, nach denen noch gesucht wird:

Canaletto, Giovanni Antonio (1697-1768), Ansicht des Dogenpalastes von Venedig, Öl auf Leinwand, 72 x 95 cm.

Caravaggio, Il (Michelangelo Merisi) (1569-1609), Grablegung Christi, Öl auf Leinwand, 157 x 107 cm. (erbeutet)

Cézanne, Paul (1839-1905), Landschaft von Anvers sur Oise, Öl auf Leinwand, 48 x 58 cm.

Corinth, Lovis (1858-1925), Pietà, Öl auf Leinwand, 128,5 x 160 cm.

Courbet, Gustave (1819-1877), Landschaft bei Ornans, Öl auf Leinwand, 57 x 71,5 cm.

Cranach, Lukas (1472-1553), Lukretia, Öl auf Holz, 57 x 38 cm.

Domenichino, Il (Domenico Zampieri) (1581-1641), Der Heilige Hieronymus, Öl auf Leinwand, 58,5 x 41,5 cm.

Dürer, Albrecht (1471-1528), Salvator Mundi, Öl auf Holz, 21 x 18 cm.

Dürer, Albrecht, Bildnis Felizitas Tucher (Diptychon), Öl auf Holz.

Friedrich, Caspar David (1774-1840), Landschaft mit Regenbogen, Öl auf Leinwand, 59 x 84,5 cm.

Giordano, Luca (1634-1705), St. Jakob von Compostella, Öl auf Leinwand, 125 x 79 cm.

Hals, Franz (1580?-1666), Brustbild eines Mannes, Öl auf Lein wand, 87 x 82 cm.

Huysmans, Jan Baptist (1654-1716), Reste eines Korinthischen Tempels, 54,5 x 94 cm. (erbeutet)

Locatelli, Andrea (um 1741), Landschaft bei Sonnenaufgang, 45 x 35 cm. (erbeutet)

Monet, Claude (1840-1926), Der Park, Öl auf Leinwand, 75 x 100 cm.

Nani, Giacomo (1701-1770), Blumenstrauß, Öl auf Leinwand, 87 x 63 cm.

Pannini, Giovanni Paolo (ca. 1692-1765), Architekturbild, Leinwand, 44 x 34 cm.

Renoir, Auguste (1841-1919), Dame am Fenster (Madame Choquet), Öl auf Leinwand, 67 x 54 cm.

Reynolds, Sir Joshua (1723-1792), Mädchen mit Blumen, Öl auf Leinwand, 77 x 55,5 cm, (gestohlen)

Steen, Jan (ca. 1626-1679), Lustige Gesellschaft in einer Schenke, Öl auf Holz, 48 x 36 cm.

Stuck, Franz von (1863-1928), Salome, Öl auf Holz, 105 x 93 cm.

Teniers, David (1582-1649), Wirtshausstube, Öl auf Leinwand, 15 x 21 cm.

Van Dyck, Sir Anthony (1599-1641), Die Speisung der Fünftausend, Öl auf Leinwand, 157 x 228 cm.

Van Goyen, Jan (1596-1656), Am Kornfeld, Öl auf Holz, Durchmesser 12 cm.

Vautier, Benjamin (1829-1898), Der Gang zum Standesamt, Öl auf Leinwand, 40 x 58 cm.

Vermeer, Jan (1632-1675), Baumgruppe mit lagernder Familie und Reitergruppe, 54 x 44 cm.

Withers, Alfred (1856-1932), Die Mühle, Leinwand, 54 x 71 cm.

Noch größer ist die Zahl der Gemälde berühmter Maler des neunzehnten Jahrhunderts, die aus den Depots, in denen sie während des Krieges gelagert waren, erbeutet wurden oder verschwanden. Viele von ihnen befinden sich heute wahrscheinlich in Privatbesitz.

Italien, das noch immer über 1300 seiner wertvollen Kunstschätze sucht, hat in Zusammenarbeit mit den deutschen Behörden eine Broschüre herausgebracht, die jene Kunstwerke aufzählt, die nachweislich von den Nazis aus dem Land gebracht wurden. Ein großer Teil davon stammt aus Florenz. Daraus eine kleine Auswahl:

Anonymus, (von 1583), Das Martyrium der vierzig heiligen Märtyrer, Gemälde auf Holz mit Goldrahmen, 24 x 17 cm. Sammlung Finaly, Florenz.

Bella, Stefano della (1610-1644); Ansicht der Engelsburg, Federzeichnung, 15 x 30 cm. Galerie der Uffizien, Florenz.

Bellotto, Bernardo (1720-1780), Der Canal Grande in Venedig, Leinwand, 84 x 58 cm, Sammlung Bourbon-Parma.

Biondo, Giovanni del (1356-1392), Verkündigung, Gemälde auf Holz, jede Tafel 13 x 27 cm. Galerie der Uffizien, Florenz.

Brandimarte, Benedetto (1588-1592 tätig), Madonna mit Kind und zwei Heiligen (auf der Rückseite Madonna mit Kind und kleine Aktzeichnung). Federzeichnung weiß gehöht. 35 x 29 cm. Sammlung Finaly, Florenz.

Bronzoni, Angelo (1503-1572) (Schule), Francesco de' Medici, Leinwand, 103 x 143,5 cm gerahmt. Nationalgalerie Rom. (Galleria Nazionale d'Arte Antica) deponiert beim Offizierszirkel FF, AA., im Palazzo Barberini.

Bronzoni, Angelo (Art des), Mädchenbildnis, 24 x 18 cm. Galerie der Uffizien, Florenz.

Callot, Jacques (1593-1635), Die Versuchung des heiligen Antonius, Feder und Bister auf Papier, 47 x 75 cm. Florenz, Zeichnungskabinett der Uffizien.

Cambiaso, Luca (1527-1585), Schlachtdarstellung mit Gottvater und Engeln in der Höhe, Federzeichnung und Aquatinta, 59 x 83 cm. Sammlung Finaly, Florenz.

Canaletto, Giovanni Antonio (1697-1768), Die Riva degli Schiavoni, nach Osten zu, Leinwand, 80 x 58 cm. Sammlung Bourbon-Parma.

Cardi, Ludovico (genannt Cigoli) (1559-1613), Das Martyrium des heiligen Stefanus, Aquarell und Weißhöhung auf getöntem Papier. 114 x 84 cm. Florenz, Zeichnungskabinett der Uffizien.

Cellini, Benvenuto (in der Art des) (1500-1571), Ovaler Teller, Silber vergoldet, mit getriebener Darstellung, 64 x 53 cm. Gewicht 4,390 kg. Palazzo Pitti, Silbermuseum, Florenz. Aus der Medici-Sammlung stammend.

Chardin, J. B. (1699-1779), Sitzende Frau im Profil, Leinwand, ca. 30 x 40 cm. Besitz Frau Giulia Radicati Guadagni, Neapel.

Clovet, Francois (gest. 1572), Weibliches Bildnis, Gemälde auf Holz, 28 x 18 cm, Sammlung Finaly, Florenz.

Courtois, Jacques (genannt le Bourguignon) (1621-1675) (Art des), Schlacht, Leinwand, 32 x 50 cm. Galerie der Uffizien, Florenz, deponiert in der Villa Cisterna, Via della Pietra.

Dosio, Giovanni Antonio (1533-1609), Die alte Fassade von Sankt Peter mit Blick auf den Tambur von Michelangelo, aquarellierte Federzeichnung, 27 x 27 cm. Zeichnungskabinett der Uffizien, Florenz.

Dosio, Giovanni Antonio, Ansicht des Borgo Alessandrino in Rom, aquarellierte Federzeichnung, 20 x 33 cm. Zeichnungskabinett der Uffizien, Florenz.

Ferretti, Gian Domenico (1692-1768), Opferung durch Abraham, Leinwand, 61 x 90 cm. Galerie der Uffizien, Florenz.

Florentinische Schule, sechzehntes Jahrhundert, Bildnis einer Unbekannten, Leinwand, 32 x 23 cm. Galerie der Uffizien, Florenz, deponiert im Magazin in Via Lambertesca, dann im Deposito Occhi im Palazzo Pitti, dann deponiert in Borgo a Buggiano.

Fragonard, Jean Honoré (1732-1806), Drei Männer und ein Knabe neben einem Opferungsaltar, lavierte Zeichnung, signiert, Goldrahmen. Sammlung Finaly, Florenz.

Graziani, Francesco (genannt Ciccio napoletano) (tätig 17. Jahrhundert), Reiterkampf, Leinwand, 22 x 32 cm. Galerie der Uffizien, Florenz.

Italienische Schule, achtzehntes Jahrhundert, Landschaft mit Jägern, Leinwand, 57 x 82 cm. Galerie der Uffizien, Florenz.

Italienische Schule, Seehafen, Leinwand, Galerie der Uffizien, Florenz.

Italienische Schule, Hafen mit Ruinen, Leinwand, 42 x 55 cm. Galerie der Uffizien, Florenz.

Ligozzi, Jacopo (um 1547-1626), Kanonier, Galerie der Uffizien, Florenz.

Mehus, Livio (1630-1691), Seehafen, Leinwand, 63 x 99 cm. Galerie der Uffizien, Florenz.

Memling, Hans (1433-1494), Bildnis eines Jünglings, Holz, 35x 24 cm. Galerie der Uffizien, Florenz.

Meulen, Adam F. van der (1634-1690), Ludwig XIV. überquert den Rhein, Leinwand, Sammlung Bourbon-Parma.

Michelangelo Buonarroti (1475-1564), Faunsmaske, Marmor, Museo Nazionale, Florenz.

Monaldi, Carlo (1690-1760), Figuren um einen Tisch, 25 x 37 cm. Galerie der Uffizien, Florenz.

Naldini, Battista (1537-1591), Kreuzabnahme, (auf der Rückseite zwei stehende Figuren), Federzeichnung, 13 x 15 cm. Sammlung Finaly, Florenz.

Naldini, Battista Kreuzabnahme, Zeichnung in Feder und Sepia, Durchmesser 15 cm. Sammlung Finaly, Florenz.

Onofri, Crescenzio (1632-1698), Landschaft, Leinwand, 99 x 123 cm. Galerie der Uffizien, Florenz.

Parmigianino (1503-1540), Heilige Familie, Silberstiftzeichnung, oval, 6,5 x 5,5 cm. Sammlung Finaly, Florenz.

Parmigianino (Schule), sechzehntes Jahrhundert, Madonna mit Kind und Johannesknaben, Öl auf Holz, 33 x 25 cm. Geschnitzter und vergoldeter Rahmen. Sammlung Finaly, Florenz.

Passarotti, Bartolomeo (1529-1592), Moses auf dem Berg Sinai, Federzeichnung, 25 x 19 cm. Sammlung Finaly, Florenz.

Passarotti, Bartolomeo, Studie eines linken Beines, Federzeichnung, 20 x 12 cm, Sammlung Finaly, Florenz.

Pitati, Bonifacio de' (1487-1553), Farinata Degli Uberti, Leinwand, 47 x 62 cm (mit Rahmen 59 x 70 cm). Rom, Galleria Nazionale, deponiert beim Offizierszirkel FF. AA., im Palazzo Barberini.

Pitati, Bonifacio de', Philippus Scolarius, Leinwand, 49 x 66 cm (mit Rahmen 65 x 81 cm). Rom, Galleria Nazionale, deponiert beim Offizierszirkel FF. AA., Palazzo Barberini.

Pitati, Bonifacio de', Sciarra Colonna, Leinwand, 47 x 62 cm (mit Rahmen 59 x 74 cm). Galleria Nazionale, Rom, deponiert beim Offizierszirkel FF, AA., Palazzo Barberini.

Piombo, Sebastiano del (1485-1547), Bildnis des Kardinals Ippolito de' Medici, Museo di Palazzo Venezia, Rom. Seit 1941 deponiert beim Museo della Torre di Pandolfo Capodiferro, Minturno.

Poussin, Nicolas (1594-1665), Männer und Frauen mit Kindern auf dem Arm, Sepiazeichnung, 17 x 22 cm. Sammlung Finaly, Florenz.

Raffael (1483-1520), Madonna mit dem Schleier, Silberstift und Kreide auf gelblichem Papier, 77 x 73 cm. Galerie der Uffizien, Florenz.

Rembrandt Van Rijn (1606-1669), Selbstbildnis, Gemälde auf Holz, Vergoldeter und bemalter Renaissance-Rahmen, 37 x 33 cm. Sammlung Finaly, Florenz.

Rodolfo, Michele di (1503-1577) (zugeschrieben), Der Engel und Tobias, 99 x 49 cm. Galerie der Uffizien, Florenz. (zugeschrieben F. Granacci).

Rosa, Salvator (1615-1673), Schlacht, Gemälde auf Holz, 10 x 23 cm. Galerie der Uffizien, Florenz, deponiert in der Villa Cisterna, Via della Pietra.

Rubens, Peter Paul (1577-1640), Tugend, Leinwand, das Bild zeigt drei weibliche Figuren, drei Putti und in der Höhe eine Taube. Rom, Privatsammlung.

Salimbeni, Arcangelo (1530/40-nach 1580), Madonna della Misericordia, Sepiazeichnung, 16 x 23 cm. Sammlung Finaly, Florenz.

Salimbeni, Arcangelo, Santa Maria Magdalena, Rötelzeichnung, 26 x 22 cm. Sammlung Finaly, Florenz.

Salimbeni, Arcangelo, Die Zeit von einem Felsblock erdrückt, Zeichnung. 16 x 23 cm. Sammlung Finaly, Florenz.

Salviati, Francesco (1510-1563), Die Kreuzabnahme, Federzeichnung, 26 x 20 cm. Sammlung Finaly, Florenz.

Strocchi-Sammlung, Beispiele historisch-klassischen Geigenbaus, Saiteninstrumente (16., 17. und 18. Jahrhundert). Die einzelnen Stücke, sorgsam in Papier verpackt, waren in großen Kisten im Dachgeschoß der Villa untergebracht; jedes trug zwei aufgeklebte Schildchen, ein blaues und eines in Sepia, mit dem Namen des Schöpfers oder der Zuschreibung, der historischen Periode und – in rot – dem zeitgenössischen Preis.

Strozzi, Bernardo (1581-1644), Kreuzabnahme, Federzeichnung und Sepia, 28 x 21 cm. Sammlung Finaly, Florenz.

Tempesta, Antonio (1555-1630), Der heilige Sebastian und andere Heilige in der Glorie, Federzeichnung, 14 x 14 cm. Sammlung Finaly, Florenz.

Tintoretto, Jacopo (1518-1594), Toter Christus von zwei Engeln gestützt, Rötelzeichnung, 28 x 69 cm. Zeichnungskabinett der Uffizien, Florenz.

Tizian (1490-1576) (Schule), Venus, Leinwand. Sammlung Advokat Gino Pincherle.

Toschi, Pier Francesco di Jacopo (1502-1567), Die heiligen drei Könige, Gemälde auf Holz, 16 x 39 cm. Die Komposition ist, von einer Kartusche umschlossen, Teil einer Predella. Galerie der Uffizien, Florenz.

Unbekannter Meister des siebzehnten Jahrhunderts, Landschaft, Leinwand, 58 x 71 cm. Galerie der Uffizien, Florenz.

Vanni, Francesco (1563-1610), Madonna mit Kind und Franziskus, Rötelzeichnung, 26 x 19 cm. Sammlung Finaly, Florenz.

Vanni, Francesco (zugeschrieben), Ein alter Mann gibt einem Mädchen einen Kranz, Federzeichnung, 15 x 12 cm. Sammlung Finaly, Florenz.

Vanni, Francesco (1563-1610), Frau und Soldat in einem Wäldchen, Sepiazeichnung, 20 x 14 cm. Sammlung Finaly, Florenz.

Venezianische Schule, sechzehntes Jahrhundert, Männliches Bildnis, Leinwand, 54 x 41 cm. Galerie der Uffizien, Florenz.

Veronese, Paolo (1528-1588) (Schule), Anbetung der Könige, Leinwand, 145 x 145 cm. Galerie der Uffizien, Florenz. Deponiert in der Villa Cisterna, Via della Pietra.

Zuccari, Federico (1540-1609), Mann und Frau in architektonischer Rahmung, Zeichnung in Feder, Bister und Rötel, 18 x 15 cm. Sammlung Finaly, Florenz.

In Österreich zählt das Kunsthistorische Museum in Wien eine Anzahl von Gobelins auf, die Göring leihweise für Karinhall erhalten hatte. Sie wurden ebensowenig wieder aufgefunden wie mehrere Gemälde. Von den Nazis konfiszierte Kunstwerke aus jüdischem Besitz, die für Linz vorgesehen waren und die man in den Depots wiederfand, wurden ihren rechtmäßigen Eigentümern zurückgegeben. Aber vieles blieb verschwunden. Als Beispiel möchte ich fünf wertvolle Gemälde aus dem Besitz von Mrs. Madeleine Duke erwähnen, nach denen noch immer gesucht wird: Botticelli »Florentinische Dame«, Canaletto »Santa Maria della Salute« und »Canal Grande«, Lucas Cranach »Adam und Eva im Paradies«, Rembrandt »Selbstporträt«, und Vermeyen »Porträt von Maximilian I.«.

Danksagungen

Der Autor bedankt sich für die Zusammenarbeit mit den Museumsbehörden und den Ministerien in Österreich, in der Bundesrepublik Deutschland, Italien und Polen. Er dankt ebenso folgenden Personen, die ihn mit zusätzlichen Informationen unterstützten:

In Österreich Dr. Felix Czeike, Archiv der Stadt Wien; Dr. Walter Czerny, Akademie der Bildenden Künste, Wien; Dr. Wilhelm Höttl; Dr. Hermann Horky, Fremdenverkehrszentrale Linz; Herr W. Kraus, Fremdenverkehrszentrale Wien; Dr. Georg Kugler, Kunsthistorisches Museum, Wien; Dr. Fritz Mayerhofer, Direktor des Archives der Stadt Linz; Frau T. Nickl, Wien; Dipl. Ing. Werner Sarlay, Linz; Dr. Wilhelm Schlag, Bundesministerium für Unterricht und Kultur; Professor Dr. Harry Slapnicka, Archiv des Landes Oberösterreich, Linz; Dr. Ulrich Weinzierl, Dokumentationszentrum des österreichischen Widerstandes, Wien; Dr. Simon Wiesenthal, Jüdisches Dokumentationszentrum.

In Deutschland Frau Elga Böhm, Wallraf-Richartz-Museum, Köln; Professor Hermann Giesler; Professor Knopp, Stiftung Preußischer Kulturbesitz, Berlin; Frau Dr. R. Wankmüller, München.

In Großbritannien Lord of Bath; Herr Norbert Burda, Austrian National Tourist Office; Dr. Wolfgang Fischer, Fischer Fine Art Ltd.; Mrs. Alby James; Mrs. Marietta Powell-Shedden; Mrs. Inez Randall; Herr P. Schönwaldt, Botschaft der Bundesrepublik Deutschland; Mr. Wynford Vaughan-Thomas.

In Polen Dr. Andrezj Rottermund, National-Museum, Warschau.

In der Schweiz Dr. Gottfried von Meiss, Zürich.

In Italien Dr. Rudolfo Siviero, Rom.

Der Autor ist auch folgenden offiziellen Stellen in London zu Dank verpflichtet, die ihn bei seinen Nachforschungen unterstützten: dem Österreichischen Institut; der British Library; dem Goethe-Institut; dem Britischen Kriegsmuseum; dem Italienischen Institut; der Wiener Bibliothek; der Polnischen Leihbibliothek; sowie dem Public Record Office, Kew, und der Richmond-upon-Thames Handbibliothek.

Register